專制君王的德行論

——《韓非子》君德思想研究

黃信彰　著

王序

　　我認識信彰是去年我在台大哲學研究所開「韓非哲學研究」的課堂上，他來旁聽我的課。他的年紀似乎比班上的學生要大些，在他的課堂提問中，我發現他對韓非和一些先秦古籍的文本相當熟悉，後來，才知道，他不是台大哲學研究所的學生，而是文化大學中文研究所的學生，是來旁聽的。當時他正在寫碩士論文，他論文寫的就是《韓非子》，而且，他已從事公職多年，是一位在職生。我研究《韓非子》和法家思想數十年，有年輕人也研究《韓非子》而倍感欣慰。

　　我研究法家哲學，當始於台大哲學研究所畢業後，當時台大哲研所沒有博士班，碩士班畢業後，即擔任系裡的助教，一年後轉聘為講師。

　　當時哲學系主任為成中英教授，成教授是我碩士論文的指導教授，他對中國哲學研究和台大哲學系的發展有一項長遠的計畫。台大哲學系沒有博士班，學生頂多只能念到碩士就必須出國深造，國外大學的哲學系並無中國哲學的課程。成教授自己是哈佛大學哲學系的博士，念的還是西方當代哲學。既使學成回國，也只有西方哲學的專長，而無中國哲學教學的專長。因此，台大哲學系要發展中國哲學，就只有自己培養師資。

　　於是，成教授一方面在系裡組織一個「中國哲學討論會」，由年輕的老師和助教組成，定期請一位先生（含校內

外）演講，然後討論。另一方面，則是責成一些有志於中國哲學研究的年輕老師輪流開設中國哲學課程。記得，一九七一年我擔任講師時，陳鼓應開道家，鍾友聯開墨家，黃天成開儒家，張瑞良開佛家，我則分派到開法家。然後再逐年輪流，讓這些年輕老師對各家哲學熟悉。

我的碩士論文寫的是儒家，原本教完法家再輪教儒家的，然後，再輪教其他家。

在大學裡，哲學本是冷門科系；在近代西潮的衝擊下，中國哲學更是冷門，在中國哲學中，法家更是無人問津。我開「法家哲學」課程，至少在台灣當是有史以來哲學系的第一次。但時值「文革」期間，中共發動「批孔揚秦」，「孔」是指儒家孔子，「秦」則是戰國以來的法家思想和秦始皇統一六國，本是冷門中冷門的法家思想，在「文革」的加持下，竟一夕之間令人矚目。

後來發生「台大哲學系事件」，我開的「法家哲學」課程也被指控為「批孔揚秦」和「與匪唱和」。遭哲學系解聘後，我轉到世新兼課，當時世新還是專科學校。在世新期間，我把在臺大開「法家哲學」課程的教材逐篇整理出來，而寫成《先秦法家史論》一書。後來，又與韓裔美國教授張純合作寫成《韓非思想的歷史研究》及《The Philosophical Foundations of Han Fei's Political Theory》二書。

在法家哲學的研究中，我們發現了三點：

一、法家哲學是先秦時代變遷的產物，也就是古代中國從宗法封建過渡到專制主義時代的思想，有強烈的「進步」傾向，而主張「變古」。近代中國又遭遇的時代變遷，而有

「新文化」、「現代化」之主張。故法家思想亦當為近代中國時代變遷的歷史經驗，具有重要的參考價值。

二、自董仲舒「罷黜百家，獨尊儒術」後，二千多年來，中國文化學術言必稱「儒」。但是，在實際的制度上，儒家所推崇的「文武之道」的周制，包括宗法封建和井田制度不再出現，所實行者厥為中央集權的專制主義和私田制度，而這二項都不是儒家所主張，卻是法家所主張，故有「陽儒陰法」之說，可見二千多年來構成的中華文化，法家當二分居其一。故欲理解中國文化之真實，獨儒家不足，必須具備法家思想的研究。

三、儒家言仁義道德，老莊言清靜無為，多偏向主觀修養；法家（含黃老）言務實經驗，偏向客觀實用。在哲學上，前者多觀念論，後者多傾向實在論和實證論。前者發展為「精神文明」，後者開物成務而發展為「物質文明」。近人皆曰中國為「精神文明」，殊不知中國物質文明領先世界直至歐洲工業革命前夕，又豈是沒有原因的。今日言科技，正是務實參驗、客觀實用。

信彰去年完成了他的論文《韓非子君德思想研究》，取得碩士學位畢業，又於今年新婚，並且，論文即將出版，可謂三喜臨門。但也必須說，做為學者而言，論文出版只是學術生涯的開始。現在島內學術教育蓬勃，信彰應有百尺竿頭的空間，期望數年後，信彰能有更充實的博士論文出版。是為之序。

王曉波

二〇〇六年三月二十五日於台大哲學系

iii

自序

　　《韓非子》十二萬餘言，堪稱為中國歷代專制君王治術之本，亦榮膺法家學派最完整之君主治國學說，韓非於是譽為先秦諸子思想之殿軍。然韓非曾師事於荀卿，以及喜刑名法術而歸本於黃老之豐碩學問，實為其思想的開展提供了各面相之嚴整基礎。

　　本書之討論主題，即針對專制君王應服行之德行論述所設。綜觀《韓非子》治國理念中，實充滿了對「人」的思考所設計之「君德」機制；此一君德非但是法、術、勢之溝通管道，更以能予節制君權之膨脹與濫用為宗。然則，韓非為了不讓君王為其法家式君主「德性觀」所卻步，其乃將君德論述巧妙融合於法論、術論與勢論之間，務使君王在潛移默化中，一方面施展君道，一方面亦修養君德。

　　本書於第一章緒論中，即明白敘述《韓非子》君德之定義；第二章與第三章，即在發掘法家學派諸子，以及荀子、老子等人之君德理論，來證明其君德思想所接受之橫向與縱向作用軌跡，希冀由這些實證之內容，瞭解《韓非子》君德思想之淵源與創見，俾增本文所舉論述之周延性。

　　在專制君王的君德要求中，強調係由修身、修家之道做起，是以，在第四章之討論中，筆者以國君應注重修身、除欲、治內與廣納忠言之修養論談起，證明國君務以人格健全為君臨天下之本。第五章乃明白顯示《韓非子》所主張之人

主應盡的民本、愛臣與護國等君德義務;而第六章更以國君之立法、守法、用法與賞罰之要則論起,呈現《韓非子》企圖憑藉法律的優越性來管束君權之觀點。

　　為避免過度擴張專制君王德行論之指涉,本書對於君王之君德修養論述,均完全來自《韓非子》一書之實證。在筆者的探討中,發現了《韓非子》的「君德」論述首先彌補了「法治」的未盡周全性,其次節制了「術治」的陰暗權謀性,三則又闡揚了「勢治」的法統正當性。是以,《韓非子》在專制君王的德行論當中,君德思想實可蔚為法、術、勢學說之最上綱標準。

目次

ix

第一章 緒論

第一節 研究緣起

一、研究動機與目的

　　中國歷史上的先秦時期，一群思想家們在反映時代趨勢與民族心靈之學問上，取得特別輝煌之成就，並且綿延不斷地發揚了那個時代所給予後世之影響力，該等學問即近人朱自清等所謂的諸子之學[1]。在是學之發展中，由於諸子間彼此經過揉合互取與修正之作用，乃成其歷久彌新的一家之言。

　　出身於戰國末期的韓國公子韓非，即是一位極具時代性的傑出思想家；而由其深刻影響秦國統一中土之學術成就來看，《韓非子》學說更是影響中國兩千餘年來君主專制體制之最鉅者。

---

[1]　朱自清云：「春秋末年，封建制度開始崩壞，貴族的統治權，漸漸維持不住。……在這個大變動當中，一些有才智之士，對於當前的情勢，有種種看法，有種種主張；他們都想收拾那動亂的局面，讓它穩定下來。……這些人也都根據他們自己的見解各說各的，都「持之有故，言之成理」。這便是「諸子之學」，大部分可以稱為哲學。這是一個思想解放的時代，也是一個思想發達的時代，在中國學術史裡是稀有的。」見朱自清：《經典常談‧諸子第十》（台北：漢京文化事業有限公司，1983年1月），頁73。

（一）研究動機

在《韓非子》一書所闡述的治國思想佈局當中，處勢以為權，用術以為能，行法以為制，這是眾所皆知的基本架構；但是，透過法、術、勢三者來建立的政府公制，卻無法對於人世間之實務現象做到全面的規範。因此，於推行法治之外，《韓非子》還非常仔細地注意到了在法的施行過程當中，「人」的關係仍是極為重要，尤其是身操法、術、勢三者之君王，其治道、德行與操守等實踐作為，均是施政良窳之重要關鍵，亦應為「明主」、「明君」所需念茲在茲的人格修養要務，徐漢昌先生乃謂：

> 法家學說，至韓非而集大成，其學說以論治道為主，而又以論國君如何治國為重心。對於國君何者應作為，何者不應作為，與應如何作為，都有所論列。《韓非子》為先秦法家學說的代表作，其中以論「明主」、「明君」者不少。[2]

韓非師承大儒荀卿，又喜黃老之術，學說中更主述老子君術及商鞅法治之行，由此來研判其整體思想，就必須注意到其對於儒、道、法三家學說相互消融吸收之現象。再則，在這幾家先秦主要流派的治國思想當中，不管「論法」、「論德」、或「論無為」都離不開以「人」為主體的絕對原則。

---

[2]　徐漢昌：〈從《韓非子》看法家論「明君」〉，《文與哲》第 3 期（2003 年 10 月），頁 142。

　　是以，《韓非子》勢必提出一套教導人君成為「明主」、「明君」的君德[3]思想，以當作君王治國時所必守之理念，並藉著強調國君之個體修養，俾作約束君主治國時，可能過份擴權而遺害法治體制的至高韁繩，這是《韓非子》的政治理念裡重視「人」的德性之具體表現。此間觀念，即為王靜芝先生所倡《韓非子》「君德論」之謂，其云：

　　　　韓非的君德論，其實應該和「法」、「術」、「勢」
　　　　三者並立而為韓非兼法術勢三家之說以外的另一重
　　　　點。這一重點也就是韓非在法術勢之外，也重視人
　　　　的一部份。[4]

《韓非子》的治國思想無非是想要打動彼時君王，若在其學說中，直接點明了對於國君德行的修養與君權節制的要求，則一來恐為人君所排斥，二來則又畏落入儒、墨等戰國「顯學[5]」所鼓吹之理念窠臼，這是不利於韓非說服人主服膺其政治理念的。更有甚者，他也曾在〈說難〉篇中提醒諫論之

3　君德二字之連用，在《韓非子》書中僅見於〈十過〉篇「好音」乙節
　　兩度引述師曠謂之：「今吾君德薄」一語，其乃專指君主治國德澤之
　　厚薄而言。本書所謂「君德」之論，主要係沿用自王靜芝先生在《韓
　　非思想體系》（台北：輔仁大學文學院，1988 年 10 月）一書中所稱，
　　可與法、術、勢並立，可列為君主治國時應修養之重點者，與前指意
　　涵稍有差異。
4　王靜芝：《韓非思想體系》（台北：輔仁大學文學院，1988 年 10 月），
　　頁 217。
5　韓非云：「世之顯學，儒、墨也。」見陳啟天：《增訂韓非子校釋》
　　（台北：臺灣商務印書館，1969 年 6 月）《增訂韓非子校釋·顯學》，
　　頁 1。本書所引《韓非子》均採此版本。

士在遊說國君時應注意：「彊以其所不能為，止以其所不能已，如此者身危。……故諫說談論之士，不可不察愛憎之主而後說焉⁶」，足見其可能憑藉著法治之說而實蘊含君德之論的證明。

因而，經過韓非之權宜，乃將其「君德⁷」思想，巧妙融入於法、術、勢等專論之篇章，借用「明主之道忠法」、「能立道於往古，而垂德於後世者之謂明主」、「中人抱法處勢可以為堯舜」，以及「託天下於堯之法，則貞士不失分，姦人不徼幸」……等諸多文字當中，將其心中的明主行徑澈底標示，使君主達到《韓非子》念茲在茲的明君模型。

準此，本書擬針對《韓非子》一書中散見於各篇卷之君王德行論述為標的，探討實際存在於《韓非子》思想中的「君德」理念，並追溯該理念之宗源與分析渠等和法、術、勢三者綜合運用之關連性，以呈現《韓非子》學說在中國思想史上之另一定位與價值。

（二）研究目的

歷來《韓非子》思想雖譽為集法家之大成者，但由於其身處時代之特殊性，以及求學過程之影響，使其相關論述充滿了儒、道、法三家思想之綜合性。不過，也因為《韓非子》主述法治，手段又顯苛刻，故其近似於儒、道理念之君主德性論述，經常為學者所忽略。

6　《增訂韓非子校釋·說難》，頁279。
7　有關本書之君德定義，詳見本章第二節所述。

　　例如以往部分學界先進在研究《韓非子》或法家的論述當中，習將法家各學說流派標以「尚法」、「尚術」、「尚勢」三派做歸納，但這種歸納法卻無法將早期法家人物（如管仲、子產、李悝、吳起等人）做妥當歸屬[8]，因而乃復以創制「尚實派」類之方可。於是，類似的情形就像「法」、「術」、「勢」三大綱目之分類法，雖是以往研究《韓非子》者所標立，但其因為顧慮到國君的接受度及學說獨立性而隱性蘊含的「君德」思想，卻也是明顯地可以獨立成一大綱目的論述，此即是本書所要討論「君德」的重要依據。

　　修身修家、護民為國以及抱法賞罰等三項君德修養，可視為《韓非子》主張君王在政治層面上實踐君德作用之三面相；本書之研究目的，即希冀從《韓非子》學說之內因與外緣論起，舉證討論存在於其論述中屬於該三面相的君王治國理念，進而為其君德學說作綜合整理，並藉此定位《韓非子》「君德」思想在中國思想史上之價值與影響。

二、研究範圍與方法

（一）研究範圍

　　《韓非子》思想綜結了先秦時期法家學說，《韓非子》一書更成為歷來法家學派最具代表性之著作。該書自漢朝以來雖存有諸多內文竄入之爭議，不過，倘專由《漢書・藝文志》所提之《韓非子》篇數來看，相對照於今傳最早版本——

---

[8]　此說法詳見本書第二章第二節之說明。

《宋乾道黃三八郎印本》而論，兩千年多來其數量是相同的。

　　若論該五十五篇之篇名，其篇目在《史記·老子韓非列傳》中已略有所列，例如〈孤憤〉、〈五蠹〉、〈內外儲〉、〈說林〉、〈說難〉等篇章即是。雖歷來古書引徵其篇名時頗見出入[9]，所幸在內文上則大致完整保存於今傳版本[10]。在這十餘萬言的著作當中，清楚地闡述了《韓非子》的治國思想，並提供後學對於研究先秦歷史以及法家學說等極為豐富之佐證題材。

　　近世以來，關於《韓非子》內文之考證眾說紛紜，甚至對於部分篇章之原著者，也有研究先進們抱持著強烈懷疑態度，並取得眾多證據論之。但是，此般普遍存在於先秦諸子論著之疑古現象，雖其文未必盡出於己手，然則仍不宜任由後學研究者妄自否定其價值；高維昌先生對此即主張「不得因此疑及全書」之語：

> 　　考諸子之書，未必盡出己手，或門弟子述其師說，或門下賓客取其生平歷史學說政策，綴輯成書。且更未必出於一人之手，故往往有記載重複，言論抵觸，並有及其身後事者，不得因此疑及全書，詆其盡出依託也。[11]

9　關於《史記·老子韓非列傳》所列《韓非子》一書篇名之考證，詳見陳勁榛：〈《史記·韓非傳》所引〈韓子〉篇名之異文、異解及其相關問題〉，《中國文化大學中文學報》第 4 期（1998 年 3 月），頁 13-34。

10　鄭良樹云：「《韓非子》，《漢書·藝文誌》著錄五十五篇，與《乾道本》及今本合，是先秦子書保存的最完善的一部著作。」見鄭良樹：《韓非之著述及思想》（台北：台灣學生書局，1993 年 7 月），頁 3。

11　高維昌：《周秦諸子概論》（台北：台灣商務印書館，1968 年 7 月），

此外，在研究諸子學說思想所生之原作者問題之際，個人贊成韋政通先生所言：「實無異是在研究一個學派」，因而除非為考據之目的而作，否則實不必過份拘泥，以致使得研究失焦，韋政通先生於治書時即有此明言：

> 我的看法是，不論是後人羼入，抑或後人從荀書傳抄，已是一個永遠無法確定的問題。……荀子如此，其他各子書亦無不如此（甚至論孟也不能例外）。我認為，現在我們研究某一家的思想，並不可能單指某一個人，實無異是在研究一個學派，其中究竟那些思想是屬於某一個人的，已無法確知。明乎此，由於考證子書而引起的許多爭論，實在是不必要的。[12]

本書無意涉入辯偽之爭；是以，不論《韓非子》書內篇章有多少是「非歿之後，其徒收拾編次，以成一帙[13]」，或者是「《韓非子》十分之中，僅有一二分可靠，其餘都是加入的[14]」，在此，均以《韓非子》全書屬之。

　　換言之，本書題目所謂的「《韓非子》君德思想研究」，

頁 40。

[12] 韋政通：《荀子與古代哲學》（台北：台灣商務印書館，1992 年 9 月），頁 292-293。

[13] 《四庫總目・韓子提要》：「疑非所著書，本各自為篇。非歿之後，其徒收拾編次，以成一帙。故在韓在秦之作，均為收錄，併其私記未完之稿亦收入書中，名為非撰，實非非所手定也。以其本出於非，故仍題非名，以著於錄焉。」

[14] 胡適：《中國哲學史大綱》（台北：里仁書局，1981 年 6 月）卷上，頁 365。

其主體即以《韓非子》全書為討論主體，凡該書所提之論述均屬本書之研究範圍，並且不再爭辯任何關於《韓非子》書內篇章之原作者與真偽問題。

根據鄭良樹先生的《韓非子知見書目》所提，以及近來坊間出版所統計，自民國以來的八、九十年間，在全面性註解《韓非子》的輯冊上，總共有九部[15]的著作出版，平均大約十年便有一部，其成果可為輝煌。

不過，在這群輯冊當中，其編排方式較為特別之陳啟天所撰《韓非子校釋》（含《增訂韓非子校釋》）一書；是值得一提的校釋版本，陳啟天先生在該書的〈例言〉上即提到：

> 韓非子書，以王先慎之集解為較流行，但該書脫誤仍多，且該書出世以後，國人之考證韓非子者尚有數十家，間有發明，未及編入。茲匯集集解前後至最近各家之考證及註釋，而復考之，其是者取之，誤者訂之，缺者補之。……韓非子之舊有篇次，稍嫌雜亂，茲依各篇內容重新編次，分為十卷，以其最重要者置於前二卷，其不重要或確有可疑者，則置於後，以便閱者選讀。[16]

---

[15] 這九部著作依出版年代分別是：尹桐陽撰《韓子新釋》、葉玉麟撰《韓非子白話句解》、陳啟天撰《韓非子校釋》、陳啟天撰《增訂韓非子校釋》、梁啟雄撰《韓子淺解》、陳奇猷撰《韓非子集釋》、邵增樺撰《韓非子今註今譯》、韓非子校注組撰《韓非子校注》、賴炎元傅武光撰《新譯韓非子》。

[16] 陳啟天：《增訂韓非子校釋》（台北：臺灣商務印書館，1969年6月），頁1。

由於陳氏於該二書之著力甚鉅，除了在考證上鉅細靡遺地蒐羅資料而獲得學界普遍認同外，其打破了兩千多年來《韓非子》尚無具體理由的篇目編排法，而根據「重要性」與「真實性」獨創一格之編排方式，數十年來更是深得學術界之好評。準此，為顧及《韓非子》原著之公認性，本書內凡涉及《韓非子》原文之引用者，一律以陳啟天撰《增訂韓非子校釋》為本，特此說明。

（二）研究方法

　　「一切思想，皆源於疑難及煩亂，蓋思想不憑空而起[17]」是以，在本書研究方法上，為使《韓非子》「君德」思想之發生與擴張皆能合理解釋，首先必得在廣泛研讀先秦諸子思想及史冊資料當中，尋求與《韓非子》思想有直接關連之線索，以圖完整鋪陳《韓非子》君德思想之全貌。

　　為求行文與研究方向之確立，本書之首乃由各典籍對於「君德」二字釋意例證之羅列與剖析切入，並綜合《韓非子》本文對「德」字之解，而定義出符合本書所探討之君德義。

　　據以往研究言，《韓非子》之君德論述實散見於其法、術、勢各專論及綜論之間，是以，為使該三方面之專論內容有一清晰概念，筆者即仔細研讀其各專章，並簡要整理相關主要見地於論文內，以求對《韓非子》主體思想作全面深化瞭解，此方有利於釐清君德與法、術、勢關係及其綜合運用。

　　在追究《韓非子》君德思想之淵源論部分，本書以《史

---

[17]　杜威撰、劉伯明譯：《思想方法論（Howtothink）》（台北：華岡出版社，1973年5月），頁12。

記》所載韓非「喜刑名法術之學，而其歸本於黃老。……與李斯俱事荀卿[18]」為第一線索，從法家先賢之主要學說中，發掘其與君德概念有直接討論之主張。

　　是故，舉凡管子、子產、李悝與吳起等先期法家人物，其強調務實主義之「尚實派」；強調法治為上之商鞅「尚法派」；強調君術主義之申不害「尚術派」；以及強調勢治思想之慎到「尚勢派」等法家各學派之君德論述等，筆者均儘量於相關著作中蒐集而作具體描述，並與《韓非子》思想進行客觀比較，使之能歸納出《韓非子》君德思想之內緣關係。

　　其次，筆者再以《荀子》與《老子》學說為本，比照前述《韓非子》與法家思想之對照模式，具體整理出荀、老二人在君德思想上之重要主張，且對於《韓非子》取材於儒、道二家的君德論述之變體與宣揚做適當舉證，以追蹤其外緣於儒家德治與道家無為之政治理念，並引以為《韓非子》汲取各家治國學說，而成就其綜合先秦政治思潮之理論依據。

　　本書關於《韓非子》「君德」思想之主題探討部分，即如前文所言，筆者先以陳啟天《增訂韓非子校釋》一書為文本，由精讀《韓非子》全文之模式進行，實際擷取文中所有與「君德」定義有關之抽象或具體主張，而詳究其文義與理念。

　　是以，筆者乃得《韓非子》關於君德思想之論述計三百九十四條，後即將其概括成四十二分項而類屬於十二小節內詳加探討。其間，凡今各先進對筆者相關意見有所贊同者，

----

[18]　《史記·老子韓非列傳》，頁544。本書所引《史記》版本均採自（北京：中華書局，1997年9月《二十四史點校縮印本》影印《史記集解索隱正義合刻本》）。

即予列入相互證之；凡意見有所相左者，亦以二者異同點討論方式追究其真義，藉此廣泛鋪陳各家支持與對立論點，以圖達到探求《韓非子》君德思想之全貌與精髓。

三、《韓非子》君德研究概況

「君德」一詞並非《韓非子》書中所列之綱目，君德二字，在《韓非子》書中僅見於〈十過篇〉「好音」乙節中，兩度引述師曠謂之：「今吾君德薄」一語，其乃專指君主治國德澤之厚薄而言，與本書將之列為君主治國時應修養[19]之重點者，其所指意涵稍有差異。

由於君德論之明顯性不似法、術、勢三者在法家先賢著述中別而立論、各有所長，甚而至《韓非子》書，乃各立其綱，分述其要[20]；是以，雖其重要性已如前述，然長年以來，卻因上述諸故而鮮為各學界先進所重。

就歷來《韓非子》之研究概況而言，相關著作大致分為考據、校釋、文體與思想義理闡述等四大類，前三者之研究主題少涉《韓非子》思想，自然無所謂君德思想論述之謂。至於思想義理之闡述者，觀其內容分論，其重點則大多置於法論、術論、勢論三者之性質與運用研究。是以，相關著作汗牛充棟，著作型態或專篇、或專書、或綜合比

19　關於本書所指「君德」之定義，詳見本章第二節所述。
20　《韓非子》除在各篇章中論述法、術、勢三者之要論外，更於〈定法〉、〈難勢〉、〈難三〉、〈八經〉、〈說疑〉、〈外儲說右下〉、〈外儲說左上〉……等諸篇中，分別定義、區分三者之義，故其重要性顯而易見。

較等不知凡幾；然若就君德思想之專論者，實得以滄海一粟評之。

本書所謂「君德」，該名詞實首見於王靜芝先生《韓非思想體系》一書，本書研究之濫觴亦來自該書內容之啟發；觀諸目前學界著作，單以《韓非子》之君德論述為研究者，首創先進以王靜芝先生為是。王靜芝在《韓非思想體系[21]》一書中，先是沿用一般研究方式將《韓非子》書以理論條貫作綜論，並對部分重要篇章作解；之後，再分別訂立出法論、術論、勢論以及君德論等四大分論個別討論之。其中，君德論一篇乃以二十二頁之篇幅擇要分析釋義；該等篇幅相較於其法論、術論與勢論之數量而言，已屬中上之間，足見君德論之研究份量頗有可為。

在《韓非思想體系》之君德論研究中，王靜芝實已掌握了《韓非子》對於君德思想之概念，並舉出二十餘則《韓非子》原文以說明其思想內涵。然由於《韓非思想體系》之立論方式仍兼以討論法、術、勢三者之分論，並列於三者之後；是以筆者發現，凡經前三者已引用之《韓非子》原文者，即便該原文顯然論及《韓非子》之君德思想，王氏乃不再析論之。因而，此際之研究，即難免偶失《韓非子》君德論述之全貌。

繼《韓非思想體系》之後，乃有吳秀英《韓非子研議》[22]之撰著。觀其所研，其論述內容亦類似於《韓非思想體系》

---

[21]　王靜芝：《韓非思想體系》（台北：輔仁大學文學院，1988 年 10 月）。
[22]　吳秀英：《韓非子研議》（台北：文史哲出版社 1979 年 3 月）。

之體制，即於《韓非子》政治思想一章中，對於法、術、勢與君德思想分別立論研討，其篇幅則僅以五頁畢之。然其所論君德，就如其於書中所言，相關論理乃引用自其師王靜芝先生，是故，二者關於君德論研究之缺憾亦大致相同。

　　除前二者之外，目前學界先進關於《韓非子》君德思想之研究成果，大多僅於相關著述中額外討論《韓非子》之「君道[23]」論述。例如，鄭良樹先生之《韓非之著述及思想》[24]，即以韓非著述之第一期與第三期內，階段性地討論該時期之「君道」觀。徐漢昌先生之〈從《韓非子》看法家論「明君」〉[25]，亦以明君應行之各式「君道」為主要發微。

　　此外，劉育秀所撰學位論文《荀、韓君道與臣道思想之比較研究》[26]，亦是以《韓非子》之「君道」思想為研究標的，與本書所研究之君德思想實有相當差異。

---

[23] 所謂「君道」之研究，其所討論範疇實為君王治國時，所有應為行徑之謂，包括道德、禮法之容許與不容許、正面與非正面者皆屬之，非本書所定義之君德思想。

[24] 鄭良樹：《韓非之著述及思想》（台北：台灣學生書局，1993 年 7 月）。

[25] 徐漢昌：〈從《韓非子》看法家論「明君」〉，《文與哲》第 3 期（2003 年 10 月）。

[26] 劉育秀：《荀、韓君道與臣道思想之比較研究》（高雄：中山大學中國文學研究所碩士論文，2004 年）。

第二節　定義「君德」

一、「君」與「德」之解

「君德」一詞，實為貫穿本書之研究重點；其間不僅討論《韓非子》對於君德思想之論述，同時也追溯、發掘該等思想之根源及其影響；因此，其間自當論及法家、儒家與道家等先秦學派對於君德一詞之要求。為使能聚研究之焦，在此務求先對《韓非子》之「君德」一詞做適當定義。

（一）「君」字之解

中國歷來對於「君」字之解頗多，有謂成德之名也也、父母也、君長也、君主也、群而善治人者也、至尊也……等之稱用，茲概略列舉如下：

> 成德之名。《論語·學而》：人不知而不慍，不亦君子乎？[27]
>
> 父母。《易經·家人》：家人有嚴君焉，父母之謂也。[28]
>
> 君長。《史記·留侯世家》：東見倉海君，得力士。[29]

---

[27] （宋）朱熹：《四書章句集注·論語·學而》（台北：大安出版社，1994 年 11 月），頁 61。本書所引《論語》均採此版本。

[28] （宋）朱熹：《周易本義》（台北：大安出版社，1999 年 7 月），頁 149。本書所引《易經》均採此版本。

[29] 《史記·留侯世家》，頁 516。（宋）裴駰：《史記集解》如淳曰：

群，善治人者。《荀子‧君道》：君者，何也？曰：
能群也。……善班治人者也。[30]

至尊。《說文解字注‧二篇上》：君，尊也，從尹
口，口以發號；尹，治也。[31]

綜合以上摘錄所言，並以往昔較為慣用而論，「君」者，在
本書中則竊以「國家之君主、首長、至尊，有國有地而善治
人者」之謂，應得視為普遍能接受之說法。

（二）「德」字之解

「德」字之解，一般所指為修養、得、得於心者、修養
後既成之性、行為節操……等稱用，茲概略列舉如下：

修養。《易經‧乾》：君子進德脩業。[32]

得。《說文解字注‧二篇下》：得，即德也；用力
徙前曰德。[33]

得於心者。《論語‧為政》：為政以德。[34]

行為節操。《論語‧子張》：大德不踰閑，小德出

「秦郡縣無倉海，或曰東夷君長。」

[30]　（清）王先謙：《荀子集解‧君道》（台北：藝文印書館影印本，2000
　　　年 5 月），頁 428-429。本書所引《荀子》均採此版本。

[31]　《說文解字注‧二篇上》，頁 57 下。本書所引《說文解字注》版本均
　　　採自（清）段玉裁：（台北：洪葉文化事業有限公司，2001 年 10 月
　　　《經韻樓藏版》影印本）。

[32]　《周易本義‧乾》，頁 34。

[33]　《說文解字注‧二篇上》，頁 57 下。

[34]　《四書章句集注‧論語‧學而》朱熹注曰：「德之為言得也，得於心
　　　而不失也。」見《四書章句集注》，頁 69。

入可也。[35]

依上所言，多謂「德」字大抵解為「凡人在心性修養上之所得行為節操」之云，錢穆先生在這部分有過淺顯且明白的說法：

> 德是什麼呢？中國古書訓詁都說「德者，得也。」得之謂德，得些什麼呢？後漢朱穆說：「得其天性謂之德。」郭象也說：（《論語皇侃義疏》引）「德者，得其性者也。」所以中國人常說德行，因為德，正指是得其性。[36]

「德」既是指「得其性」，其間過程以直接說法便是心性修養之所得[37]，而廣泛所指者則包含「修養」、「德行」、「本性」與「行為節操」等等。據此推衍，「德」字於本書中之解即需符合「修養而有得於心」之謂。

二、《韓非子》解「君德」

若論及「君」與「德」合用後所成之「君德」一詞之義，在此則必須再做說明。自先秦以來，諸子百家學說不論在修身或治國的理想下，對君德之理解均頗有差異，不過，在其

---

[35] 《四書章句集注·論語·子張》，頁265。

[36] 錢穆：《中國思想通俗講話》（台北：東大圖書公司，1990年1月），頁51。

[37] 曾春海先生亦云：「『德』是存有者由道所稟得的本質。」見曾春海：〈《管子》四篇與《韓非子》的道法論及對比研究〉，《輔仁學誌》第31期（2004年7月），頁217。

定義上，若以「人君之德[38]」作為其解釋，一般來說則應屬
尚可接受之解。

（一）德者 內也

然則，本書既討論《韓非子》之君德思想，自當以《韓
非子》對於「君德」之解為主要釋意。《韓非子》所提之「君」、
「上」、「明主」、「聖人」、「君子」、「明君」、「君
上」、「聖王」、「君人」等詞，大抵皆指「國君」之意，
此論點應無可議。只是，關於這「德」字之所指，則似是各
家異議之所在，本書在此即依據《韓非子》對於「德」字之
申論而定，其主要釋意見於〈解老〉篇：

> 德者，內也。得者，外也。「上德不德，」言其神
> 不淫於外也。神不淫於外則身全；身全之謂德。德
> 者，得身也。凡德者，以無為集，以無欲成，以不
> 思安，以不用固。為之欲之，則德無舍，德無舍，
> 則不全。用之思之，則不固，不固則無功，無功則
> 生於德。德則無德，不德則有德。故曰：「上德不
> 德，是以有德。」[39]

從本引文看，《韓非子》的「德」必須符合「內在」、「無
為」、「無欲」、「不思」、「不用」……等多重修養，而

---

38 同前注，頁 584。
39 《增訂韓非子校釋‧解老》，頁 721。

17

這些修養綱目也都《韓非子》書中一一提示[40]，其內容是客觀而具體的。

　　此外，《韓非子》對於「德」之價值和用途，有其一套清楚的體現原則。首先，這個體現必須是「內在」的，即所謂「德者，內也」，然後才能收「德者，得身也」之效；至於追究其如何「得」才能「德」呢？王曉波先生則藉著〈解老〉篇原文推論「『德』是內在於自身的精氣形成」，其曰：

> 根據韓非〈解老〉，人的「德」是內在於人的「內也」，所以「得身」就是「德」，人要「得身」，就不應去向「外」求「得」，「上德」是不向外求「得」的，所以「其神不淫於外」則「身全」，這就是「德」了。……「德」與精氣有關，「德者，內也」，就是說「德」是內在於自身的精氣形成。「神」是精氣的別名，「神不淫於外」就是精氣不外洩。「德無舍」就如精氣沒有「精舍」。「故德不去」就是自身原有由精氣形成的「德」不會離去，再加上「新和氣日至」，當然就是「重積德」了。[41]

是以，綜合前二段引文具體而言，《韓非子》所說的「德」便是明指一種「具有客觀認識的內在修養」。然而經過這些不斷累積的「德」之修養，便是所謂「重積德」，《韓非子》

40　其具體內容詳如本書第四、五、六章所論。
41　王曉波：〈〈解老〉、〈喻老〉——韓非子對《老子》哲學的詮釋和改造〉，《台灣大學文學院文史哲學報》第 51 期抽印本（1999 年 12 月），頁 12-13。

是云：

> 積德而後神靜，神靜而後和多，和多而後計得，計
> 得而後能御萬物，能御萬物則戰易勝敵，戰易勝敵
> 而論必蓋世，論必蓋世，故曰「無不克」。無不克，
> 本於重積德，故曰「重積德則無不克」。戰易勝敵，
> 則兼有天下，論必蓋世，則民人從。[42]

　　從內文來看，《韓非子》是一部「為君王立論，以為治國之根本[43]」的先秦思想典籍，其撰著之目的，即在指導君王實施治國之術。是以，國君乃當然成為書中絕大部分治國理念之實踐主體。

　　因此，所謂「重積德」，便是《韓非子》認為國君必須訂定為內在修養的主要目標；蓋因「重積德」之後便能夠依次達到「神靜」、「和多」、「計得」、「御萬物」、「戰易勝敵」、「論必蓋世」以及「無不克」等層次，藉著這些修練與提升，便達成法家「民人從」與「兼有天下」的目標。此之謂「重積德則無不克」，即《韓非子》企盼人君王霸天下的治國願景。

　　這是《韓非子》藉著《老子》來解釋「德」字之意，而其用意便是先說明「德」在人（特指國君）身上的位置與作用，然後，再引用自然界根本總規律的「道」來強化「德」

---

[42] 《增訂韓非子校釋·解老》，頁 738。
[43] 王邦雄：《韓非子的哲學》（台北：東大圖書公司，1993 年 3 月 6 版），頁 26。

之價值，即所謂「道有積，而積有功；德者，道之功[44]」。因此，《韓非子》所推出來的「德」，便提升到了一個極為崇高的地位，於是也就符合了任繼愈先生所謂之「道的體現」：

> 韓非發揮了《老子》關於「德」的思想，並且論證了「道」和「德」的關係。韓非說：「德者，內也。得者，外也。上德不德（得）」（〈解老〉）。「德」是事物的內在的本質。韓非論證說：「身以積精為德，家以資財為德，鄉國皆以民為德」。「積精」（保護精神）是身的根本，資財是家的根本，人民是國家的根本。由於萬物的性質都是從「道」那裡得來的，所以韓非所說的德，也就是對於「道」的體現。[45]

「德」在國君內在修養的價值上如此顯要，是以，先秦諸子對於「人君之德」之論述自是不在話下。

（二）各家君德自有所異

基於渠等為了解決「周文疲弊」所提出的治國理念、手段、目的之殊異，因此，致使各家對「人君之德」的要求有所不同。於是，我們可以見識到，儒家有儒家所強調的人君之德論述；道家有道家鋪陳的人君之德理念；當然，法家自然也有法家所鼓吹的人君之德思想。而本書所討論的，雖然包括了儒家（荀子）、道家（老子）等人以往在人君之德上

---

[44] 《增訂韓非子校釋‧解老》，頁 726。
[45] 任繼愈：《中國哲學史》（北京：人民出版社，1990 年 3 月），頁 260。

的主張對《韓非子》成書所造成之影響；不過，該「人君之德」一詞，其指涉範疇主要亦以法家學說所論及為主。

是以，本書對於「君德」一詞，即竊以定義為「有國之人應得於心之內在修養」之謂；當然，這個「修養」的最終目的必須是為國為民，而其過程、手段則可以從「國君之利」、「國君品行」或者是「行法守法」等各方面做起，依此推修身以逐次達到修家、修鄉、修邦甚至修天下之效益，此即《韓非子》所明言：

> 身以積精為德，家以資財為德，鄉國天下皆以民為德。今治身，而外物不能亂其精神，故曰：「修之身，其德乃真。」真者，德之固也。治家者，無用之物不能動其計，則資有餘，故曰：「修之家，其德乃餘。」治鄉者，行此節，則家之有餘者益眾，故曰：「修之鄉，其德乃長。」治邦者，行此節，則鄉之有德者益眾，故曰：「修之邦，其德乃豐。」蒞天下者，行此節，則民之生莫不受其澤，故曰：「修之天下，其德乃普。」[46]

由於「鄉國天下皆以民為德」，是以《韓非子》認為國君「修身德真」之最終目的即指向「修邦德豐」與「修天下德普」，這是《韓非子》的「君德」論述與「法」、「術」、「勢」論述之目的性及重要性完全一致之處，也因而證明了《韓非子》君德論之確實存在。

46　《增訂韓非子校釋‧解老》，頁 761。

　　準此推意，凡於本書所揭舉之先秦諸子思想學說，只要是屬於「為了推展國家施政理念而主張之國君內在修養論述者」，均得為討論之範圍。

　　此外，關於「君德」二字之解，在此還要再做個說明。大凡語言與詞義之用，只要涉及「約定俗成」者，即有其在各個不同的時空下擁有不同意義及用法的可能；因此，「君德」二字之解在各個時空的運用裡，都難免發生或多或少的差異。

　　於是，此處必須再重複強調；在先秦時期的各個學說流派裡，為了闡揚其自家思想對於政治理念的傳播，是故儒家有儒家的君德觀（解），道家有道家的君德觀（解），而法家自然也有法家的君德觀（解）。甚至，在同一個學說流派裡，我們還可以進一步推演；即《管子》有《管子》的君德觀（解），《商君書》有《商君書》的君德觀（解），《韓非子》當然也自屬於《韓非子》思想的君德觀（解）[47]。然這些早在《韓非子》之前所發生的君德觀（解），都有相當程度的可能，會直接或間接地影響到《韓非子》君德思想之建構，並且符合「為了推展國家施政理念而主張之國君內在修養論述者」，為免有所疏漏，自當為本書所必須論及之處。

　　本書研究的目的，並非為準確定義每一家、派學說對於「君德」之解而設，乃是為發掘渠等思想的君德觀念，以及對《韓非子》成書所造成之影響而存在；因此，在此處對「君

---

[47] 法家各派及荀、老學說對「君德」二字之運用與論述，詳見本書第二章及第三章各節。

德」二字做如此粗淺之定義與適用，僅為俾利於本研究行文
之需，倘各方先進有所疑義，萬祈指正、見諒。

第三節　韓非生平及法術勢概說

一、韓非之生平及時代背景概述

在漫長的中國文化歷史當中，先秦時期各式學說鼎沸，
諸子百家暢其所言，被稱為中國思想蓬勃發展的空前偉大時
期。由於思想是反應客觀事實，而各種不同的思想則是相互
激盪且相互滲透的。因此，中國這群思想家們便共同反映了
時代，記錄了當時民族心中的具體理念，實誠所謂時代巨輪
中承先啟後之代言人。

（一）消融儒道法的《韓非子》思想

韓非（西元前 280-233）[48]身處戰國末年，以其先秦哲學

---

[48] 關於韓非之卒年考，一般咸認定為西元前 233 年，韓王安六年；另生
年考則各家說法不一，茲概略整理幾家如下：
一、陳千鈞考：約生於西元前 293 年，韓釐王 3 年。轉引自張素貞：
《韓非子思想體系》（黎明文化事業公司，1993 年 8 月），〈韓
非之年表〉，頁 14。
二、陳奇猷考：約生於西元前 298 年，韓襄王 14 年。見陳奇猷：《韓
非子集釋》（高雄：復文圖書出版社，1991 年 7 月），頁 1177。
三、錢　穆考：約生於西元前 280 年，韓釐王 16 年。見錢穆：《先
秦諸子繫年》（台北：東大圖書公司，1990 年 9 月）頁 620。
四、陳啟天考：約生於西元前 280 年，韓釐王 16 年。見陳啟天：《增
訂韓非子校釋·韓非及其政治學》（台北：臺灣商務印書館，1969
年 6 月）頁 928。本書採錢穆及陳啟天所考生年，

殿軍的榮耀[49]，後世譽為先秦時期最後一位偉大思想家，其
傳世鉅作《韓非子》一書亦被譽為集法家學術大成之著。《韓
非子》偏重於政治理念之學說，內容相當程度地代表了那個
時代的政治思想成就，蓋因時代背景雖「對他形成一種驅迫
力」，其實也相當程度地協助了他「構成一代哲人的哲學思
想」；是以，《韓非子》哲學方能歷經千古而愈見彌新，此
即如王邦雄先生所形容：

> 蓋每一位哲人，都置身在其特定的時空座標之中。
> 從橫面而言，他的時代背景對他形成一種驅迫力，
> 固然會決定了他的哲學問題；從縱線而言，他的思
> 想淵源，來自傳遞衍也會形成他的哲學特質。前者
> 是時代的挑戰，後者是歷史的傳承；加上他個人創
> 造的才慧，三者的結合體，就構成了一代哲人的哲
> 學思想。[50]

「時代的挑戰」、「歷史的傳承」以及「個人創造的才慧」
構成《韓非子》藏諸名山的不朽文業，然此皆由於韓非曾授
業於荀卿之教，又喜刑名黃老之學的博學背景，並巧妙融合
各家思想合流所孕育之思考模式所致。是以，唐君毅先生對

---

[49]　高柏園云：「韓非是先秦哲學的殿軍，也是先秦法家思想的集大成者，
其不但充分回應了戰國的時代要求——國富兵強以統一中國，同時也
展示了極為細密而完整的理論系統，為中國思想史上寫下輝煌的一
頁。」見高柏園：《韓非哲學研究》（台北：文津出版社，1994 年 9
月），頁 1。

[50]　王邦雄：《韓非子的哲學》（台北：東大圖書公司，1993 年 3 月），
頁 25。

《韓非子》集結先秦時代各流派學術思想之整體思想，並努力開創新局的積極意義上，亦以肯定的態度表示，其云：

> 韓非之言法術勢，對其前之儒、墨、道、申、商、慎之言，皆有所承，有所捨，而亦有進。[51]

王、唐二位先生如此的觀察，實證了《韓非子》思想中充分蘊含儒、道以及法家各派論述之情；事實上，本書之所以從「慘礉少恩[52]」的《韓非子》當中，尋找兼具德性思維的「君德思想」為研究主題，亦以此觀點為濫觴也。

儒家的「德」與法家的「刑」，雖有語意運用上的分野，但若論其具體作用而言，則實為兼不可分之具也。孔子云：「君子懷德，小人懷土；君子懷刑，小人懷惠[53]」，孟子亦云：「如惡之，莫如貴德而尊士。賢者在位，能者在職，國家閒暇。及是時明其政刑，雖大國，必畏之矣[54]」均是同時主張「德」與「刑」的並施之要；足證，在君王治國的技術上，行為懷德亦可為政主刑，政刑於國亦可行德於身，這種思維即是《韓非子》消融並延伸儒、法思想學說之痕跡。

（二）韓非生平概述

秦帝國在韓非死後第十二年消滅齊國，因而建立中國歷

---

[51] 唐君毅：《中國哲學原論原道篇》（台北：台灣學生書局，1978 年 4 月），頁 522。

[52] 《史記·老子韓非列傳》，頁 547。

[53] 《四書章句集注·論語·里仁》，頁 96。

[54] （宋）朱熹撰：《四書章句集注·孟子·公孫丑章句上》（台北：大安出版社，1994 年 11 月），頁 326。本書所引《孟子》均採此版本。

史上第一個中央集權的龐大帝國，斯時，先秦諸子百家爭奇鬥豔的奔放學術思潮也在同時逐漸褪去；是以，《韓非子》集結了各家先賢思想所創制之論述，乃成為了戰國末年最耀眼的一顆明珠。

依據《史記》所載，韓非為韓國之諸公子，但是，在近來的考據之中，則認為其可能為釐王或桓惠王之子[55]，亦有推斷韓非生於襄王之末[56]。姑不論韓非為何王之子，但從《史記》對韓非在韓國王室地位之描述「非見韓之削弱，數以書諫王，韓王不能用」而論，顯見韓非根本難見於韓王安，則應可推論其為不得勢之韓國宗室後裔。

韓非在韓國與秦國之事跡，主要記載於《史記・老子韓非列傳》：

> 韓非者，韓之諸公子也。喜刑名法術之學，而其歸本於黃老。非為人口吃，不能道說，而善著書。與李斯俱事荀卿，斯自以為不如非。非見韓之削弱，數以書諫韓王，韓王不能用。於是韓非疾治國不務脩明其法制，執勢以御其臣下，富國彊兵而以求人任賢，反舉浮淫之蠹，而家之於功實之上。以為儒者用文犯法，而俠者以武犯禁。……故作孤憤、五蠹、內外儲、說林、說難十餘萬言。[57]

---

[55] 是說源自陳千鈞：〈韓非新傳〉，《學術世界》，1卷2期，本處轉引自張素貞：《韓非子思想體系》（台北黎明文化事業公司，1993年8月），頁7。

[56] 陳奇猷：《韓非子集釋》（高雄：復文圖書出版社，1991年7月），頁1176。

[57] 《史記・老子韓非列傳》，頁544-545。

據考，韓非出仕前曾受業於當時的知名儒士荀卿門下，並與後來擔任秦相李斯相與為學；然就《史記》所稱，韓非之學力更勝於李斯。

依《史記》記載，韓非在授業於荀子之後，「喜刑名法術之學」，後乃棄儒從法而力研新術。而他為人口吃，不擅言詞，然著書立論則為其專長。特別是在接觸了春秋、戰國時期法家各流派學術著作之後，緣參酌了尚「勢」的慎到、尚「法」的商鞅與尚「術」的申不害等學說融會貫通；並取法了《老子》的道家之學，再融合以先秦各家足以符合自身理論之處，兼容並蓄地先後撰成《韓非子》一書，成為韓非所創制的法制之學。

韓非被後世稱許為集法家學術思想之大成者，此即是由於其吸收了在他以前的各派法家學說，遂成為法家最具代表性之人物，並被稱譽為戰國末期最後一位偉大哲人。

韓非身處之時，秦國幾成當時霸主，而包括韓國在內的其餘六國則日益削弱。在韓桓惠王卒後，子韓王安立，韓非屢次上書，建議韓王安用其所設計的治國之術，以求韓國強盛，來抵抗秦國之侵略，惜韓王安不採。於是韓非乃趨於激憤，觀察往者政治之得失，作〈孤憤〉、〈五蠹〉等篇，共十餘萬言，並逐次流傳於當時各家學說之間。

據載，秦王嬴政讀了〈孤憤〉及〈五蠹〉之後，曾嘆道「嗟呼，寡人得見此人，與之游，死不恨矣」表達了對韓非的極度賞識，但最後卻不免為秦相李斯所害，《史記》載之：

> 人或傳其書至秦，秦王見孤憤、五蠹之書，曰：寡
> 人得見此人與之游，死不恨矣。李斯曰：此韓非之
> 所著書也。秦因急攻韓。韓王始不用非，及急，迺
> 遣非使秦。秦王悅之，未信用。李斯、姚賈害之，……
> 秦王以為然，下吏治非。李斯使人遺非藥，使自殺。
> 韓非欲自陳，不得見。秦王後悔之，使人赦之，非
> 已死矣。[58]

李斯原為楚國上蔡人，與韓非同受業於荀卿門下。學成之後入秦，並藉呂不韋之力而為秦王客卿。秦王政十年，秦下逐客令，李斯也在被逐之列。李斯上書秦王以諫逐客。秦王覽李斯所上之書，除去逐客之令，遣人追李斯還，並復李斯官職。李斯至此才得見用於秦王政並累官至廷尉。李斯得免逐客之後，因說秦王請先攻取韓，用以威嚇其他個各國，秦王於是命李斯取韓地。

韓王安先是未進用韓非，直至秦攻韓之時，韓王乃與韓非合議，計畫如何抵擋秦的侵略。韓王安五年（秦王政十三年、公元前二三四年），韓王安派韓非使秦，第二年，韓非入秦得見秦王政，秦王因曾拜讀韓非大作，與其相談後韓非於是上書諫秦王勿攻韓。秦王見其上書後乃下詔李斯研辦，惜李斯不以為然，並指韓非所書飾辭作謀，不可信之。秦王於是派李斯赴韓，並詔韓王入秦，李斯因不得見韓王安，始回秦。

---

[58] 《史記·老子韓非列傳》，頁547。

　　據《戰國策》記載，韓非曾因批評姚賈出使四國之事而遭秦王之誅：

> 秦王大說，賈封千戶，以為上卿。韓非知之曰：「賈以珍珠重寶，南使荊、吳，北使燕、代之間三年，四國之交未必合也，而珍珠重寶盡於內。是賈以王之權，國之寶，外自交於諸侯，願王察之…」王召姚賈而問曰：「吾聞子以寡人財交於諸侯，有諸？」對曰：「有」……秦王曰：「然。」乃可復使姚賈而誅韓非。[59]

　　其後，李斯與姚賈等人乃利用此事及「非終為韓，不為秦」之語詆毀韓非，此事據《史記》所載：

> 李斯、姚賈害之，毀之曰：「韓非，韓之諸公子也。今王欲併諸侯，非終為韓，不為秦，此人之情也。今王不用，久留而遺之，此自遺患也，不如以過法誅之。」[60]

　　秦王相信李斯、姚賈二人之言，是以將韓非下吏治罪，韓非終因指摘姚賈未成反受其害。而後，李斯為求除惡務盡，即私下派人遺毒藥予韓非，韓非欲求見秦王以自陳，不得見，乃仰藥自盡。

---

[59] （西漢）劉向集錄：《戰國策・秦五・四國為一將以攻秦》（台北：九司出版有限公司，1978 年 11 月），卷七，頁 293-299。
[60] 同前注。

（三）韓非之歷史定位

韓非死後三年韓國即滅，而距離秦王統一中土之時，亦僅十二年左右。該時期在中國人文思想上之最大改變，即由封建諸侯分權制度改為中央集權之大一統制度，牟宗三先生稱此階段為中國歷史發展的三大主要關鍵：

> 在中國歷史的發展中有三個主要關鍵：第一個是周公制禮作樂；第二個是法家的工作完成了春秋戰國時代政治社會的轉型；第三個是由辛亥革命到現在所要求的民主建國。由此可知法家的工作及其開出的政治格局的意義是很重要的。[61]

牟先生於此正面肯定法家人物論述於先秦時期之建樹，然則，韓非正是完備了法家學說的第一功臣。是以，處在這樣一個舊政治思想與新政治型態交接的時期的韓非，不僅時代之變驅策了他，換言之，《韓非子》之學術思想成就亦深深地影響了時代。

綜觀《韓非子》學術思想成就及其節操，黃公偉先生有此肯定之語：

> 韓非子學說不但對「儒」、「道」是一大突破，對法學思想流傳的自相自性而言，也是一大突破。因為韓非子以前各家各有所短，各有移轉，不免帶有「分別事識」近似「分別說」部，而韓非卻無偏見，

---

[61] 牟宗三：《中國哲學十九講》（台北：台灣學生出版社，1983 年 10 月），頁 177。

而能突破這種分別說的主觀意識，推法學於最高型
態，化分歧為統一。這樣才有「集大成」的成就。
這不是前此各家所能比其高下的。……他不是「漢
奸之流」。也不是巧言干祿之輩，為「現身」而「說
法」，有犧牲小我，完成大我的精神。[62]

　《韓非子》一方面在儒、道學說之間尋求突破，一方面亦在
法學思想上集其大成而迭有創制，學術成就遂高於同屬，無
怪乎其乃被尊稱為先秦時期最後一位偉大思想家。此外，由
於韓非晚年臨危使秦，並以身殉國之節操，猶為贏得「犧牲
小我，完成大我」之美名，實乃備受景仰之一代哲人也。

　　為述明韓非在戰國末期與秦、韓間各重要事件之相對關
係，此際特別參酌數名著篩錄製作後表，以為韓非與韓國、
秦國大事紀彙整年表。

---

[62]　黃公偉：《法家哲學體系指歸》（台北：台灣商務印書館，1983 年 8
月），頁 426-427。

韓非與韓、秦大事紀彙整簡表[63]			
西元紀年 （前）	韓非生平事紀	戰國時期大事紀	備註
359		秦任商鞅為相進行變法。	
358		韓昭侯立。	
351		申不害於韓為相。	
338		秦孝公卒，商君死。	
337		申不害卒。	
333		蘇秦任六國相位。	
322		秦相張儀出任魏相。	
311		韓襄王立，張儀至魏。	
310		張儀死於魏國。	
298	陳奇猷考韓非約生於此時前後。	韓與齊聯軍共擊秦。	見陳奇猷《韓非子集釋》
296		韓與齊、魏共擊秦，秦與韓武遂和。	
295		韓釐王立。	
293	陳千鈞考韓非約生於此前後。	秦將白起擊韓伊闕，斬首二十四萬。	見陳千鈞〈韓非新傳〉[64]
289		秦擊魏，取六十一城。	
286		秦敗韓兵於夏山。	
284		秦與燕、趙、韓共擊齊，破之。	

---

[63] 本表資料摘錄自陳啟天：《增訂韓非子校釋·韓非及其政治學》（台北：臺灣商務印書館，1969年6月）頁927-931。張素貞：《韓非子思想體系·韓非之年表》（黎明文化事業公司，1993年8月），頁12-21。楊寬《戰國史料編年輯證》（上海：人民出版社，2001年11月），頁676-1119。陳奇猷：《韓非子集釋·韓非生足年考·韓非年表》（高雄：復文圖書出版社，1991年7月），頁1177-1183。

[64] 此說參考自張素貞：《韓非子思想體系·韓非之年表》（黎明文化事業公司，1993年8月），頁14。

韓非與韓、秦大事紀彙整簡表			
西元紀年（前）	韓非生平事紀	戰國時期大事紀	備註
282		韓與秦會兩周間。	
280	陳啟天考韓非約生於此時前後。	秦將白起攻趙。	見陳啟天《增訂韓非子校釋》
273	韓非數諫韓王，當在此期前後。	趙、魏攻韓華陽，秦來救，敗之。	見陳奇猷《韓非子集釋》
272	梁啟超考韓非約生於此時。	秦助韓、魏、楚共伐燕。	見梁啟超〈先秦學術年表〉[65]
264		秦將白起攻韓，拔九城。	
263		秦取韓南郡，韓郡守以上黨降趙。	
262		秦將齕攻韓，取十城。黃歇（春申君）相楚。	
255	韓非之師荀卿，自齊適楚為蘭陵令。	周亡，蔡澤代范睢相秦。	見陳啟天《增訂韓非子校釋》
254	韓非與李斯當疑在此時俱受業於荀卿門下。	各國朝秦，韓王亦入秦。	見陳啟天《增訂韓非子校釋》
251		秦昭襄王卒，韓王衰絰入弔祠，諸侯皆使其將相來弔祠，視喪事。	
250		秦孝文王卒。	
249		呂不韋相秦，秦取東周，伐韓，韓獻二城。	

---

[65] 此說參考自曾春海：〈《管子》四篇與《韓非子》的道法論及對比研究〉，《輔仁學誌》第 31 期（2004 年 7 月），頁 213，註釋 4。

韓非與韓、秦大事紀彙整簡表			
西元紀年（前）	韓非生平事紀	戰國時期大事紀	備註
248	韓非《孤憤》、《五蠹》二篇當完成於此時之前。	秦取趙三十七城。	
247	李斯入秦，呂不韋任為郎，韓非在此之前師荀卿。	秦攻韓上黨。魏信陵君率五國兵敗秦於河外。	
246		秦始皇帝元年，定都咸陽。李斯為秦舍人。	
244		秦取韓十三城。	
241		韓趙魏楚燕共擊秦。	
239	韓非著書，約在此前後。	秦擊趙。	見陳啟天《韓非及其政治學》
238	韓非在此時數度以書諫韓王。	秦拔魏垣、蒲陽。楚春申君卒。	見陳啟天《韓非及其政治學》
237	韓王與韓非謀弱秦之術。	秦呂不韋免相，李斯諫止逐客令，漸為用，請秦先取韓。	
234	韓非使秦，並上書存韓；秦用李斯之議留韓非。	秦攻趙平陽。	
233	韓非受姚賈、李斯讒入獄，李斯遺藥毒害韓非，韓非卒於雲陽。	秦取趙平陽、武城、宜安。李斯使韓。	楊寬考韓非於此時上書秦王政。見楊寬《戰國史料編年輯證》
231		秦發兵攻韓南陽等地。	
230	韓王安被擄，韓亡。	秦滅韓，取其地為潁川郡。	韓為戰國七雄中第一滅國者。
221		秦滅齊，初步完成統一六國帝業。	韓非死後第十二年。

二、《韓非子》因世而備之法

　　《韓非子》治說之目標與其他先秦諸子之目的是一致的，即是針對周文疲憊之時，企圖以其學說來影響國君或人民，使之凝聚並落實成為治國之術。因此，若論渠等學說之運用，最具體的作法就是在政治上或社會上的實際展現。

　　法家原有尚法、尚術、尚勢三派，而《韓非子》是取三者之優，又綜合其他先秦諸子學說之長，融會而卓然成為一家的。是以，一般學者在闡述《韓非子》之治國思想時，多半將法、術、勢三者分別清楚闡述；而對於其三者之關係，亦極力作明白之分析，俾以收其分解週知之效。

　　對此，本章第一節雖以說明《韓非子》思想誠然不僅有法、術、勢三者而已，然為求行文之順遂，在此先予沿用是類說明方式，而暫將該三者之論概要說明[66]；另有關「君德」之論述，則分置於第四、五、六章詳列，以期實證剖析之。

（一）君臣尚法以圖強

　　《韓非子》強調應以立法來規範君、臣、民之政治關係，並認為立法之義在標舉一常道，以作為政治運作之準則，同時為國家機制提供一架構，使君、臣、民皆隸屬此架構中，

---

[66] 本節所舉法、術、勢之論，大抵採自姚蒸民：《韓非子通論》（台北：東大圖書股份有限公司，1999 年 3 月）；張素貞：《韓非子思想體系》（台北黎明文化事業公司，1993 年 8 月）；王靜芝：《韓非思想體系》（台北：輔仁大學文學院，1988 年 10 月）；以及謝雲飛：《韓非子析論》（台北：東大圖書公司，1980 年 4 月）等數著之論點，特此說明。

進而化解彼此之矛盾，並使之成為常態性運作。此外，《韓非子》亦認為應該以「法制」來解決衝突，使君民各行其職，《韓非子》云：

> 治也者，治常者也；道也者，道常者也。[67]
> 釋法術而任心治，堯不能正一國。使中主守法術，拙匠執規矩尺寸，則萬不失。[68]
> 息文學而明法度，塞私便而一功勞，此公利也。[69]

《韓非子》在分析「法」與「勢」之間，寫了〈難勢〉篇，而分析「法」與「術」之間，則寫了〈定法〉篇。韓非對於〈難勢〉與〈定法〉這兩篇專章的寫作體裁，都採用了設問的作法，以問答方式來說明其看法。

法在《韓非子》的思想中是國家一切治術的主體，更是一切行為之準則；而術和勢則是行法的權與能，術、勢雖不可缺，但法才是真正重心。中國之法治主義起源甚早，在春秋初期的管仲、子產時已經萌芽，經李悝、商鞅之後，法治概念乃日趨於成熟。《韓非子》之法論，即是在這樣的環境下結合先秦時期各家流派之觀點，並揉合於法家各派論述之中，以開啟自身的法理思想，並進而逐漸發揚光大的，此即近人蔡元培先生所謂：

> 韓非子者，集周季學者三大思潮之大成者也，其學說以中都思潮之法治主義為中堅，嚴刑必罰，本於

---

[67] 《增訂韓非子校釋·忠孝》，頁 823。
[68] 《增訂韓非子校釋·用人》，頁 791。
[69] 《增訂韓非子校釋·八說》，頁 136。

> 商君。其言君主尚無為，而不使臣下得窺其端倪，
> 則本於南方思潮。其言君主自制法律，登進賢能，
> 以治國家，則又受北方思潮之影響者。[70]

誠如蔡先生所言，《韓非子》的治國理念，因「集周季學者三大思潮之大成」，且在浸潤了先秦時期已然日益成熟的法治概念下，乃創制出其輔以術、勢的法治理論，實有其值得肯定之價值。

（二）法之功與用

《韓非子》尚法之理由，全出於自利之人性觀。其言人因私欲的考慮乃漸生為惡之傾向，故國家應立法以赫阻之、防止之、矯正之；又因人性好逸惡勞，有自然陷溺與墮落、逃避之趨勢，是以國家應設立嚴刑峻法，用相忍為國之道，期能奮發圖強，而謀長治久安。《韓非子》對於法治之功能上，強調其具有「因法致強」以及「明法去私」的主要效用，如云：

> 夫民之性，惡勞而樂佚，佚則荒，荒則不治，不治
> 則亂，而賞刑不行於下者必塞。[71]
> 夫嚴刑者，民之所畏也，重罰者，民之所惡也。故
> 聖人陳其所畏以禁其邪，設其所惡，以防其姦。是
> 以國安，而暴亂不起。[72]

---

[70] 蔡元培：《中國倫理學史》（台北：台灣商務印書館，1991 年 3 月），頁 59、64。
[71] 《增訂韓非子校釋·心度》，頁 814。
[72] 《增訂韓非子校釋·姦劫弒臣》，頁 224。

> 聖人之為法也，所以平不夷，矯不直也。[73]
>
> 是故禁姦之法，太上禁其心，其次禁其言，其次禁其事。[74]

《韓非子》的法治主要係針對儒家的人治而言；儒家政治哲學的理論根基，與《韓非子》是為互有反對的立場。儒家主人性皆善，於是強調治國之道首重內在性的道德自覺，而非外爍之法制規約，故只要「道之以德，齊之以禮[75]」在根本上即可致「有恥且格」之效。是以，不論百姓之安分或者是君王的修德，都強調為政之道首在君王修己立德，樹立克己復禮之人格典範，以實現天下歸仁之完美境界。因而，儒家乃消極性的認定「道之以政，齊之以刑，民免而無恥[76]」之現象；此觀點雖未完全否定法治，然與《韓非子》和法家所強調的人性趨利避害之本質，因而極度倡言法治主義之論述，則有其明顯差異。

《韓非子》之思想立論則強調立法之根據，亦在人性論、價值觀與歷史觀之三大柱石上。《韓非子》言人性，主張「喜利為最，人莫不然」，意建立國家共識於利害原則的選擇上；而人人之利害基點又可能彼此對立，因此，如何消除交雜發生之利害衝突，或作衝突矛盾後之裁判根據等，都要依靠「法」的律定以排解之。

---

[73] 《增訂韓非子校釋‧外儲說右下》，頁 608。
[74] 《增訂韓非子校釋‧說疑》，頁 231。
[75] 《四書章句集注‧論語‧為政》，頁 70。
[76] 《四書章句集注‧論語‧為政》，頁 70。

　　《韓非子》的法重視因人情好惡，乃言「凡治天下，必因人情」並引以而訂定賞罰規範，利用人類趨利避害之心，強迫要求其遵守，並且赫阻違法情事之發生，以造成勸功禁邪之效用，此即《韓非子》所謂：

> 喜利畏罪，人莫不然。將眾者不出乎莫不然之數，而道乎百無一人之行，行人未知用眾之道也。[77]
>
> 凡治天下，必因人情。人情者，有好惡，故賞罰可用；賞罰可用，則禁令可立，而治道具矣。[78]
>
> 明主之治國也，明賞則民勸功，嚴刑則民親法。勸功則公事不犯，親法則姦無所萌。故治民者禁姦於未萌；而用兵者服戰於民心。[79]
>
> 聖人之治也，審於法禁，法禁明著則官治；必於賞罰，賞罰不阿則民用。民用官治則國富，國富則兵強，而霸王之業成矣。[80]

　　再言之，人的價值觀皆以自我為中心，是以社會上各種利益之糾葛複雜；因此，國家利益不可能在個體的身上達到完全性的統一，過多的衝突又將造成國之分崩危機。

　　《韓非子》於此強調唯有君主國王之利，才能成為功利價值實現的適當對象；然則，為了統合眾人之利害，使國家歸於一「公共利益」之下，只好依據君主的利害標準，注入

---

[77] 《增訂韓非子校釋・難二》，頁 344。
[78] 《增訂韓非子校釋・八經》，頁 150。
[79] 《增訂韓非子校釋・心度》，頁 813。
[80] 《增訂韓非子校釋・六反》，頁 92。

整體社會的價值體系中，並使之歸屬於「法」之賞罰的新價值規範當中，成為治國唯一的客觀標準。

《韓非子》在論及法的運用部分，認為這關係到一個國家之強弱盛衰，是國家治亂興亡的最重要因素。是以前引文所謂「法禁明則官治；必於賞法，賞罰不阿則民用。民用官治則國富，國富則兵強，而霸王之業成矣」，該說即言運用法所必收之強大效益也。

（三）立法之要

在《韓非子》思想中，法的功效既然如此強大，那麼法之制訂與實施定是其在尚法理論當中所必須交代的。《韓非子》言法之制訂有四項原則。

其一為法需成文；這觀念其實極為類似現今成文法系國家所謂之「罪刑法定主義」。

在我國遠古之刑法，具有其階級性與私密性；到了東周時期以後，封建制度動搖，於是晉國鑄刑鼎，子產鑄刑書，鄧析作竹刑，這些作為其實就已經打破了法的私密性概念。到了李悝撰《法經》，商鞅行變法，又澈底的推翻了法的階級性而蛻變為成文之法。諸此演變到了韓非所處的戰國末期，成文法治概念已普遍由崇法的知識份子所瞭解，在韓非的觀念裡，則更是念茲在茲，因而強調政府必須做到「境內卑賤莫不聞知也」，如云：

> 法者，編著之圖籍，設之於官府，而布之於百姓者也。……故法莫如顯，而術不欲見。是以明主言法，

則境內卑賤莫不聞知也。[81]

> 法者，憲令著於官府，刑罰必於民心，賞存乎慎法，
> 而罰加乎姦令者也，此臣之所師也。君無術則弊於上，
> 臣無法則亂於下，此不可一無，皆帝王之具也。[82]

經過「編著之圖籍，設之於官府，而布之於百姓者也」，以及「憲令著於官府」的標準確立之後，於是法真正由王者御民之密術，而轉變成為君民齊用之治國工具，此乃法治觀念上之一大進步，同時也是《韓非子》所強調的。

其二為法需隨時空而移。《韓非子》認為人類社會乃演進而改變的，是謂「夫古今異俗，新故異備。如以寬緩之，治急世之民，猶無轡策而御悍馬，此不知之患也[83]」，所以君王立法需重時效，由進化之歷史角度推論，社會民情、風俗均會隨著時空而改變，法制自然也該作調整，才不致於造成窒礙難行之窘境，此即《韓非子》云：

> 治民無常，唯法為治。法與時轉則治，治與世宜則
> 有功。……時移而法不易者亂，世變而禁不變者削。
> 故聖人之治民也，法與時移，而禁與世變。[84]

其三為法需有固定性。承上所述，法的內容固然需隨著時空更替而作調整，但是，原則上，法律在面對情勢未變更之前，必須要有相當的固定性，否則朝令夕改，原本具體有

81　《增訂韓非子校釋·難三》，頁 364。
82　《增訂韓非子校釋·定法》，頁 76-77。
83　《增訂韓非子校釋·五蠹》，頁 36。
84　《增訂韓非子校釋·心度》，頁 814-815。

慣例的事項，卻無法在法的一貫性原則下實施，將徒增人民及官府的困擾，增加國亂之根源。《韓非子》云：「凡法令更則利害易，利害易則民務變，民務變之謂變業[85]」。是故，法令不得輕易更動，新舊禁令的頒行亦需取捨有道，俾使法令統一固定，而人民才能有所遵循。

如果法的固定性不足，則刑亂將起，這些都可能是國家衰亡的徵兆，正如《韓非子》所論：

> 晉之故法未息，而韓之新法又生；先君之令未收，而後君之令又下。申不害不擅其法，不一其憲令，則姦多。[86]
>
> 好以智矯法，時以私雜公，法禁變易，號令數下者，可亡也。[87]
>
> 其四為法需易懂能行。以法治國，應該注重法的平實性，立法的目標與宗旨必須明確而實在，不得強民所難此即：「聖王之立法也，其賞足以勸善，其威足以勝暴」之謂也。

此外，《韓非子》還提到若法的內容過於嚴苛，對百姓動輒得咎，不近人情，則將使天下蒼生民怨四起，甚至造成官逼民反國家動亂的不可收拾之勢。秦帝國的速亡，就因其峻罰嚴苛，致使蒼生難忍，實可昭炯誡。故明主與賢臣之立法，貴在隳除煩苛，使臣民易知易行，《韓非子》有謂：

---

[85]　《增訂韓非子校釋·解老》，頁 740。
[86]　《增訂韓非子校釋·定法》，頁 78。
[87]　《增訂韓非子校釋·亡徵》，頁 117。

　　聖王之立法也，其賞足以勸善，其威足以勝暴，其
　　備足以完法。治世之臣，功多者位尊，力極者賞厚，
　　情盡者名立。善之生如春，惡之死如秋，故民勸，
　　極力，而樂盡情，此之謂上下相得。[88]
　　明主立可為之賞，設可避之罰。……明主之表易見，
　　故約立；其教易知，故言用；其法易為，故令行。[89]
　　察士然後能知之，不可以為令，夫民不盡察。賢者
　　然後能行之，不可以為法，夫民不盡賢。[90]

在《韓非子》的立法理論中，雖然已經立法的原則與方向說得很清楚，但是，究竟立法之權應該繫屬於何人，則從未有過明言，僅能由後人推論應為為「聖王」之屬。是故，梁啟超先生才會在《先秦政治思想史》中質疑道：「然問法何自出，誰實制之，則仍曰君主而已[91]」。然由《韓非子》的治國理論當中所透露之立法權人應為君王，乃因「法」為君驅臣民以求富強之工具。君立法主在遵守並實現其意志，故可自由立法變法以取君利。

　　不過，若就近人趙海金的研究，以及由《韓非子》思想的具體學說當中來看，其崇尚法術，以為富國強兵，必定要採取中央集權，使君主任勢，獨擅賞罰，握有至高之統治權，以圖絕對之專制霸權。當然，在此理論上，自然不能像如今的民主思想一樣，將立法權交由統治權以外者；是以，由此

88　《增訂韓非子校釋・守道》，頁797。
89　《增訂韓非子校釋・用人》，頁792。
90　《增訂韓非子校釋・八說》，頁136。
91　關於韓非所論國家立法權之歸屬，詳見本書第六章第一節。

處推論，《韓非子》所屬意之法的制訂大權，應操之於君主才是。

　　由「均權」、「權責同屬」及「權能區分」的角度來看，法的施行既不能制約君王，實可論《韓非子》之「法」實非一獨立公平之架構。

（四）法治不任心治

　　西周時期的封建制度與社會組織，在春秋戰國時代瀕臨解體崩潰的邊緣，而士族與平民階級的差異亦隨之破壞。在彼時，具有先見真知者為倡導法治的概念，自然就是企圖使「法」能夠在人類社會中普遍實施，並且必須做到「不辟親貴，法行所愛[92]」，才能收預期的大治功效。

　　《韓非子》在法的實施上，也清楚地提出了「上下平等」、「普遍奉行」以及「吏以教法」等具體方略，欲使法之施行能夠暢行無阻，是以乃曰：

> 法不阿貴，繩不撓曲，法之所加，智者弗能辭，勇者弗敢爭。刑過不避大臣，賞善不遺匹夫。[93]
>
> 當世之行事，都丞之下徵令者，不辟尊貴，不就卑賤，故行之而法者，雖巷伯信乎卿相；行之而非法者，雖大吏訕乎民萌。[94]
>
> 人主者，守法責成以立功者也。聞有吏雖亂，而有

---

[92]　《增訂韓非子校釋・外儲說右上》，頁 584。

[93]　《增訂韓非子校釋・有度》，頁 262。

[94]　《增訂韓非子校釋・難一》，頁 329。

> 獨善之民；不聞有亂民，而有獨治之吏，故明主治吏不治民。[95]
>
> 法者，憲令著於官府，……臣無法，則亂於下。[96]
>
> 人主使人臣，雖有智能不得背法而專制，雖有賢行不得踰功而先勞，雖有忠信不得釋法而不禁，此之謂明法。[97]
>
> 明主之國，無書簡之文，以法為教；無先生之語，以吏為師。[98]

在法律之前必須無分親疏貴賤，人人平等，並且不允許特權存在。而且所立之法要奉為天下共守的圭臬，務求君臣上下遵行，說服人心，始可收其實效。並藉著法的推行過程，讓官吏或知識份子充分參與教導，使人民易知易行，才能達到君臣一視同仁，萬民守法之境界。

三、《韓非子》循名責實之術

誠如前節所述，在《韓非子》之治國思想裡，藉法以定賞罰，順人情之好惡，使民易知易行，從而導入舉國統一之價值觀，進而成全君主與國家之公利目標。但是法的運作，仍有待君勢之強固才足以執柄操權，並藉其強制力使得君主治國理念貫徹以行。

95　《增訂韓非子校釋・外儲說右下》，頁 606。
96　《增訂韓非子校釋・定法》，頁 76-77。
97　《增訂韓非子校釋・南面》，頁 126。
98　《增訂韓非子校釋・五蠹》，頁 50。

（一）不操術則威勢輕

　　《韓非子》認為「術」能實現國君「抱法處勢則治」的政治理想，君王只要懂得抱法處勢便可使國家富強；而居上位者有術，則能掌握政局變化，以活用「規範之法」與「運作之勢」，並尚可補渠等先天才智之不足。因此，法的標準性與勢之強制力，皆必須透過一套「治術」的運用，方能使法與勢付諸實現，並增加其強固之基礎。

　　就此而論，在《韓非子》的理論思維裡，「術」即成為國君治國技巧當中非常重要的一環。不過，《韓非子》在用術的理論上，由於過分強調君主權謀與利益，並且強烈地不信任君臣之義，因此，術亦不幸成為後人詬病之焦點所在。《韓非子》在君臣利益相異的觀點上有此說明：

> 萬乘之患，大臣太重，千乘之患，左右太信；此人主之公患也。[99]
> 人主者，不操術，則威勢輕，而臣擅名。[100]
> 君臣之利異，故人臣莫忠。故臣利立，則主利滅。是以姦臣者，召敵兵以內除，舉外事以眩主，苟成其私利，不顧國患。[101]

雖然《韓非子》強烈的提到對「臣心」的不信任，但是卻也深知「力不敵眾，智不盡物」，所以一君無法治萬民之道理。

---

[99]　《增訂韓非子校釋・孤憤》，頁 140。
[100]　《增訂韓非子校釋・外儲說右下》，頁 608。
[101]　《增訂韓非子校釋・內儲下》，頁 428。

因之，唯有借用官吏來治理萬民，使得引其綱而攝其目，囊括天下萬民之動態於其中。

（二）明法密術

是故，《韓非子》說明了君主的治國之道在「明主治吏不治民[102]」，君主用術以駕馭臣下，並令臣依法以治民，則法行而國治，其謂之：

> 力不敵眾，智不盡物，與其用一人，不如用一國。
> 故智力敵，而群物勝。揣中則私勞，不中則任過。
> 下君、盡己之能，中君、盡人之力，上君、盡人之
> 智。是以事至而結智，一聽而公會。[103]
> 故國者，君之車也，勢者，君之馬也。無術以御之，
> 身雖勞，由不免於亂。有術以御之，身處佚樂之地，
> 又致帝王之功。[104]

在《韓非子》的思想中，術的意義當然也有其積極的一面，並經常必須以「法」搭配使用，這就表現在術的運用技巧與性能上，其主要論點有二：

> 術者，因任而授官，循名而責實，操殺生之柄，課
> 群臣之能者也，此人主之所執也。[105]
> 術者，藏之於胸中，以偶眾端，而潛御群臣者也。

102　《增訂韓非子校釋・外儲說右下》，頁 606。
103　《增訂韓非子校釋・八經》，頁 152-153。
104　《增訂韓非子校釋・外儲說右下》，頁 607。
105　《增訂韓非子校釋・定法》，頁 76。

故法莫如顯，而術不欲見。是以明主言法，則境內
卑賤莫不聞知也，不獨滿於室；用術，則親愛近習，
莫之得聞也，不得滿室。[106]

法為《韓非子》所倡行的治國「明」法，術則為御臣之「密」
術。一明一暗，一可知，一不可知，此即所謂「法莫如顯，
而術不欲見[107]」，兩者交合運用，則天下臣民將服貼於君主
的統治之中，如謂之：

術也者，主之所以執也；法也者，官之所以師也。[108]
人主者，利害之輊轂也，射者眾，故人主共矣。是
以好惡見，則下有因，而人主惑矣；辭言通則臣難
言，而主不神矣。[109]
用術，則親愛近習莫之得聞也，不得滿室。[110]
主用術，則大臣不得擅斷，近習不敢賣重。[111]
人不足官，則治者寡，而亂者眾矣。故明主之道，
一法而不求智，固術而不慕信，故法不敗，而群官
無姦詐矣。[112]

除上述的術論技巧之外，依照《韓非子》的理論來深究，「法」
與「術」更是有其明顯相異之處，張素貞先生即對此分析為三：

[106] 《增訂韓非子校釋‧難三》，頁 364。
[107] 同上注，頁 364。
[108] 《增訂韓非子校釋‧說疑》，頁 232。
[109] 《增訂韓非子校釋‧外儲說右上》，頁 556。
[110] 《增訂韓非子校釋‧難三》，頁 364。
[111] 《增訂韓非子校釋‧和氏》，頁 295。
[112] 《增訂韓非子校釋‧五蠹》，頁 48。

> 法與術相異之點有三：一曰法之對象為一般臣民，
> 術專為臣而設。二曰法為臣民所共守，術則為君主
> 所獨用。三曰法為公布周知之律文，術則中心暗運
> 之機智。[113]

在《韓非子》所提到的「術不欲見」，其實只是專指君王之心意不能由臣下所預知，如此，才不致讓臣下有逢迎窺探的機會，造成人主反遭臣下利用之險境。如果君主的左右之臣充斥了諂媚逢迎之徒，並且洞悉上意，勢將造成君主對於人臣之智愚難分，忠奸莫辨，徒增國家衰亡動亂之可能。事實上，這是《韓非子》用術理論的消極面，但卻是他主張人主不可忽略的技巧。反正，無論如何，君用術，一定要先立於不敗之地，再求用人之明。

　　然則，關於《韓非子》用術理論之具體效用為何？根據〈內儲說下〉篇之說明，君王的查察術稱為「六微」，彼乃用術者所必備，即言：

> 六微：一曰、權借在下，二曰、利異外借，三曰、
> 託於似類，四曰、利害有反，五曰、參疑內爭，六
> 曰、敵國廢置。此六者，主之所察也。[114]

從「六微」來看，《韓非子》的術論時已具備了見微知著的效益，值得國君善加利用。然綜觀《韓非子》對於術的運用，

---

[113] 張素貞：《韓非子思想體系》（台北黎明文化事業公司，1993 年 8 月），頁 104。

[114] 《增訂韓非子校釋・內儲說下》，頁 426。

歸納之後則可概分為三項重點：其一為臣不可知之無為術，其二為因任授官之參驗術，其三為循名責實之督責術；此三術實廣涉國家行政之大全，誠可謂帝王之具也。

　　然若就其具體言之，《韓非子》的術，就是強調君王應利用臣下的才能來輔助其治民。而君王在用術的過程中，必先求不可知，所謂「聽言之道，溶若甚醉[115]」以免為臣下所乘；然後，在「因任而授官[116]」之原則下講求知人用人的技術，並以「循名而責實[117]」的觀念來使人能盡其材，事能致其功。最後，再根據人臣職責之績效表現，而予以應有之賞罰。如此，臣下便無法使奸詐，國政亦將步入常軌。

四、《韓非子》德賞刑罰之勢

（一）先秦各家皆言勢

　　「勢治」思想是先秦時期諸子於政治理念上的一個重要概念，並不獨於法家所有，舉凡兵家、名家、縱橫家甚至儒家者亦或有述之；對此羅獨修先生乃言之：

> 勢治在先秦實為一普遍命題，除法家外，兵家、名家、縱橫家亦多有涉及此一問題之處。兵家四派之一即為兵形勢家，先秦諸子中以重勢、勢治顯名者，除法家

---

[115] 《增訂韓非子校釋・揚權》，頁703。
[116] 《增訂韓非子校釋・定法》，頁76。
[117] 同上注。

> 之慎到外，尚有兵家之孫臏、儒家之魯仲連。蘇秦、
> 張儀在遊說六國之際，更是開口閉口不離形勢。[118]

《韓非子》論勢詳盡，並且一改先秦諸子多以正面論勢的態度，特例地以正、反面同時辯證之模式，不斷強調處勢之要，並認為「勢治」是上位者統國御民不可或缺的絕對條件；簡而言之，就是君主的地位與統治權之總稱。

在《韓非子》的思想中，以尊君重國為其最大特徵，然君國之公利，常與臣與民之私利所互相排擠而造成矛盾，甚至造成相互拒斥之現象，因此，「法」即成為維護君主公利的裁判及賞罰標準，並且成為全民共同遵守的規範信條。

不過，由於法的概念在春秋戰國時代的施行已經歷經了一段時間，韓非當然早已領悟徒法不足以自行的道理，是故，即必須藉由「勢」的崇高性與絕對性為基礎，將其轉化為君權之強制力，《韓非子》乃言之：

> 夫勢者，非能必使賢者用己，而不肖者不用己也，
> 賢者用之則天下治，不肖者用之則天下亂。……夫
> 勢者，便治而利亂者也。[119]
> 夫有材而無勢，雖賢不能治不肖。……桀為天子，
> 能制天下，非賢也，勢重也；堯為匹夫，不能正三
> 家；非不肖也，位卑也。……故短之臨高也以位，

---

[118] 羅獨修：《先秦勢治思想探微》（台北：中國文化大學出版部，2002年1月），頁5。
[119] 《增訂韓非子校釋‧難勢》，頁65。

不肖之制賢也以勢。[120]

夫勢者，名一而變無數者。勢必於自然，則無為言於勢矣。吾所為言勢者，言人之所設也。……夫堯、舜生而在上位，雖有十桀、紂不能亂者，則勢治也。桀、紂亦生而在上位，雖有十堯、舜而亦不能治者，則勢亂也。[121]

《韓非子》認為政治實力之樞紐在權力之有與否，國家之治與亂，亦由統治權力而定，而諸此實力之所在均唯「勢」問之。是以，他將君主的恩、威選擇著重於「威」，並強調「明主知之，故不養恩愛之心，而增威嚴之勢[122]」。

（二）君執柄以處勢

勢既然如此重要，那麼勢之作用為何？《韓非子》在勢的性能論述上主要有二，一為「君執柄以處勢」，二為「操權而上重，一政而國治」，其曰：

君執柄以處勢，故令行禁止。柄者，殺生之制也；勢者，勝眾之資也。廢置無度則權瀆，賞罰下共則威分。[123]

夫國之所以強者，政也；主之所以尊者，權也。故明君有權有政，亂君亦有權有政，積而不同，其所

---

[120] 《增訂韓非子校釋·功名》，頁805。
[121] 《增訂韓非子校釋·難勢》，頁69。
[122] 《增訂韓非子校釋·六反》，頁94。
[123] 《增訂韓非子校釋·八經》，頁150。

52

> 以立，異也。故明君操權而上重，一政而國治。[124]

　　勢是國家的統治權力，法家思想以尊君重國為目的，故統治權力完全操之在君王的手中，這就是所謂「主之所以尊者，權也。」權力的存在，即「勢」重之因，「勢」之威嚴在於操縱權力，才能夠擁以重之。《韓非子》極力主張人性皆為趨利避害，故殺戮之刑與慶賞之德對於「治人」有絕對的效用；而刑是一種積極的約制，德則是消極之誘導；是以，在刑、德互用的設計下，勢之作用乃無所不在。

　　此外，《韓非子》認為立法須注重固勢，勢之尊位如能配合法之實施，則治道合宜而君王將蒙其大利，此即所謂的「抱法處勢則治，背法去勢則亂[125]」。君王任勢的方法，是在法律所允許的範疇下操縱權力之柄，此權柄即是操生殺予奪之實力，故操「權」即執賞罰刑德之二柄，《韓非子》乃分別云之：

> 明主之所道制其臣者，二柄而已矣。二柄者，刑德也。何謂刑德？曰殺戮之謂刑，慶賞之謂德。為人臣者，畏誅罰而利慶賞，故人主自用其刑德，則群臣畏其威而歸其利矣。[126]
> 國者，君之車也，勢者，君之馬也。夫不處勢以禁誅擅愛之臣，而必德厚以與下齊行以爭民，是皆不

---

[124] 《增訂韓非子校釋‧心度》，頁813。
[125] 《增訂韓非子校釋‧難勢》，頁70。
[126] 《增訂韓非子校釋‧二柄》，頁179。

> 乘君之車，不因馬之利，舍車而下走者也。[127]
>
> 彼民之所以為我用者，非以吾愛之為我用者也，以吾勢之為我用者也。[128]
>
> 故用賞過者失民，用刑過者民不畏，有賞不足以勸，有刑不足以禁，則國雖大必危。[129]

君勢賞罰之執持，應有其根據之標準，才能夠做到賞罰無私，讓臣與民均無不服不順之緣由。是以，在人君任勢治國的基礎，還是應該依法行事，使臣民知所遵循，亦即「抱法處勢」之謂也。

（三）勢不可借

《韓非子》雖言「慶賞信而刑罰必，故君舉功於臣[130]」，因而極力推崇賞罰之權，但「賞罰」這一觀念，有時與法並提，有時則與勢並論，並沒有非常清楚的分辨。蓋因「勢」之最大用途在執賞罰之二柄，行使國家統治之權力；然而賞罰之標準則應清楚地訂立在法的內容裡，彼乃君主治國的唯一標準，法與勢二者間在其運用的過程中，實為不可分離之。這就是《韓非子》所推定的勢為人設，但處勢需要抱法之原因。在這一論點上，其與法家的傳統尚勢派只論勢不論法之主張不同，而是強調要抱法任勢方得行之。

---

[127] 《增訂韓非子校釋·外儲說右上》，頁 562。
[128] 《增訂韓非子校釋·外儲說右下》，頁 597。
[129] 《增訂韓非子校釋·飾邪》，頁 207。
[130] 《增訂韓非子校釋·難一》，頁 319。

　　然則，勢既然專屬於君，那麼勢之旁落則為君所大患也。賞罰二柄如假於大臣之手，則君尊勢之威亦失而不存，此間，《韓非子》作了提示：

> 權勢不可借人，上失其一，下以為百。故臣得借則力多，力多則內外為用，內外為用則人主壅。[131]
> 萬乘之主，千乘之君，所以制天下而征諸侯者，以其威勢也。威勢者，人主之筋力也。今大臣得威，左右擅勢，是人主失力，人主失力；而能有國者，千無一人。[132]
> 有主名而無實，臣專法而行之，周天子是也。偏借其權勢，則上下易位矣。此言人臣之不可借權勢也。[133]

歸結《韓非子》論勢之思想，其重點在於勢乃「勝眾之資」，是治國不可或缺之條件；然「處勢」必須「抱法」，舉凡德賞、刑罰等勢之作用途徑，其皆須緣法而行，依法而施。此外，君王任勢務需注重「名實相符」，且掌勢之權絕不可假手他人，如此人君方可為至高無上之尊主。

---

[131] 《增訂韓非子校釋·內儲說下》，頁 427。
[132] 《增訂韓非子校釋·人主》，頁 788。
[133] 《增訂韓非子校釋·備內》，頁 198-199。

專制君王的德行論

第二章　緣於法家之君德思想

　　韓非之學歸於法家，法家之章成於韓非，此說概為法家研究者之公論，亦為《韓非子》集法家大成之定言。自先秦學術鳴放以降，法家學說即於彼時佔有一席之地。然論其三百年間，擅法人物此起彼落，其間論述每每為法家思想益加發揚；其於韓非之前主要人物者，自管仲、子產、李悝、吳起，以至商鞅、申不害、慎到等人，皆相當程度地為君權法制立論，為華夏法治立言。

　　本章題名「緣於法家之君德思想」，實乃專為《韓非子》受潤於前述法家先賢之君德思想而設；蓋《韓非子》法治思想既承接於斯，則其君德論述自應受其影響所及。

　　法家學說溯其源頭，則任相桓公，一匡天下之管仲實居其首；然其與子產、李悝、吳起等人在輔君治國獻策之作為上，均非有特定意識型態主導，而多採務實主義行之。是以，本章乃依部分學者所立，將渠等歸類為「尚實派」法家人物。然則，該派人物主述德法兼治、以寬服民、劾盜賊以興民利，以及推崇長上之德的思想，乃多方為《韓非子》所用，堪稱為其君德思想之濫觴。

　　此外，商鞅之「尚法論」、申不害之「尚術論」以及慎到之「尚勢論」，雖後世研究均冠以法、術、勢各派代表相稱，然綜觀其說，則吾人得見渠等輔君治國之策略，雖大抵專言其所崇尚者，然皆或隱或顯地主張君王應以慎重法制、

不因循苟且、任法去私、消除一己好惡以及從道全法等觀念來推行國政。是以,強調君王心性修養與為國舉能之說乃浮現於其學說之內,該等論述皆可視為法家君德思想之重要發微。

　　經由本章之推演及舉揭,可逐步證明法家人物雖慣以專制手段來致力於成全君王、國家及人民大利,然其治國方略內實則或多或少含有君德要求之約束力,此般論述皆可視為《韓非子》君德思想之主要內緣也。

第一節　尚實派之君德思想

一、君德思想之遞演

　　在韓非所身處的戰國末年，雖思想界的各種學說紛爭方興未艾，然在普遍的社會有識之士觀念中，新（學問思潮）舊（封建觀念）社會的思想交替已經大致完成，那是一種要求變革與效率的重要趨勢。這種要求有效變革的主張，反映在思想學說上便是客觀的、實證的、實際的與演化的認知，這也是組成法家思想的基本要件。同理，《韓非子》在其政治社會思想上，也莫不貫穿這種現實功利性的概念。

（一）《韓非子》君德思想淵源

　　講究客觀規律[134]並注重現實、功利環境之思考模式，是法家與《韓非子》學說的重要特徵之一，而身膺《韓非子》學說重要成分的「君德」思想，則是輔導國君在戰國末年的法治與功利主義下，積極地以人的德性修養來救濟法治之失的隱性要素。這項隱性要素在法家的學說裡是針對人性之缺陷而設，並且有其澈底實施的絕對必要；王靜芝先生即以「法

---

[134] 楊寬云：「他（指韓非）認為禍與福的互相轉化，關鍵在於人的主觀努力，決定於『得事理』或『動棄理』，也就是決定於是否能夠按照客觀規律辦事。這是對《老子》辯證法思想的重要發展。韓非在他那個時候認識到要按照客觀規律辦事，這是難能可貴的。」見楊寬《戰國史》（台北：台灣商務印書館，1997 年 10 月），頁 519。

究竟是死的，人才是活的」等語來強調君德思想在法家學說中的必要性，其曰：

> 可見人的賢與不肖，對行法是非常重要的。法究竟是死的，人才是活的。法雖是治人的，而法卻是人定的，也是由人來運用的。假如法雖然依韓非所說，「依天道，守成理，因自然」而定妥了十分完美的法；但如果有勢、有術之君卻不肯大公無私的去運用這良好的法；這一君便可能成為桀紂，這一法仍必敗壞。……所以在法術勢之外，另有君德一端的探討。[135]

據引文言，在法家重視客觀規律與功利主義的治國理念下，其實仍不得不重視「人」之德性修養，此為一可理解之推論，就如吳秀英亦言：「蓋以法術勢之施用，須待明君執運之，始能中其道。法治主義原本不尚人治，但韓非重視人為因素[136]」。然則，《韓非子》重視「人為因素」而立定的君德論並不會突然發生，其必然是受了先賢之啟發而創造。

對此，牟宗三先生即強調：「先秦的法家是在發展中『分段』完成的[137]」因此，其「君德」思想承襲自法家各流派先賢論述之可能性自是不在話下；對此，陳啟天先生云：

---

[135] 王靜芝：《韓非思想體系》（台北：輔仁大學文學院，1988 年 10 月），頁 218。

[136] 吳秀英：《韓非子研議》（台北：文史哲出版社 1979 年 3 月），頁 105。

[137] 牟宗三：《中國哲學十九講》（台北：台灣學生出版社，1983 年 10 月），頁 160。

一個人的學說，不能完全出於創造，而必有若干成
分的承襲。換句話說，每種學說的完整體系，是漸
次發展而成的。韓非政治學的特色，是集法家的大
成，不是完全由他創造的。在韓非以前，已先後有
許多法家，在實際上或理論上有若干貢獻。韓非將
那些貢獻綜合起來，再加上他自己的見解，遂成為
法家學說的完整體系。[138]

《韓非子》之思想不但歸屬法家，且一般咸認其乃綜結先秦
法家之理論而「集其成[139]」，此實源於《漢書·藝文誌》之
說，熊十力先生是以首推《韓非子》為其後研究法家學派之
首要：

自漢書藝文誌、列韓子五十五篇於法家。後之談晚
周法家者、必首韓非。[140]

王邦雄先生亦在《韓非子哲學》提出同樣之看法：

法家思想，從齊之管仲，鄭之子產，魏之李悝，楚
之吳起，韓之申不害，秦之商鞅之事功積累的引導，
與《管子書》、《商君書》、《慎子書》之思想發

---

138 陳啟天：《增訂韓非子校釋·韓非及其政治學》（台北：臺灣商務印
　　書館，1969 年 6 月）頁 931。
139 梁啟超云：「法家誠為一學派時代頗晚。……至韓非而集其成，斯則
　　法家之所以蔚為大國也。」見梁啟超：《先秦政治思想史》（台北：
　　東大圖書公司，1993 年 10 月），頁 79。
140 熊十力：《韓非子評論》（台北：台灣學生書局，1978 年 10 月），
　　頁 1。

> 展的集成，到了韓非，始告成熟，而有其政治哲學
> 體系之建立。[141]

由前文數說研判，《韓非子》之君德思想必當是有所啟蒙而發，亦有所承繼而生；為此，本章所題「緣於法家之君德思想」以及第三章「緣於荀、老之君德思想」，即專為討論《韓非子》君德思想之淵源而設。

（二）法家學派概分

目前學界在先秦思想的研究裡，對於法家學術流派的分類通常以「尚法」、「尚術」及「尚勢」三派來區分，不過，吾人研究先秦文學時必須注意到，在該時期的各家論述者當中，並不曾對其自身之學說標以任何流派歸屬，此純為後人之作。因此，這種「法家三派」的切割方式雖有其重要價值，惜仍僅為顧及後人在研究上之清晰與便利性考量，並未能完全囊括法家各學派或各代表性人物之屬性。

例如，陳啟天先生在〈韓非及其政治學〉所列舉提出之七名法家代表性人物，便出現了以往傳統法家三派之區分法無法類屬之現象，其云：

> 在韓非以前最著名的法家，約略如下：（一）管仲
> （二）子產（三）李悝（四）吾起（五）商鞅（六）
> 申不害（七）慎到（八）其他……。[142]

---

[141] 王邦雄：《韓非子的哲學》（台北：東大圖書公司，1993 年 3 月），頁 70。

[142] 陳啟天：《增訂韓非子校釋‧韓非及其政治學》（台北：臺灣商務印

如果以法、術、勢三派之傳統方式區分法家先賢，則在陳氏之說法當中，活躍於申不害、商鞅與慎到之前的早期法家學說實踐者，諸如管仲、子產、李悝及吳起等這些「實行家」恐將遭排除；環顧其因，實乃渠等思想與學說並無清楚之尚法、尚術或尚勢傾向，不論歸之何者皆有其限制。是故，為周延法家學說流派之區分，姚蒸民先生在《韓非子通論》中採用四大派之說，實乃另立一「尚實派」的以歸納之，甚為有理，其云：

> 最初應時代趨勢而產生之法家，多半為實行家，以後乃漸有理論家之出現。在韓非以前作著名之法家，首推管仲。管仲雖為法家之實際運動者，但未建立法家思想體系，而真正建立法家之事業與理論者，為子產、李悝，次則吳起。其後有商鞅、申不害、慎到等，各倡其說，卓而成家。……後世將韓非以前之法家分為四大派：一、尚實派……二、尚法派……三、尚術派……四、尚勢派。[143]

姚氏因顧及早期法家先驅而歸屬之尚實派，確實是較完整地描述了法家各學派類型化的實際現象，誠然有其可取之處。準此，亦為本書所採之法家學派分類法。

　　本書所舉法家尚實派的代表性人物，其有：一、尊稱為法治之祖，重霸政，重家族宗法，重禮教不廢人治及尊君不

書館，1969 年 6 月）頁 932-935。

[143] 姚蒸民：《韓非子通論》（台北：東大圖書公司，1999 年 3 月），頁 60。

廢順民之旨的「齊管仲」。二、主張鑄刑書，建立政治制度且秉公不徇私的「鄭子產」。三、明言務盡地力，為法家重農思想之首並造《法經》的「魏李悝」。四、強調明法審令，捐不急之官，廢公族疏遠者以撫養戰鬥之士，並以強兵為要而開兵法家之先河的楚吳起等四人。

　　韓非之學歸於法家，法家之章成於韓非，此乃後世稱《韓非子》集法家大成之故。由於他妥切地吸收了在他以前法家「尚實」、「尚法」、「尚術」和「尚勢」四派之學說，是以吾人得謂，法家各派代表性人物之君德思想，勢必直接或間接地影響了《韓非子》之君德理念之建構矣。

二、管仲—德法兼治之霸業

（一）啟蒙《韓非子》君德思想的管仲

　　《韓非子》所論及的法治與君德思想，實當發揚自前述法家各學派，且其中尤以「相桓公，霸諸侯，一匡天下」之管仲對其影響最大，堪稱為《韓非子》法治與君德思想的啟蒙之師也[144]。管仲相齊，為助桓公九合諸侯，一匡天下之最大功臣。其佐君治國之功業彪柄，孔子亦以「如其仁！如其仁！」稱許之：

---

[144] 黃公偉云：「春秋之世，管子為儒道法三家思想之前輩……標榜由禮義而法治……管子任法，明法，是極端的君權專制政治的開端。……他主張「霸王之形，德義勝之，智謀勝之，兵戰勝之，地形勝之，動作勝之，故王之。」見黃公偉：《中國文化概論》（台北：台灣商務印書館，1984年4月）頁281-283。

子曰：「桓公九合諸侯，不以兵車，管仲之力也。

如其仁！如其仁！」……子曰：「管仲相桓公，霸

諸侯，一匡天下，民到于今受其賜；微管仲，吾其

披髮左衽矣。」[145]

管仲的佐君之業向為史家所稱美，其治國理念與政績則以法家開山祖師之姿活躍於整個先秦時期，並在《管子》一書之中處處提到君主德治之思想[146]而為法家後學們大量接受與吸收。例如在〈君臣上〉篇提出之「道德出於君，制令傳於相，事業程於官[147]」一語，即在強調國君德行對整個國家體制的示範作用。在《韓非子》最重要的篇章之一〈五蠹〉篇中，即以「今境內之民皆言治，藏商、管之法者家有之[148]」形容管仲學說流行之盛況，並以「君臣俱力」的「美之大者」來稱讚管仲輔佐君王治國之功，其曰：

---

145 《四書章句集注・論語・憲問》，頁 212-213。

146 管仲之治國理念與學說，主要記載於《管子》一書。《管子》之作者，歷來雖已推測非管仲所親著，不過，仍是主述管仲學說及思想之著作，此無疑義。蓋因此類非私自著書之情事，在先秦諸子作品中極為頻繁。這種現象之發生，實乃當時著書者喜託前賢之名命之，俾顯示其被託名者之後學以發揚斯人遺說為職志，表達其學有師承之意。嚴可均曾在《鐵橋漫稿》中提到：「先秦諸子皆門弟子或賓客或子孫撰定，不必手著。」即為此意。本書凡有採先秦時期著作之文，皆同意是說，謹此說明。

147 （唐）尹知章注（清）戴望校正：《管子校正・君臣上》（台北：世界書局《新編諸子集成五》，1978 年 7 月），頁 163。本書所引《管子》均採此版本。

148 陳啟天：《增訂韓非子校釋・五蠹》（台北：臺灣商務印書館，1969年 6 月），頁 50。本書所引《韓非子》均採此版本。

> 夫一匡天下，九合諸侯，美之大者也。非專君之力
> 也，又非專臣之力也。……凡五霸所以能成功名於
> 天下者，必君臣俱有力焉。[149]

《韓非子》多次盛讚管仲之治國思想，並在其學說中多有引用，尤其在〈內外儲說〉及〈說林〉二篇當中幾番藉引管仲言行，足證管仲說君以德的論述，堪稱為《韓非子》君德思想之濫觴；張素貞先生即以管仲「揉合儒法，不廢德治」來形容其治齊之術：

> 管仲術頗揉合儒法，不廢德治。其〈任法〉云：「所
> 謂仁義禮樂者，皆出於法，此先聖之所以一民者也。」
> 又同篇所謂：「明主之所操者六：生之殺之，富之
> 貧之，貴之賤之。此六柄者，主之所操也。主之所
> 處者四：一曰文、二曰五、三曰威、四曰德。此四
> 位者，主之所處也。」韓非〈二柄篇〉，或即由此
> 六柄變化而來。[150]

管仲相齊輔佐桓公之治國理念實以「德」為尚，並嘗以君德告諫桓公，其謂：「夫欲用天下之權者，必先布德諸侯。是故先王有所取有所與，有所詘有所信，然後能用天下之權[151]」，是類君主德性之實踐，尤以魯臣曹沫劫持桓公乙事之應對，表達地益加明顯，徐漢昌先生即將此二事相並稱而論：

---

[149] 《增訂韓非子校釋‧難二》，頁 335，336。
[150] 張素貞：《韓非子思想體系》（台北：黎明文化事業公司，1993 年 8月），頁 26。
[151] 《管子校正‧霸言》，頁 142。

管仲尊王攘夷之功，已見前述。考桓公之所以能霸，乃管仲教其以「德」服諸侯也。先是桓公五年與魯莊公會於柯，魯國原為擁護公子糾者，會盟時，魯臣曹沫復劫持桓公還魯侵地。此時，管仲教桓公以大度包容之以化解雙方仇隙，並奠定為霸之基礎。[152]

齊桓公之以德報怨，實為管仲之諫言所致，桓公亦因此而贏得天下景仰。此外，《管子》力倡國君所應恪守之君德思想中尚還包含了「務」與「禁」，此即所謂明主之道有「六務四禁」，其云：

> 故明主有六務四禁，六務者何也？一曰節用。二曰賢佐。三曰法度。四曰必誅。五曰天時。六曰地宜。四禁者何也？春無殺伐……夏無遏水……秋毋赦過釋罪緩刑。冬無賦爵賞祿。[153]

上文所謂「六務四禁」，具體而言，皆可謂為君王以德治國時所應盡之義務；然若依其屬性及《管子》所言作歸納整理，則主要可概分為「服義順理」、「置法以自制」、「正其德以蒞民」等三要項，茲分述如下。

（二）人君服義順理

身為國君如不能以身作則，並且以「合義之道」修身及

---

[152] 徐漢昌：《管子思想研究》（台北：台灣學生書局，1990 年 6 月），頁 23。
[153] 《管子校正・七臣七主》，頁 287。

對待臣子，勢將導致廣大的臣子們亦以「失理之道」回報；而人君應「務學術數，務行正理」也都是明君修身的主要課題，如云：

> 為人君而不明君臣之義以正其臣，則臣不知於為臣之理以事其主矣。故曰：君不君則臣不臣……人主務學術數，務行正理，則化變日進，至於大功。[154]

從政治道德對人民影響的角度來看，合義、順理之道是國君的操守準則，其作用即在「順理而不失之謂道，道德定而民有軌矣[155]」之效益。此外，「義有七體」的服行也可同時感染予境內臣民，其可達成「戰勝而守國」之強國安民目標，是故「行義」方是君王修德的內涵之一，其謂之：

> 義有七體。……凡此七者義之體也。夫民必知義然後中正，中正然後和調，和調乃能處安，處安然後動威，動威乃可戰勝而守國。故曰，義不可不行也。[156]

由國君修德所衍生的舉國服行禮義之效，對政府施政具有極大助益，蕭公權先生即針對管仲此行讚曰：

> 管子認定人類之政治組織，有賴於道德之維持。此立國不可或少之政治道德，管子名之曰「四維」。四維者，「一曰禮、二曰義、三曰廉、四曰恥。」……

---

[154] 《管子校正·形勢解》，頁 332。
[155] 《管子校正·君臣上》，頁 165。
[156] 《管子校正·五輔》，頁 48。

> 社會各級之臣民皆謹守禮義之教，則政府之威柄可
> 不待用正理平治矣[157]」

另外，在節約用度以為廉儉的修養上，也是管仲對國君所多番告誡的。《管子》認為節慾的方法可藉禮樂來「節怒莫若樂，節樂莫若禮，守禮莫若敬[158]」，而儉約之好處則包含了得福遠禍，其曰：

> 故聖人之制事也，能節宮室，適車輿以實藏，則國
> 必富位必尊。……故適身行義，儉約恭敬，其唯無
> 福，禍亦不來矣。驕傲恥泰，離度絕理，其唯無禍，
> 福亦不至矣。[159]

國君的言行舉止，向為文武百官及黎民百姓所動靜觀瞻，甚至為舉國所傚行；因此，平日言談及舉措都應合於中正之道，並且對於「出言」、「政令」均須做到「言行一致」、「令行禁止」，否則，不但恐為臣民所輕視，君主之位亦將危殆，不可不慎。因此，《管子》特為此立說曰：

> 人主出言，順於理，合於民情，則民受其辭。民受
> 其辭，則名聲章。故曰：「受辭者，名之運也。」……
> 聖人擇可言而後言，擇可行而後行……擇言必顧其
> 累，擇行必顧其憂，故曰：「顧憂者可與致道。」……

---

157 蕭公權：《中國政治思想史》（台北：中國文化大學出版部，1982 年
　　9 月），頁 207。
158 《管子校正·心術下》，頁 223。
159 《管子校正·禁藏》，頁 290-291。

> 言辭信，動作莊，衣冠正，則臣下肅。言辭慢，動
> 作虧，衣冠惰，則臣下輕之。……故曰：「進退無
> 儀，則政令不行。」……故言而不信則民不附，行
> 而賊暴則天下怨。民不附，天下怨，此滅亡之所從
> 生也，故明主禁之。[160]

《管子》強調有德之君在自身的修養上，其行為必須明義務
學、務行正理；其用度必須節約用度、以儉養廉；其言談則
必須順理合情、言出必行。如此，則臣民受其身教與言教之
披，國政必收風行草偃之效。

（三）明君置法以自制

法家講法治、重紀律，此為其學說之最重要特徵；然而，
《管子》所強調的法治，不惟臣民所應守而已，國君亦需在
守法之列，其謂之：

> 有道之君者，善明設法，而不以私防者也。而無道
> 之君，既以設法，則舍法而私行者也。為人上者，
> 釋法而行私，則為人臣者援私以為公，公道不違，
> 則是私道不違者也。……由主德不立，而國無常法
> 也。主德不立，則婦人能食其意；國無常法，則大
> 臣敢侵其勢。[161]
> 明君置法以自制，立儀以自正也。……禁勝於身，
> 則令行於民。[162]

---

160 《管子校正・形勢解》，頁 325。
161 《管子校正・君臣上》，頁 165。
162 《管子校正・法法》，頁 92-93。

國君設法之用，就在舉國上下的遵行，假若國君能夠守法，就是《管子》所謂的「有道之君」，也就是具有「主德」的法治清明現象。明君為了克己，甚至「置法」、「立儀」來收自制之效，俾能使令行於民。

同時，《管子》強調國君守法是有歷史傳承規範的德行，並且應該從心中貫徹起，不能夠恣意淫亂於法之外，更不能胡亂施惠於法之內，凡是一切與國家制度有關之舉措都應以法為準繩，對此，《管子》甚而主張：

> 是故先王之治國也，不淫意於法之外，不為惠於法之內也，動無非法者，所以禁過而外私也。[163]
> 君法則主位安，臣法則貨賂止而民無姦。嗚呼美哉，名斷言澤。[164]

法為君臣治國之效行準則，人臣守法一來是上可服君，二來則是下可治民，此即「君法則主位安，臣法則貨賂止而民無姦」之謂，所以國君以自身率領群臣守法是讓君位安穩的重要元素。

國君以德修身、以德守法，不僅在國內得以樹立風範，而且，當「名聲章」之時，更可以深獲境外之地有德之士的青睞投效，並得天下民心之順服歸向，則必有德不孤矣，此即「遠者來而近者親」之謂，其云：

---

163 《管子校正・明法》，頁 259。
164 《管子校正・七臣七主》，頁 288。

> 明主之使遠者來而近者親也，為之在心，所謂夜行
> 者，心行也，能心行德，則天下莫能與之爭矣；故
> 曰：「唯夜行者獨有之乎！」[165]

在獲得有德之士青睞之際，有德之君應該藉著用人以廣結善緣，並同時廣納諫言，方為「諫者，所以安主也」。如此，對國家人民之增眾，對政治經濟之富強必有其事半功倍之效，即為「食者，所以肥體」之謂，其曰：

> 海不辭水，故能成其大。山不辭土石，故能成其高。
> 明主不厭人，故能成其眾。士不厭學，故能成其聖。
> 餐者，多所惡也。諫者，所以安主也。食者，所以
> 肥體也。主惡諫則不安，人餐食不肥；故曰：「餐
> 食者不肥體也。」……明主不用其智，而任聖人之
> 智；不用其力，而任眾人之力。[166]

在上位者「治吏不治民」[167]，此乃法家人物一貫之行政主張，管仲猶為該理念之先驅者；是以，其提出「明主不厭人，故能成其眾」之用人觀，並說明「不用其力，而任眾人之力」之分層負責概念，藉此以釐清行政責任提高治國效率。至於封官任職之具體原則如何？管仲一秉「德治」之說，建議君王應以「德當其位」為首要，其云：

---

[165] 《管子校正・形勢解》，頁 327。
[166] 《管子校正・形勢解》，頁 329。
[167] 《增訂韓非子校釋・外儲說右下》，頁 606。

> 君之所審者三：一曰德不當其位；二曰功不當其祿；三曰能不當其官；此三本者，治亂之原也；故國有德義未明於朝者，則不可加以尊位；功力未見於國者，則不可授與重祿；臨事不信於民者，則不可使任大官；故德厚而位卑者謂之過；德薄而位尊者謂之失。[168]

人君位居尊位的第一要件是德義兼備，管仲以「故國有德義未明於朝者，則不可加以尊位」來強調其重要性，還說「德厚而位卑者謂之過，德薄而位尊者謂之失」，在在都以修德之行為君王之養成必備，足見其對德治政權之講究。

（四）正其德以蒞民

符合德治思想的國君，在近親遠來並實施以德教化、德位分封之後，國君亦需實踐「正其德以蒞民」之行，才能夠逐次地「身立而化民，德正而官治」，《管子》是曰：

> 是故有道之君，正其德以蒞民，而不言智能聰明。……故曰：主道得，賢才逐，百姓治。治亂在主而已矣。故曰：主身者，正德之本也。官治者，耳目之制也。身立而化民，德正而官治。[169]

有德之國君以德來人、以德任人，並由自身的正德之道做起，藉以達到「官治」、「化民」之境。然後，再憑眾人之

---

168 《管子校正‧立政》，頁 9。
169 《管子校正‧君臣上》，頁 164-165。

眾智、眾力以避禍完功，甚至帶領國家進入王霸天下之境，此亦為憑藉君德而收正德蒞民之力也。

在國家組成的四大要素當中，「人民」與政府、主權、領土等並相羅列，是國家富強的最大基石。管仲以愛民之心宣揚其治國理念，並曾經用「王者以百姓為天」來告誡齊桓公「百姓與之則安，輔之則強」，其曰：

> 齊桓公問於管仲曰：「王者何貴？」曰：「貴天。」桓公仰而視天。管仲曰：「所謂天，非蒼莽之天也。王者以百姓為天，百姓與之則安，輔之則強，非之則危，倍之則亡。」[170]

在管仲的治國理念當中強烈地要求為政者施政要順應民心，因此在《管子》一書便開宗明義地以「牧民」為其卷首篇章，並強調聖王應奉民之好惡為君之好惡，乃言「從其四欲，則遠者自親；行其四惡，則近者叛之」。並鼓勵君王藉此以考察民情、體恤民生，此謂「政之寶」也，《管子》曰：

> 政之所興，在順民心，政之所廢，在逆民心。民惡憂勞，我逸樂之；民惡貧賤，我富貴之；民惡危墜，我存安之；民惡滅絕，我生育之。……故從其四欲，則遠者自親；行其四惡，則近者叛之。故知予之為取者，政之寶也。[171]

---

[170] 瞿紹汀：《韓詩外傳校釋‧卷四》（台北：中國文化學院中國文學研究所碩士論文，1977 年），頁 90。

[171] 《管子校正‧牧民》，頁 2。

而如何才能順應民心、知民好惡呢？《管子》認為「以德愛民」，並授權與有德之人來施行「德政」及宣揚「德教」是愛民的最好方法，同時更是讓國家不傾覆的最大保障。是以，管子主張愛民之道必須以德教結合；同時，國君視人任人、授權治世也都要以道德的高低好壞作為裁量的標竿，因為「授有德」才能夠與民興利，視民如己出，喜民之好惡，並且時時刻刻以「量民力」來作為施政方針，其云：

> 錯國於不傾之地者，授有德也；……不為不可成者，量民力也；不求不可得者，不彊民以其所惡也；……故授有德，則國安……量民力，則事無不成；不彊民以其所惡，則詐偽不生；不偷取一世，則民無怨心；不欺其民，則下親其上。[172]

愛民的方法是使民富之，即所謂「地辟舉，則民留處。倉廩實，則知禮節。衣食足，則知榮辱[173]」之養民原則；在《管子》的記載裡，便充滿了許多向此般富民、裕民之觀念。是以，蔡元培先生便綜結管仲學說的國君之義務，即「為政者務富其民[174]」之評語。

　　國君以崇德為己任即可說是君德的最高表現。本節所列《管子》的君德思想，縱貫來說，便是以德性作為國君自身修養之準則，並且時時刻刻均要守著德行也守著法紀；藉

---

[172] 《管子校正・牧民》，頁 2。
[173] 《管子校正・輕重甲》，頁 393。
[174] 蔡元培：《中國倫理學史》（台北：台灣商務印書館，1991 年 3 月），頁 54。

此，將能收近者親、遠者來之事功。同時，藉著以德來人、以德任人之原則，將治國萬務交給同樣為「有德者」之文武百官來分層負責，以收「聖人執要，四方來效[175]」之成果，此即管仲君德思想之精髓，也是管仲啟蒙《韓非子》君德思想之最鉅處。

三、子產──有德者以寬服民

（一）為政寬猛相濟

繼管仲之後，鄭國大夫子產[176]任相數十年，使荏弱之鄭國得以在晉、楚兩強稱霸的艱難處境下，堅強自保於國際折衝之間。是以，子產以其為人歌頌的輝煌治績而成為法家「尚實派」思想的代言人之一，對此，陳啟天先生乃有此評述：

> 子產約後於管仲百年，與孔子同時，他在一個弱小的鄭國執政五十餘年，一面要與強大的晉、楚周旋，又一面要革新政治，以安定內部。他相信「國不競亦陵」的道理，敢與強國爭論，成了有名的外交家。…然從關於他的記載中，也可考見他是一個實行的法家。[177]

---

[175] 《增訂韓非子校釋・揚權》，頁 697。
[176] 公孫僑，字子產。
[177] 陳啟天：《增訂韓非子校釋・韓非及其政治學》（台北：臺灣商務印書館，1969 年 6 月）頁 932。

子產在法家治國思想上的開創頗多，例如鑄刑書、作丘賦、
嚴刑涖民以及倒言聽訟等措施，這些觀念與作法在先秦時期
都是具有真知灼見之法治見解。彼時，其行仁德寬緩之政遍
傳天下，及其卒，甚至連孔子聞之亦出涕稱曰：「古之遺愛
也」，《左傳》謂之：

> 仲尼曰：「善哉，政寬則民慢，慢則糾之以猛。猛
> 則民殘，殘則失之以寬。寬以濟猛，猛以濟寬，政
> 是以和。」……及子產卒，仲尼聞之出涕曰：「古
> 之遺愛也」。[178]

子產雖為法家學說代表人物之一，但並無著書傳世，其相關
政治思想主要係來自《韓非子・內外儲說》之引述。不過，
歷來部分史書在其行誼記載上則多稱其有仁德之美。

（二）以法治行仁政

　　吾人從子產為卿，相鄭簡公時之政績來推論，實堪為法
家早期「君德」思想之證明。例如「不毀鄉校[179]」及「以法
治精神行仁政」等舉措即為明顯事證，吳秀英云之：

> 其（指子產）於內政也安置人事公正客觀，改革制
> 度適時合宜，仁厚有君子風，以法治精神行仁政，

---

[178] （周）左丘明：《左傳・昭公二十年》（台北：藝文印書館，1969 年 8
月《十三經注疏本 6》影印《清江西南昌府學開雕重刊宋本》），頁 861-862。

[179] 同上注，《左傳・昭公六年》，頁 750。其曰：「今吾子相鄭國，作封
洫，立謗政，制參辟，鑄刑書」。子產不毀鄉校，並容鄉人議政之情
雖與《韓非子》斥儒去智之說相左，但仍不失為子產倡議「君德思想」
之例證。

> 亦為一成功之政治家，至其不毀鄉校，尤為千古美
> 談。[180]

法家向來以嚴猛之刑罰治事，然而在子產以「仁厚有君子風」
的政治風範下，君主之德行便成為其強調的重點之一；是
以，子產清楚的認定「有德者」是「以寬服民」的最佳方式，
其次才是「莫如猛」的嚴刑之法，在此觀點上，陳啟天先生
對子產的為政思想有如是說法：

> 他（指子產）施政的態度，是「生死以之，不改其
> 度」。他說：「惟有德者，能以寬服民，其次莫若
> 猛」。[181]

子產擁有「生死以之，不改其度」的執著，是法家人物極其
強烈的性格特徵，但是，「惟有德者，能以寬服民」則又是
其君德思想的明白例證。換言之，子產在「嚴刑蒞民」的法
家風格堅持下，仍對鄭國君臣上下表達「尚德」才是為政服
民的首要選擇，並傳為千古美談，此即可視為其法治不廢德
寬之施政理念矣。

《韓非子》在〈顯學〉篇曾以子產「開畝樹桑」及「存
鄭」[182]之功大力稱譽之，甚至以其與夏禹同列為聖王；由此

---

[180] 吳秀英：《韓非子研議》（台北：文史哲出版社 1979 年 3 月），頁
40。

[181] 陳啟天：《增訂韓非子校釋‧韓非及其政治學》（台北：臺灣商務印
書館，1969 年 6 月）頁 932。

[182] 韓非云：「昔禹決江濬河，而民聚瓦石，子產開畝樹桑，鄭人謗訾。
禹利天下，子產存鄭，皆以受謗，夫民智之不足用亦明矣。」見《增
訂韓非子校釋‧顯學》，頁 22。

推論，則子產之君德理念當可引為《韓非子》君德思想之重
要啟發也。

四、李悝—劾盜興民以為王者之政

（一）興利以為國

　　李悝為戰國初期之法家尚實派代表人物之一，於相魏文
侯時，因從事內政改革之成功，而使得魏國在戰國初期躋身
強國之林。其創制成文法，首開中國罪刑法定主義之先聲，
受梁啟超先生譽為「語中國法制史上最重要之人物，則李悝
其首屈一指矣[183]」。足見，實不愧為法家先期重要代表人物。

　　雖然李悝所著《李子》三十二篇早已亡佚，不過，從《晉
書》及《漢書》之記載，仍可見李悝稱劾補盜賊為「王者之
政」，並視重農興利為「善為國者」之施政理念，《晉書》
載之：

> 是時承用秦漢舊律，其文起自魏文侯師李悝。悝撰
> 次諸國法，著《法經》，以為王者之政，莫急於盜
> 賊，故其律始於〈盜賊〉。盜賊需劾捕，故著〈網〉
> 〈捕〉二篇。[184]

---

[183] 梁啟超：《飲冰室文集》（台北：台灣中華書局，1960 年 3 月）第六
　　冊，頁 9。
[184] （唐）唐太宗撰　謝瑞智注：《晉書刑法志》（台北：謝瑞智發行，
　　1995 年 11 月），頁 81-82。

李悝所謂的「王者之政」，其作法是以「盜賊需劾補」的安民措施來直接造福黎民，並達到而間接富國強兵之政治措施，這在彼時以軍國主義為功利目的之法家君王思想裡，可算是相當大的開創。

（二）平糴使民無傷

當李悝「為魏文侯作盡地力之教」時，則是以更具體的「平糴」富民政策行之，《漢書》載之：

> 是時李悝為魏文侯作盡地力之教；以為地方百里，提封九萬頃……又曰：「糴甚貴傷民，甚賤傷農……善為國者，使民毋傷，而農益勸。」[185]

在尊君為尚的專制主義下，考慮到「糴甚貴傷民，甚賤傷農」的民生經濟現況，是李悝關心民瘼之先進思想；而以「使民無傷，而農亦勸」之觀點來標榜為「善為國者」之施政理念，則無非需佐以「君德」修養以說其國君，才有實施之可能。惜《李子》一書失傳，使今者難有更具體記載以證明其間之相關理念。是以，關於上述之記載，吾人則姑且視為李悝君德思想之旁證視之。

然則，《韓非子》提出「明君務力[186]」、「能趨力於地者富[187]」、「務於畜養之理，察於土地之宜，六畜遂，五

---

[185] （漢）班固撰（唐）顏師古注：《漢書・食貨志》（台北：新文豐出版公司，1986年1月《叢書集成新編》），卷26，頁503。

[186] 《增訂韓非子校釋・顯學》，頁16。

[187] 《增訂韓非子校釋・心度》，頁816。

穀殖，則入多[188]」以及「不能辟草生粟，而勸貸施賜與，不為能富民者也[189]」之養民、富民觀念，並將其引以為國君治國安民之功，猶可謂為啟蒙自李悝思想之例證也。

五、吳起—治國在德不在險

（一）內修文德外修武備

　　吳起原在魯為將，其後於魏文侯及魏武侯時任西河守，對魏國在戰國初期的富強極具貢獻；復又入楚相楚悼王，大舉從事內政革新而強楚。楚悼王死後，吳起則因得罪楚國貴族，致渠等作亂慘遭「枝解於楚[190]」之不幸。

　　吳起早年「嘗師事曾子與子夏。實為孔門的再傳弟子[191]」，故其思想行儀可視為由儒入法之政治家。是故，吳起在其治國理念中，多番提及強國之道在君主「內修文德」及「外治武備」並進，不可偏廢，《吳子》載之：

> 吳起儒服以兵機見魏文侯……明主鑒茲，必內修文德，外治武備。故當敵而不進，無逮於義矣；僵屍而哀之，無逮於仁矣。[192]

---

[188] 《增訂韓非子校釋・難二》，頁341。

[189] 《增訂韓非子校釋・八說》，頁145。

[190] 《增訂韓非子校釋・和氏》，頁297。

[191] 傅紹傑云：「經後人依生卒年代考證，此之曾子未必為曾參，可能是曾參之子曾申。子夏高壽，應無問題。因其亦為魏文侯及李悝之師。故其學術傳承、思想系統乃以儒家為基礎。」見傅紹傑：《吳子今注今譯》（台北：台灣商務印書館，1985年12月），頁10。

[192] （周）吳起撰，（清）孫星衍校《吳子・圖國》（台北：世界書局《新

至於國君個人德行之修練綱目，吳起則主張君王應以培養「綏之以道」、「理之以義」、「動之以禮」、「撫之以仁」等四德為要務，其曰：

> 是以聖人綏之以道，理之以義，動之以禮，撫之以仁。此四德者，修之則興，廢之則衰。故成湯討桀而夏民喜悅，周武伐紂而殷人不非，舉順天人，故能然矣。[193]

法家人物講求功利之效，是以在勸說國君實行君德理念時，也同樣以現實利益作誘導。吳起提到國君在修「此四德」之後，就能夠真正的親近萬民，並以道德的教化來惕勵舉國之民氣，這雖是無形的精神氣力，但卻能勝過有形的軍備武力，這即是所謂的「在德不在險」，如云：

> 在就精神物質的比重而言——是無形勝有形，在德不在險。所謂比重就是本末先後而言，並無只要無形不要有形，只顧道德不顧力量之意。「民之君之愛其命……則士以進死為榮，退生為辱矣。」「在德不在險，若君不修德，則舟中之人盡為敵國者也。」[194]

編諸子集成八》，1978 年 7 月），頁 1。

[193] 同前注，頁 2。

[194] 傅紹傑：《吳子今注今譯》（台北：台灣商務印書館，1985 年 12 月），頁 27。

吳起強調「若君不修德，則舟中之人盡為敵國」，實乃視君王之德性修養為治國基礎養成觀，其對「君德」理念之重視可見一斑。

（二）推崇長上之德

　　吳起的治績與行止在《韓非子》的記載中頗多，其推崇「長上之德」的作風，除了前段所述的國君以修德親近萬民之外，其「愛士」之說，亦可為國君修德藉以待臣治民之重要參考，《韓非子》曰：

> 吳起為魏將而攻中山，軍人有病疽，吳起跪而自吮其膿。傷者之母立泣。人問曰：「將軍於若子如是，尚何謂而泣！」對曰：「吳起吮其父之創而父死，今是子又將死也，吾是以泣。」[195]

吳起不但勸說國君以「修德」治國，自身更以服膺「長上之德」治軍，是以其軍無攻不克，並成為士卒們所愛戴之將；此乃因推崇長上之德所收之效，實蘊含「將欲取之，必固與之[196]」的老子治術意味，足堪為國君實踐「君德」理念之憑恃。此類例證亦可為法家尚實派人物在功利主義的引領下，講究國君道德實踐之證明。

---

[195] 《增訂韓非子校釋・外儲說左上》，頁 497。

[196] 老子云：「將欲翕之，必固張之；將欲弱之，必故強之；將欲去之，必固舉之；將欲取之，必固與之。是謂微明。柔弱勝強。魚不可脫於淵，邦利器不可以示人。」《老子校正・三十六章》，見陳錫勇：《老子校正》（台北：里仁書局，1999 年 3 月）頁，277。本書所引《老子》版本均採是書，相關說明請見第三章第三節所述。

　　《韓非子》在〈五蠹〉篇裡明白說到：「今境內之民皆言兵，藏孫吳之書者家有之[197]」，足見吳起之學說在韓非所處彼時已十分風行；再加上《韓非子》多處稱引吳起之行，足見其對《韓非子》學說，甚至君德思想之啟發與影響自是不言可喻爾。

第二節　尚法派之君德思想

一、商君之法

（一）法治主義與君主專制

　　法家的治國思想，在經過春秋時期及戰國初期的尚實派法家人物以實踐主義的模式薰陶之後，已逐次凝聚成以法制約的「尚法」理論，強調以法來導引一切政治局勢，這個現象尤其在戰國時期的商鞅表現的最為澈底；對此，陳啟天先生在《商鞅評傳》中即有此評價：

> 以法治國的法家思想，雖導源於春秋時代的管子和
> 子產，但到了戰國持時期的商鞅，才將這種思想變
> 成一種主義，並且予以事實的證明，使法家得以成
> 立。[198]

---

[197]　《增訂韓非子校釋・五蠹》，頁 50。
[198]　陳啟天：《商鞅評傳》（台北：台灣商務印書館 1967 年 5 月），頁 27。

這種經由現實感的實踐而落實成為「法」的過程，讓治國的正當性有了絕對依據，強化了中國「吏治[199]」的實力，憑藉可依靠的「吏治」之權，使得君王擁有了逐漸摧毀了貴族勢力的能量，導致中國逐漸由君主國家形式取代原有的封建國家形式，此即「廢封建，立郡縣」之謂，這在中國歷史上有著非常重要的價值，牟宗三先生特地為此對法家有如是肯定：

> 法家所開出的政治格局就是由「廢封建，立郡縣」而完成的「君主專制」的政體。大家不一定明白「君主專制」這政治格局的由來及其意義，這是法家配合春秋戰國時代政治社會之要轉型而完成之，所開出的政治格局。……因此（指法家學說）能相應政治社會型態之要轉型且進而完成之，這就是法家的工作，其所開出的政治格局就是「君主專制」。[200]

國君在「君主專制」的政治制度設計下，成為國家至高無上的統治者，操境內之生殺與榮辱等一切大權，若非予以適當德性之要求，勢將遺禍不斷；由是觀之，其應有的君德修養益發重要。

（二）緣法而治之商君

　　尚法派法家學說所強調的「法」，是嚴刑峻法，是臣下所必守，是眾民所必遵的。這「法」的目的是為了富國強兵

---

[199] 本論點採自牟宗三：《中國哲學十九講》（台北：台灣學生出版社，1983 年 10 月），頁 179。
[200] 同前注，頁 177-178。

85

而設，是為了事功而設。為了達到急切求功之目標，此法必須做到信賞必罰，因此，法的作用也將逐漸趨於嚴厲苛刻。而君主在尚法派的理論中，最主要修養的即是「緣法而治，按功而賞[201]」之守法德行，可謂為「君德」思想之另一開創，其代表人物為具有實行家與理論家身份兼具的商鞅。《史記》對此間記載如下：

> 商君者，魏之諸庶孽公子也，名鞅，姓公孫氏，其祖本姬姓也，鞅少好刑名之學，仕魏相公叔座為中庶子……孝公用衛鞅，鞅欲變法……行之十年，秦民大說……其後民莫敢議令。……秦封之於商十五邑，號為商君。商相秦十年，宗室貴戚多怨望者。……秦惠王車裂商君以徇。[202]

商鞅為衛之諸庶公子，姓公孫氏，年輕時喜好名刑之學，後入秦說秦孝公，主持強國變法之道。相秦十年，秦乃因而富強一方，但最終仍被處車裂之刑。商鞅的治國思想理論，以及在秦國所提倡實行這種法，是一種法條，而且多半都是「法出必行」的嚴令。像《史記》中所記載的「徙木示信[203]」以及太子犯法與庶民同罪等法治觀念即是由此而來。

---

[201] （清）嚴萬里：《商君書新校正·君臣》（台北：世界書局《新編諸子集成五》，1978 年 7 月），頁 38。本書所引《商君書》均採此版本。
[202] 《史記·商君列傳》，頁 565。
[203] 司馬遷曰：「恐民之不信，已乃立三丈之木於國都市南門，募民有能徙置北門者予十斤。民怪之，莫敢徙。復曰：『能徙者予五十金』。有一人徙之，輒予五十金，以明不欺。卒下令。」見《史記·商君列傳》，頁 566。

嚴令的實施不一定使民稱便，但是卻不許批評，也不許讚美，不管為臣或為民只要遵令行事即可。這是一種專重刑罰，以急功收利的法條型法家，因此稱之為尚法派。

（三）國以尚法富強

尚法派的法家對《韓非子》之影響極大，其相關論述亦在《韓非子》當中佔有重要篇幅，《韓非子》曾經在〈和氏篇〉中稱許商鞅：

> 商君教秦孝公以連什伍，設告坐之過，燔詩書而明法令，塞私門之請，而遂公家之勞，禁游宦之民，而顯耕戰之士。孝公行之，主以尊安，國以富強。[204]

法家尚法派的學說，在秦國的商鞅變法中得到了極為成功之範例，因此成為當時天下人議論之焦點。雖然這樣的嚴刑峻法，也引來了諸如作法自斃等不少非議；不過，此派學說卻也深深地影響了韓非，在《韓非子》一書當中的〈五蠹〉、〈奸劫弒臣〉、〈和氏〉等篇，便大量地引用商鞅的尚法概念，而且因襲之處極多，成為《韓非子》思想學說的一個重要主軸。

《商君書》據傳為商鞅之門客後學所綴拾而成，陳啟天先生則結論為「《商君書》只有大部分可視為真的，還有一小部分是假的[205]」，不過，該書實為記載商鞅治國理念及學說之最重要典籍，則毫無可疑。

---

[204] 《增訂韓非子校釋·和氏》，頁 297。
[205] 陳啟天：《商鞅評傳》（台北：台灣商務印書館 1967 年 5 月），頁 137。

今觀其書，在〈開塞篇〉即提到：「古之民樸以厚，今
之民巧以偽。故效於古者，先德而治；效於今者，前刑而法」
的說法，表明了是一種因時制宜的先進政治觀。是以，商鞅
的君德思想，自然也在這種相對較為激進的道德觀念上構
築。是以，蔡元培先生乃云之：

> 商君之革新主義，以國家為主體，即以人民對國家
> 之功德為無上之道德；而凡襲私德之名號，以間接
> 致害於國家者，皆竭力排斥之[206]

在商鞅激進的軍國主義下，一切德行標準均需以國家利益為
最大前提，不論在君抑或在民皆然；因此，我們仍必須依照
本書前述「定義君德」之說明，此處所謂的君德，非如儒家
所慣稱的「德治」之君德，而是另有其國君「應得於心之修
養」的人格德性。

準此所言，本節依據《商君書》之記載，整理出關於尚
法派的商鞅之君德思想論述，大致可分為「明主慎法制」、
「聖人為國不因循法古」、「明主任法去私」等三種德行，
茲分述如下。

二、明主慎法制

（一）國之所治曰法

《商君書》強調尚法是國家大治的第一要務，「緣法而

---

[206] 蔡元培：《中國倫理學史》（台北：台灣商務印書館，1991 年 3 月），
頁 57。

治」即為君主首德；因此，法不但為臣民盡守，國君更必須念茲在茲，此謂之「人主好法，則臣以法事君」，是以「明主任法」，其曰：

> 國之所以治者三：一曰法，二曰信，三曰權。法者，君臣之所共操也；……人主失守，則危；……凡人臣之事君也，多以主所好事君。人主好法，則臣以法事君。……是故明主任法。[207]

法是「君臣所共操」，言下之意，是國君需與臣子們一起共守國家大法，有這種雅量的國君，才有能夠堅持「太子犯法……刑其傅公子虔，黥其師公孫賈[208]」的大義凜然之行。再說，臣子猶喜隨君上之好惡，如果君上能表現出守法的態度，便能創造出「臣以法事君」之行政環境。賀凌虛先生乃稱商君之守法觀點為「全國上下均予適用的新價值」，是云：

> 他們（指《商君書》作者）還要求建立一種君、臣、民，亦即全國上下均予適用的新價值——「守法」。他們於強調法的功能，認為它是「民之命」、「為治之本」，乃所以「愛民」、「備民」，使「民無邪」的必要手段之餘，更強調君、臣、民上下均需守法。[209]

---

[207] 《商君書校正・修權》，頁 24-25。

[208] 《史記・商君列傳》，頁 566。

[209] 賀凌虛：《商君書今註今譯》（台北：台灣商務印書館，1987 年 3 月），頁 254-255。

由這段評論，可以說明在法律之前，國君亦是是整個守法體制裡的一員。吾人應知，在君主專制的政府體制當中，國君守法是一件不容易遵循的修養，其最大目標就是維持法治體制的絕對尊位；而國君正是維持此體制的關鍵，所以「明主慎法制」的作法也是要求國君修養守法之君德，其曰：

> 故明主慎法制。言不中法者，不聽也；行不中法者，不高也；事不中法者，不為也。言中法，則聽之；行中法，則高之；事中法，則為之。[210]

凡不中法者，「不聽」、「不高」、也「不為」，全是為了阻絕不守法之害，商鞅澈底強調君臣之關係與國事之輕重，都必須在守法的基礎上發展才好，這樣的要求只有在國君的一切言行中落實，才能為臣下所慎重。

（二）法必明白易知

　　國君以身守法度，並以行慎法制之後，法在國家制度中就有了實施的尊位基礎，但是，明主不能不教民識法而妄想以法治民。因此，商鞅便具體說明國君應使法「明白易知」，並使「智愚遍能知之」，否則即可謂「不教而殺為之虐[211]」。是以，「教民識法」與「為置法官」之後才得以行法，並使致於「萬民無陷於危險」之境，則是國君責無旁貸之務，是謂之：

---

[210] 《商君書校正‧君臣》，頁 39

[211] 《四書章句集注‧論語‧堯曰》，頁 272。

> 聖人為法，必使之明白易知。名正，愚知遍能之。
> 為置法官，置主法之吏，以為天下師，令萬民無陷
> 於危險。故聖人立，天下而無刑死者，非不行殺也。
> 法令明白易知，為置法官吏為之師以道之知，萬民
> 皆知所避就。避禍就福，而皆以自治也。[212]

商鞅告誡國君，立法的目的不在刑處人民，而在使民「避禍
就福」，因此明君需做到「天下而無刑死者」，此為聖君所
必期期自許也。換言之就是「法制明則民畏刑」，其乃明主
治理天下之至要。於是，《商君書》再一次地強調國君教民
「明法」、「從令」之要，如曰：

> 法制明則民畏刑，法制不明，而求民之從令也，不可
> 得也。民不從令，而求君之尊也，雖堯舜之知，不能
> 以治。明王之治天下也，緣法而治，按功而賞。[213]

尚法派的「緣法而治」強調國君不能夠將政府與法律視為私
器，這是國君身懷法治觀念的基礎，而實踐在行為上的具體
表現就是「明主慎法制」的守法之德，此即為明王治理天下
的根本修養。

---

[212] 《商君書校正‧定分》，頁43。
[213] 《商君書校正‧君臣》，頁38。

三、聖人為國不因循法古

（一）聖人不法古

　　以進化的歷史觀為主要治世理念，是戰國時期法家各流派普遍認同之準則，這在先秦之際是很特殊的概念。環顧先秦各家，儒家以堯舜、文武為述，道家寄託於黃帝，墨家則又以夏制為尊，大都是強調治今世唯有「法古」之途。

　　法家的「歷史進化論」實從子產反古鑄刑書以來即開先例，一派傳承皆有「不法古[214]」之行徑，至商鞅更是明顯，張素貞先生乃道之：

> 春秋戰國之際，社會劇變，一時諸子，率皆不滿現狀，各思濟世。……法家則不然，獨懷創新之意，以為歷史進化，法古不足應世之急，欲改革現狀，必「論世之事，必為之備」，遂有變古之說。……商鞅繼之變法，以為三代異勢，治道不同，但求便國，不必法古。[215]

《商君書》不但認定歷史的變革，同時還將其劃分為「上世」、「中世」、「下世」[216]等三個階段。對於不法古之說

---

[214] 商鞅曰：「聖人不法古，不修今。法古則後於時，修今則塞於勢。周不法商，夏不法虞，三代異勢，而皆可以王。」見《商君書校正・開塞》，頁 16。

[215] 張素貞：《韓非子思想體系》（台北：黎明文化事業公司，1993 年 8 月），頁 59。

[216] 《商君書校正》在〈開塞篇〉中提到：「上世親親而愛私，中世尚賢而說仁，下世貴貴而尊官」；該觀點亦成為後來《韓非子》劃分歷史

表達得非常透徹，並舉證「周不法商，夏不法虞，三代異勢，而皆可以王[217]」。因此，不法古之說在此便有了先例來佐證其可行性。

（二）法因時而轉

　　不法古的積極意義是不因循苟且，惟有不因循才可以讓禮法以時而定，這也是尚法派學說認為國君必須隨時留心世事之變以求利國，不容國君懈怠因循的修養。商鞅認為，在國內推動符合「禮法以時而定，制令各順其宜」之事宜，是君王之責，其云：

> 公孫鞅曰：「前世不同教，何古之法？帝王不相復，何禮之循？伏羲神農教而不誅，黃帝堯舜誅而不怒，及至文武，各當時而立法，因事而制禮。禮法以時而定，制令各順其宜，兵甲器備各便其用。臣故曰：『治世不一道，便國不必法古。』湯武之王也，不循古而興；殷夏之滅也，不易禮而亡。然則反古者未可必非，循禮者未足多是也。君無疑矣。」[218]

因為「治世不一道」所以「便國不必法古」，正因無古習可因循而法，致使國君必須留意政務因世而變的現象；先要因

之濫觴。馮友蘭在《中國哲學史新編》（北京：人民出版社 1984 年 10 月），第二冊，頁 387 中，認為此「三世」之說正可用以對照自春秋時期至戰國時期階段之區分。

[217] 《商君書校正・開塞》，頁 16。

[218] 《商君書校正・更法》，頁 2。

世權宜治道，也要藉著「度俗」與「察民之情」來設立法令規章，絲毫不得懈怠，是曰：

> 故聖人之為國也，不法古，不修今，因世而為之治，度俗而為之法。故法不察民之情而立之，則不成；治宜於時而行之，則不干。故聖王之治也，慎為察務，歸心於壹而已矣。[219]

「察民之情」是為政之道所不可或缺，《商君書》還具體說明遍察民情即可訂立合宜的法令，法令合宜且與現實結合才能避免人民犯罪，並引導人民全心致力於國家富強之道。《商君書》將「不因循法古」及「慎為察務」列為國君體恤百姓以立良法的重要模式，自可視為尚法派的君德修養之一途。

四、明主任法去私

（一）公法以利民

　　《商君書》認為任法去私是國君表現公正的重要修養，凡能夠在人民心中樹立公正形象，並且以「非天下之私利」而治天下者，雖不見得就能達到「仁君」境界，但至少也能擺脫「亂世君臣」之屬，此舉顯然有其君德的正面催化效果。甚且，書中為了強調國君去私為公的優質形象，甚至引「堯舜」及「三王」、「五霸」之治乃為「位天下之利」來佐證其說，是云：

> 君臣釋法任私，必亂。故立法明分，而不以私害法，
> 則治。……公私之分明，則小人不疾賢，而不肖者
> 不妒功。故堯舜之位天下也，非私天下之利也，為
> 天下位天下也。……三王以義親，五霸以法正諸侯，
> 皆非私天下之利也，為天下治天下也。……今亂世
> 之君臣，區區然皆擅一國之利，而管一官之重，以
> 便其私，此國之所以危也。故公私之交，存亡之本
> 也。……是故明主任法去私。[220]

明主在行為上必須「立法分明」，並不得「以私害法」，這無非要憑藉高標準的道德觀才能履行，但卻是公正廉明的具體表徵。國君居於國家統治之尊位，其表現公正的最主要行為，無可置疑地能藉著行「賞罰」來實現。

《商君書》在教導人君如何實施賞罰的文字篇幅上，可以說是先秦時期最具規模的著作。然而其中提到了利用賞罰以顯國君公正，並藉以得到人民愛戴的說法，則可以證明商鞅雖然講嚴刑重罰，但其目的仍是為了「上愛民」，並且還講究「民利」，此即其謂之：

> 重罰輕賞，則上愛民，民死上；重賞輕罰，則上不
> 愛民，民不死上。興國，行罰，民利且畏；行賞，
> 民利且愛。[221]

---

[220] 《商君書校正・修權》，頁 24-25。
[221] 《商君書校正・去彊》，頁 9。

商鞅在刑與罰的行政比例上，講究的是「以刑為主，以賞為輔[222]」，所以建議國君「王者刑九而賞一，削國賞九而刑一[223]」以及「以賞禁，以刑勸；求過不求善，藉刑以去刑[224]」，這自然有其當世物匱民眾之考量；在此，姑且不論《商君書》論賞行罰的角度、輕重之對錯，不過，其要求國君重視人民之感受，並強烈型塑國君具有大公無私之德行，以及懂得顧慮到「愛民」與「利民」形象的立意，實已符合民本之思考，則是應該加以肯定的。

接續著「去私」、「愛民」與「利民」的為政之道後，「輔仁」也成為尚法派學說提到的一個治國目標。商鞅相信國君治理人民的最大權力是來自執行執賞罰之權，這也是法家學派的普遍認知。但是，《商君書》還表達了國君執賞罰和行治權的另一個重要目標是「輔仁」，而且，輔仁還可以產生德澤與民力，這是明主治國的心傳之法，其曰：

> 聖君知物之要，故其治民有至要。固執賞罰以壹輔仁者，心之續也。聖君之治人也，必得其心，故能用力。力生彊，彊生威，威生德，德生於力。聖君獨有之，故能述仁義於天下。[225]

---

[222] 本說法參考賀凌虛：《商君書今註今譯》（台北：台灣商務印書館，1987 年 3 月），248。

[223] 《商君書校正·開塞》，頁 17。

[224] 《商君書校正·開塞》，頁 17-18。

[225] 《商君書校正·靳令》，頁 24。本篇由於內容與《增訂韓非子校釋·飭令》文字雷同頗多，又前後文義頗有矛盾，歷來學者乃對此篇之真偽略有異議。然因該篇畢竟蒐錄於《商君書》，此處暫不論其真偽，

此處，《商君書》將國君得民心之後所得的力（民力）、彊（國強）、威（威勢）、德（德澤）作了一個彼此相生的循環，它的說法是「力生彊，彊生威，威生德，德生於力」。在這樣的循環推論之下，於是國君對人民普施德澤的目的與

尚以商鞅之學說視之。例如：

（一）《商君書校正‧靳令》言：「故其國多力，而天下莫之能犯也。兵出必取，取必能有之；按兵而不攻，必富。朝廷之吏，少者不毀也，多者不損也。效功而取官爵，雖有辯言，不得以相干也，此謂以數治。以力攻者，出一取十，以言攻者，出十亡百。國好力，此謂『以難攻』；國好言，此謂『以易攻』」，頁 23。《增訂韓非子校釋‧飭令》則言：「故國多力，而天下莫之能侵也。兵出必取，取必能有之；案兵不攻必嘗。朝廷之事，小者不毀，效功取官爵，廷雖有辟言，不得以相干也，是謂以數治。以力攻者，出一取十；以言攻者，出十喪百。國好力，此謂以難攻；國好言，此謂以易攻。其能，勝其害，輕其任，而道壞餘力於心，莫負乘宮之責於君，內無伏怨，使明者不相干，故莫訟；使士不兼官，故技長；使人不同功，故莫爭。言此謂易攻。」，頁 827-829。

（二）《商君書校正‧靳令》言：「重刑少賞，上愛民，民死上；重賞輕刑，上不愛民，民不死上。利出一空者，其國無敵；利出二空者，國半利；利出十空者，其國不守。」，頁 24。《增訂韓非子校釋‧飭令》則言：「重刑少賞，上愛民，民死賞。多賞輕刑，上不愛民，民不死賞。利出一空者，其國無敵；利出二空者，其兵半用；利出十空者，民不守。」，頁 829。足見其二者文字雷同之處頗多。

　　陳啟天云：「本篇文字、除自宜其能至故莫爭數句，與本書用人篇重出外，其餘全同於商君書靳令篇，惟無靳令篇所論六蝨與仁義之語耳。從來校商君書者多以靳令乃襲之本篇，而校韓非子者又多以本篇乃襲之商君書。」見陳啟天：《增訂韓非子校釋》（台北：臺灣商務印書館，1969 年 6 月），頁 826。

　　容肇祖云：「飭令一篇並見於商君書第十三篇，通行本商君書多作「靳令」……或者這篇本是法家者流的餘論，其較完全者，掇入于商君書，其較刪節者，掇入于韓非子。」見容肇祖：《韓非子考證》（台北：台聯國風出版社，1972 年 3 月），頁 55，56。

步驟都得到了依據，如此具體實踐的聖君，最後還可以「述仁義於天下」，勢將成為一番偉大立功立德的豐功偉業；那麼，國君也將樂於愛民、利民了。

（二）君主去私之德

在尚法派學說裡，以往學者研究時較著力在渠等如何抑制貴族及權位之徒避走法律，以及如何對人民實施賞罰；其實，他們也已經清楚地注意到了國君不能以其尊位縱放私慾來破壞法制，或者獨立於法制之外。這是一種「絕對的去私任法」觀，也就是君、臣、民一視同仁的法治觀。陳啟天先生也曾利用這個觀念來說明商鞅的法治主義：

> 總說起來商鞅所謂法，是一種革命的新法，為防貴族阻撓新法，實行壹刑。為求人民趨赴新法，實施重刑。為免君主專制自恣，主張一切絕對去私任法。君主雖得獨制法權，也須在法令之中，運用其權威，使民信其法令。這便是商鞅的法治主義，也就是商鞅法治主義的學說。[226]

無可置疑地，國君必須以節制私慾來守法，以大公無私來守法，更須以天下之利來守法；在此標準下，國家為了「大治」而設立的眾多繁瑣法令，顯然也適用於對國君的約束，國君在此要求下，唯有「去私」方可成就守法要求。顯然，「去私之德」已經成為國君修養氣度與德行的科目了。

---

[226] 陳啟天：《商鞅評傳》（台北：台灣商務印書館 1967 年 5 月），頁 49。

　　《韓非子》在〈五蠹〉篇特別提到：「今境內之民皆言治，藏商、管之法者家有之。[227]」可見《商君書》在韓非所處的戰國末期已經而且廣為流傳，足見商鞅之學對該時期之影響頗鉅，而《韓非子》亦深受其潤；況商鞅之重法思想，歷來皆名列法家學說之主流，尤其在「明主慎法治」、「聖人為國不因循法古」以及「明主任法去私」等諸多君德思想，對於《韓非子》君德理念之形成自有其深遠影響矣。

第三節　尚術派之君德思想

一、申子之術

在與商鞅治秦大約同時期的韓國，出現了以「術治」為尚的法家另一派學說。這一派法家學說所強調的「術」，是專指君王制御臣子所用的技術，其代表人物是京人申不害。

（一）以術相韓十五年

　　申不害本為「故鄭之賤臣，學術以干韓昭侯」，其主「刑名」之術，講究循名責實與名實相合。其相韓十餘年期間，韓國因而國治兵強，十數年無侵韓者。關於申不害其人其事，主要載於《史記》：

> 申不害者，京人也，故鄭之賤臣，學術以干韓昭侯。
> 昭侯用為相，內修政教，外應諸侯。十五年，終申

227　《增訂韓非子校釋‧五蠹》，頁 50。

> 子之身，國治兵強，無侵韓者。申子之學，本於黃
> 老，而主刑名。著書二篇，號曰申子。[228]

《史記》中有謂《申子》有二篇，《漢書・藝文志》亦云有
六篇，然而至今所言之二篇與六篇皆亡佚；今所存申不害之
學說，則以《荀子》、《韓非子》、《呂氏春秋》、《群書
治要》等幾部典籍中散見；對此，陳麗桂先生乃綜理謂之：

> 申不害的著作中，篇名可考見的僅此三篇。其生平
> 事蹟，《韓非子》書中頗多載述；至其思想理論，
> 則《荀子》〈解蔽〉，《韓非子》〈外儲說右上〉、
> 〈外儲說左下〉、〈難三〉，《呂氏春秋・任數》，
> 《群書治要》卷三十六，《藝文類聚》卷一、十九、
> 二十乃至卷四十五刑法部，《太平御覽》卷六三
> 八……等或見載引，或曾提及。[229]

《韓非子》所言之術，歷來均公認係出自申不害之學說而有
所發揮，其中所引申子之言的痕跡散見於〈定法〉、〈內、
外儲說〉諸篇及〈難三〉篇等，文內均強調為國君者皆應守
「無為而治」之術，《韓非子》云：

> 申子曰：「上明見，人備之；其不明見，人惑之。
> 其知見，人飾之；不知見，人匿。其無欲見，人

---

228 《史記・老子韓非列傳》，頁 544。
229 指歷來考據證明的〈君臣〉、〈大體〉及〈三符〉等三篇。見陳麗桂：
《戰國時期的黃老思想》（台北：聯經出版事業公司，1991 年 4 月），
頁 182。

司之；其有欲見，人餌之。故曰：「吾無從知之，
惟無為可以規之。」[230]

然而申不害雖強調任術，但也並未完全廢法。《韓非子》提
到申不害所明示的「法者，見功而與賞，因能而受官[231]」即
是其仍舊不廢法的證明。不過申不害過份尚術的主張，使得
其「內修政教，外應諸侯，十五年。終申子之身，國治兵強，
無侵韓者[232]」之盛況在申不害歿後人亡術亡，韓國繼續衰
落。這對於韓非而言，不無為引發尚術弱法之禍之啟示。

（二）法術皆帝王之具

然則，申不害對《韓非子》最大的啟示，莫過於術的穩
秘無為與名實相符理念。關於其用術之道的治績，申不害向
來即與重法的商鞅齊名，而為法家學說另一特色，張素針對
此點言之：

> 申不害用術，自來與商鞅為法並稱。《史記・張叔
> 列傳》索隱引〈劉向別錄〉云：「申子學號曰刑名
> 者，循名以責實，其尊君卑臣，崇上抑下，合於六
> 家也。」[233]

---

[230] 《增訂韓非子校釋・外儲說右上》，頁 569。
[231] 《增訂韓非子校釋・外儲說左上》，頁 515。
[232] 《史記・老子韓非列傳》，頁 544。
[233] 張素貞：《韓非子思想體系》（台北黎明文化事業公司，1993 年 8 月），
頁 33。

主要學說亦雜於道、名與法之間的《尹文子》，其在「術」
的性質上表達為「人君之所密用，群下不可妄窺」，有其獨
特的隱密性，並且與具有專擅性的勢並稱為國君治國之利
器，其云：

> 術者，人君之所密用，群下不可妄窺。勢者，制法
> 之利器，群下不可妄為。人君有術，而使群下得窺，
> 非術之奧者，有勢，使群下得為非勢之重者。大要在
> 乎先正名分，使不相侵雜。然後術可密，勢可專。[234]

可見術是君王私用的秘密方法，其私密之程度，甚至只要群
臣妄窺，就失去其「奧」，此說顯然與「莫如顯」的法有極
大的不同。而在《韓非子‧說疑》篇內，對於「法」與「術」
亦以「術也者，主之所以執也。法也者，官之所以師也[235]」
之說法予以辨明二者。

是以，法家學說內已經明顯地將「法」、「術」與「勢」
作了定義與判別，使得渠等在運用上逐步發揮其專攻。術的
本身雖不是法，但是卻是國君御臣所持之工具，這便是尚術
派法家的最主要論述；《韓非子》在〈定法〉篇中即對於此
派的代表人物申不害及其學說作了說明：

> 申不害言術，而公孫鞅為法。術者，因任而授官，
> 循名而責實，操生殺之柄，課群臣之能者也，此人

---

[234] （周）尹文撰 （清）錢熙祚校：《尹文子‧大道上》（台北：世界書局《新
編諸子集成六》，1978 年 7 月），頁 1-2。
[235] 見《增訂韓非子校釋‧說疑》，頁 232。

> 主之所執也。法者，憲令於官府，刑罰必於民心，
> 賞存乎慎法，而罰加乎姦令者也，此人臣之所師
> 也。……君無術則弊於上，臣無法則亂於下。此則
> 不可一無，皆帝王之具也。[236]

由引文之敘述可說明申不害言「術」之觀念，同時亦可以清
楚理解到在《韓非子》思想中「法」與「術」的分別。基於
申不害在韓國的政績良好，可想而知這個部分對韓非產生了
一定的影響力。但事實上，在《韓非子》的學說中，他並不
專重於「術」的理論，然卻仍舊主張「術」是推行法治所不
可或缺的一個環節，此部分尤其對國君之御臣技巧更顯重要。

　　《韓非子》強調關於術與君王的關係，多次說明了御臣
之術的必要性；是以，術在國君身上的運用，必然關乎到國
君德行修養的層面；以下即就「明法慎令之德」與「一去好
惡之德」兩方面來說明法家尚術派學說裡對君德修養的論述。

二、明法慎令之德

（一）尊君重臣並進

　　法家所尚之「術」既然是主導國君駕馭臣子的原則，
那麼闡明君主與臣子的主從親密關係就顯得格外重要；為
此，申不害一方面「尊君」，一方面也「重臣」，並且認
為國君不應偏愛寵臣，即以「一臣專君，眾臣皆蔽」來明
白告誡國君應該要重視群臣存在之必要，並且隱約提到了

---

[236] 見《增訂韓非子校釋·定法》，頁77。

君臣關係切莫失衡的理念，這是典型法家的「明君不寵臣」之道，是云：

> 明君治國，三寸之筦，運而天下定；方寸之基，正而天下治。妒妻不難破家，亂臣不難破國；一妻擅夫，眾妻皆亂，一臣專君，眾臣皆蔽。鼓不預五音，而為五音主。百世有聖人，由隨踵而生；千里有賢君者，是比肩而立。[237]

除了主從分明且不專寵失衡的君臣關係之外，申不害以「百世有聖人，由隨踵而生；千里有賢君者，是比肩而立」來闡述國君應修養「聖人」與「賢君」之道，如此方可使天下賢臣「隨踵而生」、「比肩而立」，此間皆為《申子》所言「君術」範疇之一，亦得視為其強調君主應修養重臣之道與聖君之行的君德論述。

（二）慎令以為君德

尚術派的申不害認為懂了君術的運用之後，法令的實施仍舊是國家與政府運行的準則；而且制訂了國法之後，應該把法令看成與國君相同重要，此即「令之不行，是無君也」之謂；此雖為嚴防人君擅權失法的保障，亦是防止人民因法令數變而致難以從法之考量。因此，申不害即要求國君應該明法慎令，並且效法「堯之治」時的「善明法察令」之美德，其曰：

---

[237] （周）申不害：《申子》（　嬛館補校刊本，1883 年《玉函山房叢書·第八函·子編·法家類》），卷 71，頁 45。本書所引《申子》均採此版本。

> 君之所以尊者令，令之不行，是無君也，故明君慎
> 之……君必明法正義，若懸權衡以稱輕重，所以一
> 群臣也。堯之治也，善明法察令而已。聖君任法而
> 不任智，任數而不任說。黃帝之治天下，置法而不
> 變，使民安樂其法也。[238]

法令是客觀而固定的標準，可以防杜國君在主觀裁斷上的偏
頗之失；因此，尚術派法家不改其名列法家之本色，不但尚
術也尚法，還需重視「法」本身的固定性與不變性；是以必
須「置法而不變」，就如「有道之君，貴虛靜而重變法[239]」
的主張，且其目的則是「使民安樂其法」，並託黃帝與堯的
治世之功，以說服國君修養「明法慎令」之德。

三、一去好惡之德

　　專責分配國家資源的國君，是所有臣子寄以諂媚及利用
的所在；是以國君有所慾望，群臣定當有所呈獻；而國君有
所好惡，群臣亦當有所掩蔽。

（一）因能授官以維國體

　　群臣妄自矯飾國君之失實為善惡不分之舉，如此勢將嚴
重影響正道之推動，危及社稷之生存。是以，國君必須要去
好惡隱私慾，以無為度有為，讓臣子們無法專權而欺瞞於
前，這自然是在人格修養上必須磨練克制的君德作為。對

---

[238] 《申子》，卷 71，頁 48。
[239] 《增訂韓非子校釋・解老》，頁 740。

此,《韓非子》藉著一段韓昭侯和其愛臣申不害的對話,來說明國君「去好惡」之行,《韓非子》曰:

> 韓昭侯謂申子曰:「法度甚不易行也。」申子曰:「法者見功而與賞,因能而授官,今君設法度,而聽左右之請,此所以難行也。」昭侯曰:「吾自今以來,知行法矣,寡人奚聽矣?」一日,申子請其從兄官,昭侯曰:「非所學於子也,聽子之謁,敗子之道乎?亡其用子之謁?」申子辟舍請罪。[240]

申不害任相有功於韓,而且十餘年來得勢於當朝,想必是韓昭侯最寵愛的重臣。但是,韓昭侯在面對申不害不當的請謁之行時,卻以申不害所曾授予「今君設法度而聽左右之請,此所以難行也」來回應,並拒絕「聽子之謁」,此即為「一去好惡」之優良示範。申不害的「術治」亦強調「法者見功而與賞,因能而受官」,一切都應依國家之法度來規範國君之賞罰升遷,才能杜絕以好惡敗法之缺憾。

寵臣專美於國君之前,自古皆有之,申不害主張為了不讓國君有因私害公,或者遭臣子以好惡蒙蔽的情事發生,於是主張以「去聽」、「去視」、「去智」來培養君道,並輔以「無為」之術來佐君御臣,其謂之:

> 何以知其聾?以其耳之聽也;何以知其盲,以其目之明也;何以知其狂?以其言之當也。故曰:「去聽無以聞,則聰;去視無以見,則明;去智無以知,

---

則公。」去三者不任則治，三者任則亂……古之王者，其所為少，其所因多。因者，君術也；為者，臣道也……故曰：「君道，無知無為而賢於有知有為，則得之矣。」[241]

由「去聽無以聞，則聰；去視無以見，則明；去智無以知，則公。」來處理國政，是可以相當程度節制國君之行，避免因一時之好惡而任意授官職、行賞罰，乃致傾壞國家大體。其後，申不害並再以「因者，君術也；為者，臣道也」之「正名」主張來端正君、臣之分，且強調「無知無為」方可得「君道」矣。

此外，申不害還說：「明君治國，而晦晦，而行行，而止止。故一言正而天下治，一言倚而天下靡[242]」，及希冀藉此來具體要求國君在行為上該隱晦則隱晦，該實行就實行，該停止就停止；其行乃天下之所標竿，此亦不愧為一種節制私欲之人格表現。

（二）賞罰毋隨好惡

關於韓昭侯受教於申不害的去好惡之術，除了上文所提不從「申子請其從兄官」之事例外，在《韓非子》的記載當中，還有二例也是十分生動而切實的，其言之：

韓昭侯使人藏弊褲，侍者曰：「君亦不仁矣，弊褲不以賜左右而藏之。」昭侯曰：「非子之所知也。

---

[241] 《申子》，卷71，頁47。
[242] 同上註。

> 吾聞明主之愛，一嚬一笑，嚬有為嚬，而笑有為笑。
> 今夫褲，豈特嚬笑哉，褲之與嚬笑相去遠矣，吾必
> 待有功者，故藏之未有予也。[243]

此外，在《韓非子》主述賞罰之要的〈二柄篇〉裡，還提到一則關於韓昭侯醉寢之後，其「典冠」與「典衣」之臣未依職分行事的處斷案，說明了韓昭侯不以一時之私愛而壞法的堅持，是行記載如下：

> 昔者韓昭侯醉而寢，典冠者見君之寒，故加衣於君
> 之上，覺寢而說，問左右曰：「誰加衣者？」左右
> 對曰：「典冠」，君因兼罪典衣與典冠。其罪典衣，
> 以為失其事也。其罪典冠，以為越其職也，非為惡
> 寒也，以為侵官之害甚於寒。[244]

國君好惡的表現在賞罰當中最為明顯，也最容易遭臣下之利用而致進退失據。前引文中的韓昭侯，在覺寢之後，本因有人體貼加衣「而說」，但在查明事實後卻因發現加衣者顯有「侵官之害」乃反倒予以懲處。此即闡述了明主務須矢志「一去好惡」，以明賞罰之原則。

　　然則，吾人在此應能知曉，於法家尚術派的論述裡，多番強調身為家國之首，位尊萬人之上的國君，必為全朝上下所討好之對象，其所遭逢之諸媚與逢迎定不勝凡舉，若意欲維持國政大綱之順行，除需擁有過人智能之外，培養其去好

---

[243] 《增訂韓非子校釋‧內儲說上》，頁 413。
[244] 《增訂韓非子校釋‧二柄》，頁 182。

惡之欲的決心，以求明賞罰之實的操守，亦必列為君德修養之所要務也。

第四節　尚勢派之君德思想

一、慎子之勢

（一）任賢不如任勢

　　尚勢派的法家思想，在學說上強調「勢」。所謂「勢」，便是以「權位」為重。亦即國之所以能治，政令推行所以能生效，主要是推行政令的人有其權力與地位，藉此權位之姿而散發其攝人之「勢」。

　　在法家強調「尚勢」派的人物，一般來說以慎到為其代表，但在慎到之前，前文所提及於齊為相，輔佐齊桓公，提倡「尊王攘夷」的管仲也有許多接近「尚勢」一派之論點。例如《管子》主張「尊君卑臣，非計親也，以勢勝也[245]」及「處必尊之勢，方得制必服之臣[246]」之說法，實與慎到極力提倡的尚勢理論極為近似，也可以說是提出尚勢理論之開端者。

　　《韓非子》在管仲與慎到之後，再次於其法治學說中強調了「尚勢」的觀點，並進一步利用法與術改良了勢於國君運用時的原則與地位，使得「尚勢」成為整個法家思想當中的重要論點之一，並完善了其運用之度，對此，姚蒸民先生乃綜評曰之：

---

[245] 《管子校正・明法解》，頁343。
[246] 同前註。

> 韓非既以宗國之安危為念，自然接受慎到之學說。
> 惟慎到之勢論，重在說明「任賢」不如「任勢」，
> 於「勢」之內涵如何？及如何善用此「勢」，使不
> 致流於刻暴？則均缺乏進一步。從而韓非本其研究
> 心得，採取綜合調整之法，以建立完善之勢論。[247]

慎到生於趙，與鄒衍、淳于髡、田駢等為齊稷下學士，為一道家而兼法家之人，著有《十二論》一書。《漢書‧藝文志》著錄《慎子》四十二篇，惜其書大部份均已亡佚。今本《慎子》為後人輯其片段集成，僅存〈威德〉、〈因循〉、〈民雜〉、〈德立〉、〈君人〉五篇。在慎到的尚勢學說中，關於「尚法不尚智」以及「任勢不任賢」都是《韓非子》沿襲、推崇的論點，例如慎子所言：

> 分馬者之用策，分田者之用鉤，非以鉤策為過於人
> 智也，所以去私塞怨也。[248]。
> 投鉤以分財，投策以分馬，非鉤策為均也。……所
> 以塞願望也。[249]

法家尚勢派強調勢的重要性，即是對於治權的把握，是謂「故賢人而詘於不肖者，則權輕位卑也；不肖而能服賢者，則權

---

[247] 姚蒸民：《韓非子通論》（台北：東大圖書公司，1999 年 3 月），頁 136。

[248] （周）慎到撰，（清）錢熙祚校：《慎子‧君人》（台北：世界書局《新編諸子集成五》1978 年 7 月），頁 6。本書所引《慎子》均採此版本。

[249] 《慎子‧威德》，頁 2。

重位尊也。[250]」如不能掌握「勢」，則「堯為匹夫，不能使其鄰家[251]」，此段《韓非子》引文即出自《慎子‧威德》。《韓非子》藉此肯定慎到的尚勢之論，並在整個法家學說中為「勢」安置了一個重要的席次。

（二）勢以令行禁止

雖然慎到的思想被荀子指責為「蔽於法而不知賢[252]」以及「有見於後，無見於先，……有後而無先，則群眾無門。[253]」之任法者，但是慎到卻以為雖有法而無勢，則法便不能推行。《韓非子》運用了慎到的「尚勢」理論，將君王的「勢」推升到一個極為講究的境界，因此，在他的〈難勢〉篇中，便引了《慎子‧威德》中的幾句話，其云：

> 飛龍乘雲，騰蛇遊霧，雲罷霧霽，而龍蛇與蚯蟻同矣，其失所乘也。賢人而詘於不肖者，則權輕位卑也。不肖而能服於賢者，則權重位尊也。堯為匹夫，不能治三人；而桀為天子，能亂天下。吾以此知勢位之足恃，而賢智之不足慕也。……身不肖而令行者，得助於眾也。堯教於隸屬，而民不聽，至於南面而王天下，令則行，禁則止。[254]

---

[250] 《增訂韓非子校釋‧難勢》，頁 63。
[251] 同前注。
[252] 《荀子集解‧解蔽》，頁 645。
[253] 同前注。
[254] 《增訂韓非子校釋‧難勢》，頁 63。

可見慎到以為「任勢」重於一切的治國理念是極為堅持的，而《韓非子》在這一部份的思想，基本上也是取法於慎到並與之一致的。本節依據慎到學說之記載，整理出關於尚術派的君德思想論述而分為「大君因民之能」與「從道全法之德」等二種君主德行，茲分述如下。

二、大君因民之能

（一）聖人有勢亦有德

　　崇尚黃老治術的慎到也是講「德」的，但是，他的「德」強調的是一種不為外物所累的的修養；國君居於有勢之位，卻又不為外物所累，才能像天地聖人般的「有德」而「無事」。王曉波先生對於慎到這種「德」的修養有如此說法：

> 「聖人有德」，而聖人之德是什麼呢？根據現有的材料，我們找不到明確答案。不過，照莊子的描述，慎到似乎在追求一種「夫無知之物，無見己之患，無用知之累，動靜不離於理，是以終身無譽」的理想。如果說這是慎到理想中的聖人，那麼其「德」乃在於摒除主觀的知慮之患，以及「動靜不離於理」。[255]

慎到認為「摒除主觀的知慮之患」，是一種達到聖人有德的修為，是國君在政務上必須履行的修養，唯有如此才能在治

---

[255] 王曉波：《先秦法家思想史論》（台北：聯經出版事業公司，1992年8月），頁245。

國上「憑勢」而「無事」。然而，要達到無事的境地，畢竟
還是要善用人臣之資，期使天下賢才盡為國君所用。是以，
國君在修養成「聖人有德」之前，需先懂得知人善用之理。

　　國君治國需要賢才來輔佐，千百年來不論在法家或者其
他諸家，此皆為一貫不變的原則，因此，慎到所謂的尚勢不
尚賢，其實指的並非是國家不用賢才，而是指國君必須處於
有「勢」的尊位，不必是有「賢」的條件；然則，人臣則必
為賢才之屬。對此，陳麗桂先生所言甚是：

> 慎子主張不用賢智，那是為人君設項，指人君而說
> 的。「棄知去己」，是叫君掩才智、去主觀，而不
> 是臣。臣的一切才智，如果不與尊君的原則相抵觸，
> 全都用來為君效命，則越多越好。[256]

於是，有了「勢」的國君必須全力挖掘人才，並發揮其知人
善用之本事與修養，不藏私、不避嫌地將國之賢才為己所
能，為國所用，亦即落實所謂「治在乎賢使任職，而不在於
忠也。故智盈天下，澤及其君[257]」的大智慧。國君用人必須
要「賢使任職」，這樣才能讓天下賢才為己所用，以致於「智
盈天下」，並得到「澤及其君」的好處。

（二）天子用人不疑

　　從旁人的角度來說是尚勢「尊君」的私利，但從國君的

---

256 陳麗桂：《戰國時期的黃老思想》（台北：聯經出版事業公司，1991
　　年4月），頁164。
257 《慎子·知忠》，頁5。

角度來說則是為國舉材。因此，慎子乃進一步強調國君應該
要全力而執著地用人，並且為其所用之人設立「不疑」的環
境，其云：

> 立天子者不使諸侯疑焉，立諸侯者不使大夫疑焉，立
> 正妻者不使嬖妾疑焉，立嫡子者不使庶孽疑焉。疑則
> 動，兩則爭，雜則相傷，害在有與，不在獨也。[258]

尚勢派的論者強調君臣的分際必須嚴明，在政務的處理上必
須要君逸臣勞，而且說：「人君苟任臣而勿自躬，則臣皆能
事事矣[259]」，並否定國君以智巧賢能治國之說，故要棄之。

　　前述之說，此乃實因於君臣之守各異，若要「求一人之
識識天下，誰子之識能足焉[260]」。是以，雖然部分學者在解
讀上，認為那是一種專制體制下有助於國君卸責的設計。不
過，就政治原理來說，國家的強弱存滅便是國君最大的政治
責任，絕對無可免責；至於事務上的瑣碎旁騖，自然歸責給
相關任職人員，國君不應逞能用智，這至今仍是無可厚非的
觀念，蓋因「治國之君非一人之力也」之謂，其曰：

> 亡國之君非一人之罪也，治國之君非一人之力
> 也。……廊廟之材，蓋非一木之枝也；粹白之裘，
> 蓋非一狐之皮也；治亂安危、存亡榮辱之施，非一
> 人之力也。[261]

---

258 《慎子・德立》，頁5。
259 《慎子・民雜》，頁4。
260 《慎子・逸文》，頁9。
261 《慎子・知忠》，頁5。

此意即言，國家的成敗雖然應由國君負最大責任，但「治亂安危」以及「存亡榮辱」之治績，實在也「非一人之力」所能成，人臣自當共負其責也。

（三）因民之能以為德

為使善盡天下之才，慎子乃有「求一人之識識天下，誰子之識能足焉[262]」的朋分權責之論調。是以，國君的責任是「識人」而「任人」，從取之不盡的人力資源當中，尋找、訓練所需要的賢才，此方謂之「大君因民之能為資」，是云：

> 民雜處而各有所能，所能者不同，此民之情也。大君者太上也，兼蓄下者也。下之所能不同而皆上之用也，是以大君因民之能為資，盡包而蓄之，無能去取焉。是故不設一方以求於人，故所求者無不足也。大君不擇其下，故足。不擇其下則易為下矣，易為下，則莫不容；莫不容，故多下，多下謂之太上。[263]

人民眾臣之間藏有各式才華，這些才華都是國家之寶，當為國家所用；居上位的國君則應該「盡包而蓄之」，並且懂得「不擇其下」的管理術以蒐羅之。不擇其下並非真為「不擇」，實乃因「不擇」而致「莫不容」與「多下」；能擁有「多下」之君，自然有更多賢才可為效力，即可謂為太上之君；亦可言「三王五伯之德，參於天地，通於鬼神，周於生物者，其得助博也[264]」之謂也。

262　《慎子‧逸文》，頁9。
263　《慎子‧民雜》，頁3。
264　《慎子‧威德》，頁2。

　　從《慎子》的記載上，吾人可以瞭解慎到所謂有德之聖人，其治國之道是必須在「摒除主觀的之慮之患」下，任眾人之力以達「無事」之境界的一派黃老思想，這就是慎到法家式的「無為」思想。然其間過程即包含了憑藉國君之勢舉天下賢才，以達知人善用之管理術，此即為尚勢派主張下君王治國應為的修養之一。

三、從道全法之德

（一）尚勢亦不廢法

　　在過去對慎到的研究中，通常只說明其尚勢的思想，其實從今本《慎子》的內文來看，其不但尚勢，而且尚法的思想也極為濃厚。精準的說法是，《慎子》強調處於「勢」的國君，除了要「因勢」而執法，也要懂得以身守法，才能讓「勢」的正當之道更為強固，是所謂「從道全法」，此即陳麗桂先生所言：

> 除了《莊子・天下》所提挈的要旨外，從《荀子》的批判中，我們至少知道了田、慎諸人也「尚法」。……從殘存的資料中，可以看出：慎子調和的色彩非常鮮明，他不但從道全法，也因物而任人，去賢而尊君，重勢而講刑名。[265]

慎到講求法治，認為「法者，所以齊天下之動，至公大定之

---

[265]　陳麗桂：《戰國時期的黃老思想》（台北：聯經出版事業公司，1991年4月），頁162-163。

制也[266]」而且還強調法是「權衡」與「尺寸」的依據，是以云：「有法度者，不可巧以詐偽[267]」。

但是，在講求所有人遵循法治的同時，慎到也叮嚀著既使有至高之勢位為恃的國君，本身也必須是守法的一員，不得有「舍法而以身治」的人治形式風格，慎子云之：

> 君人者，舍法而以身治，則誅賞予奪，從君心出矣。然則受賞者雖當，望多無窮；受罰者雖當，望輕無已。君舍法，而以心裁輕重，則同功殊賞，同罪殊罰矣，怨之所由生也[268]。

法家學說一直是以賞罰來作為控制人性的權柄，因此，如果國君未能依法行政，任意將此權柄「從君心出」或「以心裁輕重」，則將使賞罰無度，貪望與怨恨均將由此而生。然而，如果國君能做到由法來評斷示非與執行賞罰，則可以「怨不生而上下和矣」，此即：

> 故曰：大君任法而弗躬，則事斷於法矣。法之所加，各以其分，蒙其賞罰而無望於君，是以怨不生而上下和矣。[269]

國君行法的益處如此之多，慎到自然要求國君以身守法，以法治國。

---

266 《慎子·逸文》，頁13。
267 《太平御覽》，卷四二九。
268 《漢書·藝文志》所錄，《慎子·君人》，頁6。
269 同上注。

（二）君側皆以從法

然而國君守法的方法，除了如前述要據以為賞罰之標準外，慎到還具體提出要求，使在君側之周皆無法不從，慎子曰：

> 為人君者不多聽，據法倚數以觀得失。無法之言不聽於耳，無法之勞不圖於功，無勞之親不任於官。官不私親，法不遺愛，上下無事，為法所至。[270]

這段列於《慎子・君臣》的文字，與《商君書・君臣》所云：「言不中法者，不聽也；行不中法者，不高也；事不中法者，不為也。」之對國君的守法要求主張相類似，其目的都是要國君沐浴在「法」的薰陶中，不私親，也不遺愛，如此強力執行法令，才能夠「上下無事」。

> 「上下無事」表示依法行事，君臣之間各事所職，就沒有什麼衝突埋怨……「聖人無事矣」，這就是慎到法家的「無為」，之所以無為，是因為有法治，有了法治，才能專制和獨裁。這不僅僅是慎到的，並且幾乎是所有的先秦法家主張專制獨裁的共同邏輯。[271]

國君身為國家之最尊位者，以其「勢」治是法家尚勢派最重要的主張；然而，慎到除了尚勢也重法，所以君王力行「從

---

[270] 《慎子・君臣》，頁 6。

[271] 王曉波：《先秦法家思想史論》（台北：聯經出版事業公司，1992 年 8 月），頁 264-265。

道全法」方可「居上無為」，這是對明君治國德行上訂出具體要求，並同時擘劃出理想的政治願景，實堪為尚勢學說裡國君修養人格的重要項目。

　　慎到著重國君應以「勢」為統治國家之基礎，而藉由對勢的駕馭，期許做到「君逸樂而臣任勞，臣盡智力以善其事，而君無與焉，仰成而已[272]」之道，而成為尚勢派的支柱，並與商鞅的尚法及申不害的尚術思想，深刻地影響了《韓非子》學說的建立。是以，陳啟天先生乃謂之：

> 商鞅在法的方面特別發揮，申不害在術的方面特別發揮，而慎到則在勢的方面特別發揮。在政治思想上，勢的特別提出，其重要實不下於「法」和「術」兩種觀念的特別提出。[273]

先秦法家尚實、尚法、尚術與尚勢學說之遞演，逐次建構了《韓非子》集其大成的法家思想總結，歷來已成為學界普遍共識；然經由本章之推演及舉證，吾人亦可明白法家諸賢的學說論述裡，著實具有不少君德思想之成分。而這些蘊含在韓非之前諸賢學說裡的君德思想，大致上是圍繞著要求國君力行守法、去私、不因循及依法任人等科目，以成全國家及人民大利之目標，是類要求之屬性，實不啻為國君德行修養的「法家型」德目。

272　《慎子·民雜》，頁 4。
273　陳啟天：《中國法家概論》（台北：台灣中華書局，1985 年 9 月），頁 61。

　　是以，藉由本書其下各章的討論，我們將發現這些「法家型」君主德行修養的要求，均潛移默化地深植於韓非心中，並成為《韓非子》學說中，與法、術、勢三者共同並立的君德思想論述。

第三章　緣於荀老之君德思想

　　《史記》謂韓非「喜刑名法術之學，而其歸本於黃老……與李斯俱事荀卿[274]」，道出韓非啟蒙於荀子，歸本於黃老之學，而成就其法家粲然論述之路程；同時，也為《韓非子》的學說淵源標明了蘊含荀、老思想之實。

　　荀子主張好利惡害是「人之所生而有」，對「欲」的控制，他則強調以禮義之制以對。《韓非子》云人性「好利惡害，夫人之所有也……喜利畏罪，人莫不然[275]」之見大抵承自荀子，然則更激進地主張深化禮治之強制力，而以法治代之。若論君王在禮、法之間的選擇，荀子主張「君人者，隆禮尊賢而王，重法愛民而霸[276]」之說，乃使其禮論一變而為「由禮到法之橋樑[277]」。

　　在荀子的君德論述上，他從明主「諭德而定次，量能而授官[278]」等，即強調為政、任人之道應以德為標準；而國君本身亦應服膺「以德兼人[279]」之則，此即完善其「因其民，

---

[274] 《史記・老子韓非列傳》，頁 544。
[275] 陳啟天：《增訂韓非子校釋・難二》（台北：臺灣商務印書館，1969年 6 月）頁，344。本書所引《韓非子》均採此版本。
[276] 《荀子集解・賦》，頁 771。
[277] 侯外廬編：《中國思想通史》（北京：人民出版社，1957 年 6 月），頁 573。
[278] 《荀子集解・正論》，頁 269。
[279] 《荀子集解・議兵》，頁 501。

襲其處,而百姓皆安。立法施令,莫不順比[280]」之願景也。

老子的尚德說係由「脩之身[281]」做起,逐步推衍到「脩之天下[282]」的道德修養觀,而其「尚德無為而無不為」之論,亦經韓非引為法術之治的最高境界。此外,老子勸誡國君「欲不欲[283]」以及重農、民本之論述,在《韓非子》篇章中時有所見;特別是「因道全法[284]」之說,不但為法治理念找到根據,亦足為君德思想立其法源。

綜觀荀、老治國之論,大抵皆如蔡元培先生所言「聖人者,知君人之大道者也[285]」;換言之,即渠等皆明白君王治國御人理應由大處著手,並應勤加著力於個人之德行修養,以資大道之行也。諸此論調,咸於《韓非子》之權宜下或取或捨,是以,乃因而建立其儒、道、法兼具之君德觀。

---

[280] 《荀子集解·議兵》,頁 501-502。

[281] 《老子校正·第五十四章》,本書關於《老子》版本均採自陳錫勇:《老子校正》(台北:里仁書局,1999 年 3 月),相關說明請見本章第三節所述。

[282] 《老子校正·第五十四章》,頁 82。

[283] 《老子校正·第五十七章》,頁 95。

[284] 《增訂韓非子校釋·大體》,頁 715。

[285] 蔡元培:《中國倫理學史》(台北:台灣商務印書館,1991 年 3 月),頁 28。

第一節　荀子禮治之君德思想

一、國無禮則不正

《韓非子》之思想主要淵源於法家，其學說論點雖大致屬之，但其部分內容實則兼容儒法，且明顯受儒家思想之影響頗鉅；是以，熊十力先生乃認為其學「不為法家正統」，當謂為「法術家」，其曰：

> 韓非之學，不為法家正統。熊先生謂當正名法術家，其說甚是。按韓非書，隨處皆用法術一詞。且於法術二字，分釋甚清。……韓非思想雖出於荀卿，而其變荀卿之隆禮以崇法術。則亦兼容申商。[286]

據《史記》載，韓非初受教於戰國時期大儒荀子門下，所求乃儒家之學。然因其「喜刑名法術之學」而脫離儒家，甚至駁斥儒學[287]，獨自成就其法家之思想，此即「韓非思想雖出於荀卿，而其變荀卿之隆禮，以崇法術」之謂。是

---

[286] 熊十力：《韓非子評論》（台北：台灣學生書局，1978 年 10 月），頁 3-7。在《韓非子評論》一書中，熊十力先生以「胡拙甫」署名，故慣以「熊先生」自稱之。

[287] 韓非於〈顯學〉篇大力抨擊儒學，甚至連「孫氏之儒」亦在其列；其原文為：「世之顯學，儒、墨也。儒之所至，孔丘也。墨之所至，墨翟也。自孔子之死也，有子張之儒，有子思之儒，有顏氏之儒，有孟氏之儒，有漆雕氏之儒，有仲良氏之儒，有孫氏之儒，有樂正氏之儒。見《增訂韓非子校釋・顯學》頁 1。

以，如欲深究《韓非子》與儒家的淵源，即須從荀子之主軸
思想論起。

（一）人之性惡其善偽也

　　荀子是繼孔、孟之後儒家的繼承者，總括來說其思想亦在
儒家的體系內鑽研而精益求精。不過，在荀子的學說中，確有
與先秦儒士所不同的論點，此即「性惡論」一說，然該說之所
出，係以荀子所主張「好利而惡害」的人性觀而來，如云：

> 凡人有所一同：飢而欲食，寒而欲煖，勞而欲息，
> 好利而惡害，是人之所生而有也，是無待而然者也，
> 是禹桀之所同也。[288]

荀子承認人性「欲」之所存，所以說好利惡害是「人之所生
而有」，凡人皆相同。針對此「欲」的控制，他還強調「凡
語治而待去欲者，無以道欲而困於有欲者也。凡語治而待寡
欲者，無以節欲而困於多欲者也[289]」，所以治者應該積極面
對「欲」之事實與作用，這也是性惡論的理論基礎之一。

　　然面對欲的控制，荀子認為「今人之性，生而好利焉」，
因此必須有「師法之化，禮義之道，然後出於辭讓，合於文
理，而歸於治」的教化，此皆為後天學習而來的，是以其謂
「人之性惡，其善者偽也」，如云：

288　《荀子集解・榮辱》，頁 188。
289　《荀子集解・正名》，頁 692。

人之性惡，其善者偽也。今人之性，生而好利焉，順
是，故爭奪生而辭讓亡焉；生而有疾惡焉，順是，故
賊賊生而忠信亡焉；生而有耳目之欲，有好聲焉，順
是，故淫亂生而禮義文理亡焉。……故必將有師法之
化，禮義之道，然後出於辭讓，合於文理，而歸於
治。用此觀之然則人之性惡明矣，其善者偽也。[290]

由《韓非子》對於人性論之觀點來判斷，其所言大抵應承繼
自荀子。他先是說「凡治天下，必因人情。人情者，有好惡
[291]」，接著強調「利之所在，民歸之；名之所彰，士死之[292]」、
「人情莫不出其死力以致其所欲[293]」；然而又因為「民之性，
喜其亂，而不親其法[294]」，所以要利用法治行賞罰「明主之
治國也，明賞則民勸功，嚴刑則民親法。勸功則公事不犯，
親法則姦無所萌[295]」，是類說法，非常明顯的是受其師荀子
「性惡論」之影響。

　　由是，徐復觀先生乃云：「韓非的思想，是以心惡、性
惡為其出發點，這是古今中外極權思想的共同出發點[296]」。
然話雖如此，嚴格說來二者間仍有其人性本質與政治操作上
之差異，此即張素貞先生所云：

---

[290]　《荀子集解・性惡》，頁 703-704。
[291]　《增訂韓非子校釋・八經》，頁 150。
[292]　《增訂韓非子校釋・外儲說左上》，頁 473。
[293]　《增訂韓非子校釋・制分》，頁 831。
[294]　《增訂韓非子校釋・心度》，頁 813。
[295]　《增訂韓非子校釋・心度》，頁 813。
[296]　徐復觀：《中國人性論史—先秦篇》（台北：台灣商務印書館，1988
　　年 11 月），頁 439。

> 韓非承其說，認人性自利自為，必嚴刑峻法而後可
> 以為治。惟主制禮以節欲，其終極目的，仍在勉人
> 為善；韓非直以人性本惡，非重刑罰不足禁其私欲，
> 此禮法之大別，亦荀韓性惡說之區別。[297]

荀、韓二人對人性欲望之確定，以致於在學說上分別主張由
禮與法的手段予以控制；此觀點在歷來中國政治運作的實際
面，有其不可忽略之價值。

　　然則，筆者在此亦需釐清，《韓非子》對人性之看法雖
承自荀子，但並不表示《韓非子》即跟隨主張「人性皆惡」。
從《韓非子》云「好利惡害，夫人之所有也。……喜利畏罪，
人莫不然[298]」的說法上可以確定的僅是人性的「趨利避害[299]」
觀，此為一中性人性的論述，並不帶有「性惡」或「性善」
之評價。是以，部分學者直言《韓非子》主「性惡」實有欠
允之疑。更何況，觀諸《韓非子》全書，亦未出現任何性惡
之語，其證甚明。對此，高柏園先生乃言之：

> 蓋韓非在此指說人有利害計較之心，並沒有宣稱人
> 不可能有德性、不能相愛。而且，有計較利害之心
> 並不排斥人之有德性、能相愛，例如孔子亦不必全
> 無利害之計較，唯其有更高之理想以為支持罷了。
> 尤有進者，此計較利害之心也只是一趨利避害之事

---

[297] 張素貞：《韓非子思想體系》（台北：黎明文化事業公司，1993 年 8
月），頁 42。

[298] 《增訂韓非子校釋・難二》，頁 344。

[299] 關於韓非子對於人性於欲望的觀點，詳見本書第四章第二節所述。

> 實要求，並不代表即是惡，因此，韓非人性論既以
> 趨利避害為主要內容，且韓非亦未明確提出性惡之
> 主張，則當屬中性論而非性惡論亦甚明顯矣。[300]

　　荀子對人性欲望的確定影響了《韓非子》的欲望肯定
論，然《韓非子》並未繼承其性惡之說。是以，誠如高先生
所言：「人有利害計較之心，並沒有宣稱人不可能有德性」，
《韓非子》即是在此利害之心的運用觀點，鋪陳了君王應在
自身欲望上作修養的德性論，這便是荀、韓二子在人性論上
的差異點。而《韓非子》更以此中性的人性論為基礎，由其
積極面作思考，遂建立其君德思想之修身論述。

（二）制禮為養天下之本

　　人之天性既易偏於惡，因此種種不善之情事乃生，於是
荀子即提出制訂禮義制度之手段來面對、控制人性中之
「惡」。然此手段的作用必須符合人情之特性與社會之需
求，所以「積慮」與「習偽」亦都是在「制禮義」之前逐漸
發展出的矯正惡行之過程，該二者即陳師錫勇所謂「靜態的
思索」與「動態的體驗」，其云：

> 荀子站在社會層次。根據禮義的標準來論述，在〈性
> 惡篇〉中只是反對孟子「本性為善」的說法，並以
> 禮義為「人為」而非「天性」，所論重點在「性偽
> 之分」。……荀子重禮義，所以「積慮」、「習偽」

---

[300] 高柏園：〈論勞思光先生對韓非哲學之詮釋〉，《淡江人會社會學刊》
　　　第 4 期（1999 年 11 月），頁 28。

> 的主張是對禮義而言，一為靜態的思索；一為動態
> 的體驗，都是起而可設，張而可行的。[301]

在不斷「積慮」與「習偽」的思索與體驗之過程中，人們於
是在自願或非自願的意念下而遵從禮制。除此之外，經由對
人類社會的觀察，荀子亦整理出世人「爭」與「亂」的規律，
所以他推定了「故人生不能無群，群而無分則爭，爭則亂，
亂則離，離則弱，弱則不能勝物[302]」之群體現象，並藉此極
力主張必須強制性的以「禮」作規範，是言：

> 禮起於何也？曰：人生而有欲，欲而不得，則不能
> 無求。求而無度量分界，則不能不爭；爭則亂，亂
> 則窮。先王惡其亂也，故制禮義以分之，以養人之
> 欲，給人之求。使欲必不窮於物，物必不屈於欲。
> 兩者相持而長，是禮之所起也。[303]

「禮」的起因既是來自對欲、爭、亂、窮的控制，是以「制
禮義以分之，以養人之欲，給人之求」便成為了先聖先賢對
於人類社會所應負的責任與貢獻。於此，為避免群體因亂而
窮，荀子乃云「先王惡其亂也，故制禮義以分之，使有貧富
貴賤之等，足以相兼臨者，是養天下之本也[304]」，所以禮成
為制訂一切等差、階級之依據，如曰：

---

[301] 陳錫勇：〈荀子性惡說的「性」與「偽」〉，《中國文化大學中文學
報》第 3 期（1995 年 7 月），頁 168-169。

[302] 《荀子集解·王制》，頁 326。

[303] 《荀子集解·禮論》，頁 583。

[304] 《荀子集解·王制》，頁 308-309。

> 故先王案為之制禮義以分之，使有貴賤之等，長幼
> 之差，知愚能不能之分，皆使人載其事，而各得其
> 宜。然後使穀祿多少厚薄之稱，是夫群居和一之道
> 也。[305]

既然先王已制訂天下國家之禮，有識者即當隨之而從，隨之
而治，蓋因禮治為「治辨之極也，強固之本也，威行之道也，
功名之總也，王公由之所以得天下也，不由所以隕社稷也
[306]」。其施之以國，則得以「衡之於輕重」及「規矩之於方
圓」，猶言「國無禮則不正」也，故云：

> 國無禮則不正。禮之所以正國也，譬之：猶衡之於輕
> 重也，猶繩墨之於曲直也，猶規矩之於方圓也，既錯
> 之而人莫之能誣也。詩云：「如霜雪之將將，如日月
> 之光明，為之則存，不為則亡。」此之謂也。[307]

禮的作用提升到了端正國家綱紀之層次，於是荀子形容其
「如日月之光明，為之則存，不為則亡」，足可謂為養天下
之本；是以，藉「禮制」以臻「禮治」之思維模式在荀子的
政治思想中，乃成為負責國家大政的君王非為不可的治國方
略了。

---

[305] 《荀子集解・榮辱》，頁 197-198。
[306] 《荀子集解・議兵》，頁 491-492。
[307] 《荀子集解・王霸》，頁 390-391。

二、禮義為法之綱紀

（一）義者內節於人

除了對禮的重視，荀子也對「義」的作用做了闡述；他形容義是可以對人與萬物做內、外節制的規矩，同時也有著「上安於主，而下調於民」的效益，綜稱其作用則為「內外上下節者，義之情也」，其謂之：

> 夫義者，內節於人，而外節於萬物者也；上安於主，而下調於民者也；內外上下節者，義之情也。然則凡為天下之要，義為本，而信次之。古者禹湯本義務信而天下治，桀紂棄義倍信而天下亂。故為人上者，必將慎禮義，務忠信，然後可。此君人者之大本也。[308]

在荀子的見解中，禮與義不但是人民與萬物行事準則的引導，並且對居於上位的國君也具有著接近教導性的規範；所以荀子提出「慎禮義」與「務忠信」的德目來要求君王親身實踐，此即逐漸引導出了禮的強制性，並逐漸成為法之所由的依據：

> 故書者，政事之紀也；詩者，中聲之所止也；禮者，法之大分，類之綱紀也，故學至乎禮而止矣。夫是之謂道德之極。禮之敬文也，樂之中和也，詩書之

---

[308] 《荀子集解・彊國》，頁 525-526。

> 博也，春秋之微也，在天地之間者畢矣。[309]

荀子將「禮」與書經和詩經並列，甚至還利用〈勸學〉篇的學習主旨來強調實踐了「禮」便是學問的終點，亦是人世間道德的極致與天地間的完滿之境，此無非是極度看重「禮治」的延伸效能之說法。

（二）禮者法之大分

荀子以「禮者，法之大分」來定位「禮」與「法」的關係，非常明顯地為《韓非子》的法治思想與學說創造了啟蒙效應。侯外廬先生主編的《中國思想通史》即稱荀子的禮論是「由禮到法的橋樑」，其謂之：

> 荀子禮的思想，緣於儒家的孔子，然而他的天道觀和所處時代不同於孔子，因而他的禮論，也就變成了由禮到法的橋樑。[310]

荀子云：「君人者，隆禮尊賢而王，重法愛民而霸[311]」，是其隆禮而重法之證明，而其「禮治」主義逐漸演化成為《韓非子》的「法治」主張，在侯外廬先生的說法中即可見其端倪。至於禮與法對人民的作用，王曉波先生則直稱儒家的禮和法家的法是「其為統治人民的工具則一」，其曰：

---

[309] 《荀子集解·勸學》，頁 118-120。
[310] 侯外廬編：《中國思想通史》（北京：人民出版社，1957 年 6 月），頁 573。
[311] 《荀子集解·大略》，頁 771。

> 儒家所講的「禮」和法家所講的「法」，固有其社會
> 政治意義的區別，但其為統治人民的工具則一。如
> 言：「禮，經國家，定社稷，序人民，利後嗣者也。」
> 荀子亦言：「禮者，人主之所以為群臣寸尺尋丈檢式
> 也。」而「法」亦是「法者，上之所以一民使下也。」
> 韓非亦言「嚴刑所以遂令懲下也。」法家要以「法」
> 來取代「禮」，但不是取消對人民的統治……所以「法」
> 比「禮」更鞏固了君權的統治。[312]

然則，吾人在此仍須說明，荀子在〈富國篇〉所主張的「其
耕者樂田，其戰士安難，其百吏好法，其朝廷隆禮，其卿相
調議，是治國已[313]」和「上不隆禮則兵弱[314]」，以及在〈君
道篇〉所提出的「隆禮至法則國有常[315]」等概念，均強調「重
法」之前應先成就「隆禮」，可見其認為「法」還是必須建
立在「禮」的基礎之上的。

儒家的德治思想有謂：「道之以政，齊之以刑，民免而
無恥；道之以德，齊之以禮，有恥且格[316]」，此即強調人治
的「德」與「禮」優於法治的「政」與「刑」，這個觀念在
荀子的主張上依然明顯；是以他藉著經驗論的推定而認為
「有治人，無治法」，乃云之：

---

[312] 王曉波　張純合撰：《韓非思想的歷史研究》（台北：聯經出版公司，
　　1994 年 12 月），頁 107-108。
[313] 《荀子集解‧富國》，頁 366。
[314] 同上注。
[315] 《荀子集解‧君道》，頁 431。
[316] 《四書章句集注‧論語‧為政》，頁 70。

> 有亂君，無亂國；有治人，無治法，羿之法非亡也，
> 而羿不世中；禹之法猶存，而夏不世王。故法不能
> 獨立，類不能自行；得其人則存，失其人則亡。法
> 者，治之端也；君子者，法之原也。故有君子，則
> 法雖省，足以遍矣；無君子，則法雖具，失先後之
> 施，不能應事之變，足以亂矣。[317]

荀子以「法不能獨立，類不能自行」和「君子者，法之原也。故有君子，則法雖省，足以遍矣」來說明法之治仍端賴人之行，亦即「得其人則存，失其人則亡」之謂也。

（三）以法為綱 以禮為用

「法」與「人」均是國家制度健全與否的最大要素，二者實不可偏廢，尤其在儒家講究德治的原則下，禮法與規矩皆有所尚，對此，蔡仁厚先生乃有綜其關係，而提出「以法為綱，以禮為用」之說，是云：

> 中國的政治問題，其實不是什麼人治法治的問題；
> 在儒家禮治德治的綱領之下，人與法都是不可或缺
> 的。孟子就曾說過「徒善不足以為政，徒法不能以
> 自行」，另外還有「上無道揆，下無法守」的話。
> 這表示，儒家不可能採取一種排斥法治的人治。禮
> 法規矩是儒家的常言，禮法之中豈能無法？事實
> 上，儒家乃是「以禮為綱，以法為用」。[318]

---

317 《荀子集解・君道》，頁 419。
318 蔡仁厚：《孔孟荀哲學》（台北：台灣學生書局，1984 年 12 月），

而其論及儒家對於法治的概念時，則以「禮法並稱、禮法並重」言之：

> 西漢賈誼在上給文帝的奏疏中就有二句話：「禮者，
> 禁於將然之前；法者，施於已然之後。」禮是自覺
> 性社會性的約束，法是強制性政治性的制裁。所以，
> 儒家自始至終都是「禮法並稱、禮法並重」的。[319]

綜上言之，儒家在政治上的主張是禮法兼述的，且荀子尤然。客觀而論，制度規範的本身及接近廣義的法，經由荀子格外重視後天的積禮義而為君子之論述，企圖藉此改變人性中之惡，使轉惡為善，這樣的「禮」就與「法」更為近似了。

韓非先受教於儒家之學而後成就為法家之論，在此便可清楚地看出其痕跡。他將儒家具有約束性的禮轉化而成為法家所認可的法條，以求道德外之約束力的更加強化，於是便脫離儒而轉為法了。關於荀子在此間對於《韓非子》思想轉變之際所扮演的角色，蔡元培先生有此判讀：

> 荀子之學說，……重形式教育，揭法律之效力，超
> 越三代以來之德政主義，而近接於法治主義之範
> 圍。故荀子之門，有韓非李斯諸人，持激烈之法治
> 論，此正其學說之傾向。[320]

頁 497。

[319] 蔡仁厚：〈韓非子論「法」與「術」—〈定法篇〉之思想解析〉，《東海哲學研究集刊》第 3 輯（1996 年 10 月），頁 57。

[320] 蔡元培：《中國倫理學史》（台北：台灣商務印書館，1991 年 3 月），

荀子在禮與法之間的定位，一方面修正了法家自商君以降，唯法是從的一元思考模式，二方面也為國君在法治主義中的地位預留伏筆。如此德、法相備所蘊含的儒、法兼容之創意，乃為其徒《韓非子》的君德思想提供了觀念建立的發展空間。

三、明主修身以謫德

荀子的尊君主張非常明確，即是以「君者，國之隆也，父者、家之隆也。隆一而治，二而亂。自古及今，未有二隆爭重，而能長久者[321]」來闡述君王對國家的尊貴與重要。然則，就如前文所揭，國家的治世是「得其人則存，失其人則亡[322]」方得之，可見荀子仍是強調君王才是國家德治、隆禮或重法之關鍵。

（一）君者修身以為國

君王在治國條件的關鍵上，應以個人的修養為主，其言行舉止的展現動輒為舉國目光之焦點，並廣為百官與人民之所仿效。所以荀子非常在乎國君的修身之道，甚至以「修身」重於「為國」而論之，蓋因「君者儀也，民者景也，儀正而景正」之理，如云：

> 聞修身，未嘗聞為國也。君者儀也，民者景也，儀正而景正。君者槃也，民者水也，槃圓而水圓。君

頁 29。
[321] 《荀子集解・致士》，頁 467。
[322] 《荀子集解・君道》，頁 419。

> 者盂也，盂方而水方。君射則臣決。楚莊王好細腰，
> 故朝有餓人。故曰：聞修身，未嘗聞為國也[323]

「聞修身，未嘗聞為國也」是荀子明示重修身之道超越治國之道的論述，原因即為「君者，民之原也；原清則流清，原濁則流濁[324]」之理。國君如果實踐了荀子所謂的「修身」，則國家大治乃可期也，是謂「君子者，治之原也」，如云：

> 君子者，治之原也。官人守數，君子養原；原清則
> 流清，原濁則流濁。故上好禮義，尚賢使能，無貪利
> 之心，則下亦將慕辭讓，致忠信，而謹於臣子矣。[325]

至於君王的修身之道為何？此處即以「上好禮義，尚賢使能，無貪利之心」為主要綱目，荀子認為這是引領臣下培養「慕辭讓，致忠信」之臣道的途徑。至於國君在才性能力的修練上，荀子對君王的期許亦極高，渠等必須擁有「至重」、「至大」與「至眾」之能量，始方得具有「非至彊莫之能任」、「非至辨莫之能分」以及「非至明莫之能和」之表現，其謂之：

> 故天子唯其人。天下者，至重也，非至彊莫之能任；
> 至大也，非至辨莫之能分；至眾也，非至明莫之能
> 和。此三至者，非聖人莫之能盡。故非聖人莫之能
> 王。聖人備道全美者也，是縣天下之權稱也[326]

---

[323] 同上注，頁425。
[324] 同上注，頁425。
[325] 《荀子集解·君道》，頁421。
[326] 《荀子集解·正論》，頁552-553。

在行為的表現上，荀子對國君的日常舉態作風也提了具體建議，其分別為「君子恭而不難，敬而不鞏，貧窮而不約，富貴而不驕，並遇變態而不窮，審之禮也[327]」。綜觀而論，擁有這些內在與外在特質的君王，無非是聖人之屬，正所謂「天下有聖，而在後者，則天下不離，朝不易位，國不更制，天下厭然，與鄉無以異也[328]」，這應該是符合荀子聖王治國的理想情境了。

（二）明主論德而序位

然而，聖王在位也需使人治國，而其用人之道又為何呢？為此，荀子則繼續提出「天下一隆，致順而治，論德而定次，死則任天下者必有之矣[329]」的建議，強調用人使才必須以德而論；是以又具體羅列出「論德而定次，量能而授官」的官位任用與分封原則，荀子言之：

> 天子三公，諸侯一相，大夫擅官，士保職，莫不法度而公：是所以班治之也。論德而定次，量能而授官，皆使人其事，而各得其所宜，上賢使之為三公，次賢使之為諸侯，下賢使之為士大夫：是所以顯設之也。……故由天子至於庶人也，莫不騁其能，得其志，安樂其事，是所同也；衣煖而食充，居安而游樂，事時制明而用足，是又所同也。[330]

---

327 《荀子集解・君道》，頁 423。
328 《荀子集解・正論》，頁 562-563。
329 《荀子集解・正論》，頁 563-564。
330 《荀子集解・君道》，頁 429-430。

由群臣的德行與才能來定次授官，並分出上賢、次賢與下賢的任用規律，這是符合實際政治操作的設計。

　　蓋因國家官職若依據德行與才能的分封，可收「明主譎德而序位，所以為不亂也；忠臣誠能然後敢受職，所以為不窮也。分不亂於上，能不窮於下，治辯之極也[331]」之功效；所以，荀子乃稱「無德不貴，無能不官，無功不賞，無罪不罰[332]」的政府體制為為王者之治。國君若能確實以德稱位，則荀子所傾心之「由天子至於庶人也，莫不騁其能，得其志，安樂其事」的以德大治之願景當可期也。

　　析論荀子的德治思想究竟為何？依照荀子自身之說法「因其民，襲其處，而百姓皆安。立法施令，莫不順比」者，即「以德兼人」之謂，其云：

> 凡兼人者有三術：有以德兼人者，有以力兼人者，有以富兼人者。彼貴我名聲，美我德行，欲為我民，故辟門除涂，以迎吾入。因其民，襲其處，而百姓皆安。立法施令，莫不順比。是故得地而權彌重，兼人而兵俞強：是以德兼人者也。……故曰：以德兼人者王，以力兼人者弱，以富兼人者貧，古今一也。[333]

---

[331] 《荀子集解‧儒效》，頁 277。
[332] 《荀子集解‧王制》，頁 318。
[333] 《荀子集解‧議兵》，頁 501-503。

在荀子所謂「以德兼人」的政治型態中，即進入了儒家所謂「近悅遠來[334]」之境，因此才有「彼貴我名聲，美我德行，欲為我民，故辟門除涂，以迎吾入」的善良景象。荀子稱「以德兼人者王」，吾人乃得以推論，其君主德政思想大抵還是出自孔子之說。

是以，當人民近悅遠來，且為政寬猛相濟一片和樂之良善制度實現時，整個政局氣氛便可達到孔子所謂「為政以德，譬如北辰居其所而眾星共之[335]」之盛景，實為古今政治所嚮往，蔡元培先生即認為此乃孔子以道德為根本所擘化之政府型態，其謂之：

> 孔子之言政治，亦以道德為根本，曰：「為政以德」曰：「道之以德，齊之以禮，民有恥而且格。」季康子問政，孔子曰：「政者，正也，子率以正，孰敢不正？」亦唐虞以來相傳之古義也。[336]

至此，「為政以德」於是成為儒家學者所亟於建議君王的政治德行。此外，荀子在君王任官授權的義務上，依然重複著「上者，下之本也。上宣明，則下治辨矣；上端誠，則下愿愨矣；上公正，則下易直矣[337]」的論述，此乃其重視國君應具體實踐以身作則的修養功夫之觀點。

---

[334] 原文為：「葉公問政。子曰：『近者說，遠者來。』」見《四書章句集注・論語・子路》，頁201。

[335] 《四書章句集注・論語・為政》，頁69。

[336] 蔡元培：《中國倫理學史》（台北：台灣商務印書館，1991年3月），頁16。

[337] 《荀子集解・正論》，頁548。

　　該觀點在實踐的意義上，即是要求君王發揮儒家學說中推自身以顯天下的修身、治國之道[338]，亦即所謂「推禮義之統，分是非之分，總天下之要，治海內之眾，若使一人[339]」的治世理念。

　　君王有德，則天下歸之；反之，若君王無德，抑或不能以德治身，則荀子亦有所謂「天下歸三公」之說：

> 天下有聖，而在後者，則天下不離，朝不易位，國不更制，天下厭然，與鄉無以異也；以堯繼堯，夫又何變之有矣！聖不在後子而在三公，則下如歸，猶復而振之矣……故天子生，則天下一隆，致順而治，論德而定次，死則任天下者必有之矣。[340]

天子應緣德而行，並「論德而定次」，是故，「死則任天下者必有之矣」。否則，如遇「諸侯有能德明威積，海內之民莫不願得以為君師；……誅暴國之君，若誅獨夫。若是，則可謂能用天下。能用天下之謂王[341]」之情形，則無德之君恐有遭放伐誅殺之虞。

　　荀子的此般說法與孟子所謂：「天與賢，則與賢；天與子，則與子[342]」與「殘賊之人，謂之一夫。聞誅一夫紂矣。未聞弒君也[343]」之意義頗為相通，皆是強調身膺君王之位

---

[338] 該論點詳見本書第四章第三節所述。

[339] 《荀子集解・不苟》，頁168-169。

[340] 《荀子集解・正論》，頁562-563。

[341] 同上注，頁551。

[342] 《四書章句集注・孟子・萬章上》，頁431。

[343] 《四書章句集注・孟子・梁惠王章句下》，頁306。

者，亟需修練其君王之德，否則將失其位、失其民、失其國也。是以，綜觀如上這些說法，實則得以顯示出荀子主張國君應以德修身、以德使人和以德治國的君德思想。

　　《韓非子》在君王功名與勢位之歸屬上，亦有與荀子相近之看法，其云「故古之能致功名者，眾人助之以力，近者結之以成，遠者譽之以名，尊者載之以勢[344]」，即認定君主功名為眾人之助力，頗似儒家之說，鄭良樹評曰：

> 將人君的功名事業歸諸眾人之助，對法家的精神和思想來說，是頗不尋常的，在法家的理論裡帶有相當濃厚的儒家色彩。……韓非又強調人君的「德」，主張「結德」、德利天下。顯然的，它更富有儒家色彩了。[345]

於鄭良樹先生的推論中，顯而易見地證明荀子將儒家自孔子以降的德治理念，經由《韓非子》思想之消融，乃逐步創制出法家式的君德思想，由吾觀之，其言甚有理也。

第二節　荀子富國裕民之君德論述

一、道德純備則智惠甚明

　　荀子視禮制為君王治國之大本，不過，關於禮制所適用

---

[344]　《增訂韓非子校釋‧功名》，頁 806。

[345]　鄭良樹：《韓非之著述及思想》（台北：台灣學生書局，1993 年 7 月），393-398。

的範圍，在儒家「禮不下庶人，刑不上大夫[346]」的思想制約下，其對象還是有所限制，即所謂「禮者，貴賤有等；長幼有差，貧富輕重皆有稱者也……德必稱位，位必稱祿，祿必稱用，由士以上則必以禮樂節之，眾庶百姓則必以法數制之[347]」之說法，然則對此社會階級性之觀念，荀子仍有其先進之積極主張。

（一）國君應行能群之道

在傳統禮、刑二分的觀念限制下，荀子並無一味地維護貴族或統治階層之利益，而是講究「德」、「位」、「祿」與「用」的權責勻稱之均衡修養。在此觀念下，君王應該謹守道統之理念自然也得到了發揮，如其所云：

> 君道也。君者，何也？曰：能群也。能群也者，何也？曰：善生養人者也，善班治人者也，善顯設人者也，善藩飾人者也。善生養人者人親之，善班治人者人安之，善顯設人者人樂之，善藩飾人者人榮之。四統者俱，而天下歸之，夫是之謂能群。[348]

君主應是能行合群之道的人，而人間最大的群體就是國家、天下；於是，荀子認為君王就是應該實踐天下與國家之道的

---

346 （漢）戴聖：《禮記・曲禮上》（台北：藝文印書館，1969 年 8 月《十三經注疏本 5》影印《清江西南昌府學開雕重刊宋本》），頁 55。原文為：「故君子戒慎，不失色於人。國君撫式，大夫下之。大夫撫式，士下之。禮不下庶人，刑不上大夫。刑人不在君側。」

347 《荀子集解・富國》，頁 345-346。

348 《荀子集解・君道》，頁 428-429。

人；所以說「不可不善為擇道然後道之³⁴⁹」，這是一種能力，也是一種責任。此諸責任的內容則包含了「善生養人」、「善班治人」、「善顯設人」以及「善藩飾人」等四統。

　　由荀子於〈君道〉篇所舉出的四統之詳文³⁵⁰剖析，實則包含了政務、官制、用人與獎勸等四項，這是君主力行「善群、致治之要道」所應辦理的最大德行，周群振先生如是說：

> 上述能群的四目，可以說包含了政務、官制、用人、獎勸等幾項最重要的原則，由之以為施政之綱領、則舉凡一切有關正理平治過程上的繁雜事務，乃至決策，都可以分別納之其中而綱舉目張、有條不紊。是所以荀子特稱之為「統」，並視為君主善群、致治之要道也。³⁵¹

此四統既屬舉國之至治，則君王欲以實現之，在內必須修練「積善成德，而神明自得，聖心備焉³⁵²」，在外則需藉社稷之力以應，然驅使社稷呼應配合的，莫非「君子以德」始可，荀子曰：

---

³⁴⁹ 《荀子集解・王霸》，頁 386。
³⁵⁰ 荀子所謂四統為：「省工賈，眾農夫，禁盜賊，除姦邪：是所以生養之也。」、「天子三公，諸侯一相，大夫擅官，士保職，莫不法度而公：是所以班治之也。」、「論德而定次，量能而授官，皆使其人載其事，而各得其所宜，上賢使之為三公，次賢使之為諸侯，下賢使之為士大夫：是所以顯設之也。」、「修冠弁衣裳，黼黻文章，彫琢刻鏤，皆有等差：是所以藩飾也。」見《荀子集解・君道》429-430。
³⁵¹ 周群振：《荀子思想研究》（台北：文津出版社，1987 年 4 月），頁 177。
³⁵² 《荀子集解・勸學》，頁 113。

> 君子以德，小人以力；力者，德之役也。百姓之力，
> 待之而後功；百姓之群，待之而後和；百姓之財，
> 待之而後聚；百姓之執，待之而安；百姓之壽，待
> 之而後長；父子不得不親，兄弟不得不順，男女不
> 得不歡。少者以長，老者以養。故曰：「天地生之，
> 聖人成之。」此之謂也。[353]

荀子說明「力者，德之役也」，國君需以「德」方可驅使，
是以百姓之欲望即會「待之而後功」、「待之而後和」、「待
之而後聚」、「待之而安」以及「待之而後長」，此為荀子
期待君王具備超然德行後所描繪的大治聖世。

（二）君道以禮義為上

君王如能遵循荀子所謂的「君道」與「君德」之修養，
便能成全「道德純備，智惠甚明」的人格才性，其發揮在國
度之內的完滿遠景自是可期：

> 道德純備，智惠甚明，南面而聽天下，生民之屬莫
> 不震動從服以化順之。天下無隱士，無遺善，同焉
> 者是也，異焉者非也。[354]

「道德純備」是荀子期於君王實踐的人格特質，智惠甚明則
是君王御臣治民應有的才性；荀子以為二者皆是國君「南面
而聽天下」的基本要求。除此之外，講究行義的荀子也明示

---

[353] 《荀子集解・富國》，頁 350-352。
[354] 《荀子集解・正論》，頁 562。

國君需「義立而王」、「信立而霸」，並不得立於權謀之術，如此方可致「絜國以呼禮義」之境，其云：

> 故用國者，義立而王，信立而霸，權謀立而亡。三者明主之所謹擇也，仁人之所務白也。絜國以呼禮義，而無以害之，行一不義，殺一無罪，而得天下，仁者不為也。擽然扶持心國，且若是其固也。之所與為之者，之人則舉義士也；之所以為布陳於國家刑法者，則舉義法也；主之所極然帥群臣而首鄉之者，則舉義志也。如是則下仰上以義矣，是綦定也；綦定而國定，國定而天下定。[355]

在荀子強調義行的論述裡，甚至具體要求「行一不義，殺一無罪，而得天下，仁者不為也」，並且在聖王行義的內容中，應該是澈底標舉「義士」、「義法」與「義志」，如此「下仰上以義」，由國君本身形成百姓行義之楷模，則可致「綦定而國定，國定而天下定」之太平盛世。

舉凡荀子為君王所設之道、德、義、信等操行，均屬人主所必實踐之君德修養，蓋因「不以德為政，如是，則老弱有失養之憂，壯者有分爭之禍矣。事業所惡也，功利所好也，職業無分：如是，則人有樹事之患，而有爭功之禍矣[356]」，如此勢將造成一個群臣僭越、百姓爭奪的混雜局面，即所謂「群而無分則爭，爭則亂，亂則窮矣[357]」的國亂民窮之光景，

---

[355] 《荀子集解·王霸》，頁 380-381。
[356] 《荀子集解·富國》，頁 343。
[357] 同上注，頁 347。

彼乃君王所應戒之慎之矣。

二、足國之道乃節用裕民

荀子對於國君內在的修養上強調崇修聖德之養，對於外在的聖王治績則強調富國裕民之道。是以其謂「節用裕民，則必有仁聖賢良之名，而且有富厚丘山之積矣[358]」即為此理。

（一）民本與愛民思想

在「節用裕民」的觀點中，荀子點出了一個國君應該以人民為上的概念，這是荀子繼孟子「民為貴，社稷次之，君為輕。[359]」的說法之後，繼而提出的重要民本思想，此即：

> 天之生民，非為君也；天之立君，以為民也。故古者，列地建國，非以貴諸侯而已；列官職，差爵祿，非以尊大夫而已。[360]

人民非上天為君王所生，而君王實為上天為人民所立；在此概念下，荀子便引導出人君應落實為民謀福與為民興利之裕民仁政。吾人以為，如此「愛民而安，好士而榮」的治績，可視為實踐君德理想的最高表現，其曰：

---

[358] 同上注，頁 344。

[359] 全文為：民為貴，社稷次之，君為輕。是故，得乎丘民而為天子，得乎天子為諸侯，得乎諸侯為大夫。諸侯危社稷，則變置。犧牲既成，粢盛既潔，祭祀以時；然而旱乾水溢，則變置社稷。見《四書章句集注・孟子・盡心下》，頁 515。

[360] 《荀子集解・大略》，頁 794。

> 故有社稷者而不能愛民，不能利民，而求民之親愛
> 己，不可得也。民不親不愛，而求為己用，為己死，
> 不可得也。……故人主欲彊固安樂，則莫若反之民；
> 欲附下一民，則莫若反之政；欲脩政美俗，則莫若
> 求其人。……是其人也，大用之，則天下為一，諸
> 侯為臣；小用之，則威行鄰敵；縱不能用，使無去
> 其域，則國終身無故。故君人者，愛民而安，好士
> 而榮，兩者無一焉而亡。[361]

國君愛民利民固有其德行上的自我要求，然則，治國之道不可能不謂為強國之法。是以，荀子具體舉出君王愛民可收「諸侯為臣」、「威行鄰敵」或「國終身無故」之效，實為強烈建議國君應以政愛民。關於愛民、利民以至於人民為國君所用之論點，吾人得以推論為人君若能關愛其民，人民自然也對君主赤誠擁戴，然後才能進而為國效力。對此，荀子乃云：

> 不利而利之，不如利而後利之之利也。不愛而用之，
> 不如愛而後用之之功也。利而後利之，不如利而不
> 利者之利也。愛而後用之，不如愛而不用者之功也。
> 利而不利也，愛而不用也者，取天下者也。利而後
> 利之，愛而後用之者，社稷者也。不利而利之，不
> 愛而用之者，危國家者也。[362]

---

[361] 《荀子集解・君道》，頁 425-428。
[362] 《荀子集解・富國》，頁 364-365。

前文即明指人君必須應事先造福利於人民，之後方可取人民之利以為邦國；應事先加愛於人民，之後才能期待人民為國所用。在荀子學說的論證下，偶爾會出現此類功利性的推論過程，此為荀子類似法家人物重視現實感[363]的人格特質之一，上述引言所稱即屬之。

另外，其在〈君道〉篇亦有類似說法：「故有社稷者，而不能愛民，不能利民，而求民之親愛己，不可得也。民不親不愛，而求為己用，為己死，不可得也[364]」。在此論證下，荀子非常強烈地勸誡君王治國之道應以民為本、愛民為用，誠然有其說服之力。

前述荀子務實性的民本思想，在《韓非子》上也得到了繼承。從其所主張的君德理論當中，我們可以見到在許多地方是提倡民本思想的；而且，這不僅是《韓非子》所提，在先秦法家學派的論述中，便蘊含著民本主義，王曉波先生及對此明言：

> 法家認為專制之可以建立，除了法、術、勢的運用
> 外，在理論上還有官僚體制的建立和利民的民本主
> 義。如韓非說：「群臣百姓之所善者則君善之，非
> 群臣百姓之所善者則君不善之。」民本主義雖非法

---

[363] 牟宗三云：「法家人物的現實感很強，因此能夠擔當時代所需要的工作。在當時政治社會的要求轉型是自然的發展，法家正視這種轉變，如是就順其變而完成其變，此即現實感強，故能相應。」見牟宗三：《中國哲學十九講》（台北：台灣學生出版社，1983 年 10 月），頁177。

[364] 《荀子集解·君道》，頁 425。

家首創，但以民本主義支持專制理論則是法家的特
色。[365]

《韓非子》綜合了荀子與法家在民本思想方面的主張，而有
「群臣百姓之所善者，則君善之，非群臣百姓之所善者，則
君不善之[366]」之語。是以，王曉波先生乃用「以民本主義支
持專制理論」之言，來形容《韓非子》與法家所特有的民本
思想，此蓋有其儒、法兼容之理念遞演也[367]。

（二）富國與裕民之道

在講求如何實施富國裕民之道的觀點上，荀子一本其經
驗論證的敘述法，以國家兵力之強弱和人民貧富與否來比擬
國勢盛衰，並舉出「不隆禮」、「上不愛民」、「已諾不信」、
「慶賞不漸」與「將率不能」之實況來推論兵弱之因；另舉
出「上好功」、「上好利」、「士大夫眾」、「工商眾」和
「無制數度量」之現象來推論國貧之因，進而再闡述君王足
國豐民之道，荀子云之：

觀國之強弱貧富有徵驗：上不隆禮則兵弱，上不愛民則
兵弱，已諾不信則兵弱，慶賞不漸則兵弱，將率不能則兵弱。
上好功則國貧，上好利則國貧，士大夫眾則國貧，工商眾則
國貧，無制數度量則國貧。下貧則上貧，下富則上富。故……
故明主必謹養其和，節其流，開其源，而時斟酌焉。潢然使

---

365 王曉波　張純合撰：《韓非思想的歷史研究》（台北：聯經出版公司，
　　1994 年 12 月），頁 241。
366 《增訂韓非子校釋・八姦》，頁 187。
367 關於韓非在君德思想上之民本理念論述，詳見本書第五章第二節所述。

天下必有餘，而上不憂不足。如是，則上下俱富，交無所藏之。是知國計之極也。[368]

　　從富國的積極途徑來看，「謹養其和，節其流，開其源，而時斟酌」是明主應守的豐民之方，亦屬勢在必行的具體作法；而「節用裕民，而善藏其餘。節用以禮，裕民以政」則是荀子提示給君王的足國原則，其曰：

> 足國之道，節用裕民，而善藏其餘。節用以禮，裕民以政。彼裕民，故多餘。裕民則民富，民富則田肥以易，田肥以易則出實百倍。上以法取焉，而下以禮節用之，餘若丘山，不時焚燒，無所藏之。夫君子奚患乎無餘？故知節用裕民，則必有仁聖賢良之名，而且有富厚丘山之積矣。此無他故焉，生於節用裕民也。……康誥曰：「弘覆乎天，若德裕乃身。」此之謂也。[369]

在積極的裕民政策之後，人民辛勤所得理將合宜上陳，因此「上以法取焉，而下以禮節用之」便是荀子的稅賦原則。然在具體的稅賦與徭役規範上，荀子則言「輕田野之稅，省刀布之斂，罕舉力役，無奪農時」為主：

> 縣鄙則將輕田野之稅，省刀布之斂，罕舉力役，無奪農時，如是，農夫莫不朴力而寡能矣。士大夫務

---

[368] 《荀子集解・富國》，頁 368-369。
[369] 《荀子集解・富國》，頁 344-345。

　　　節死制，然而兵勁。百吏畏法循繩，然後國常不亂。
　　　商賈敦愨無詐，則商旅安，貨通財，而國求給矣。[370]

類似於如上的說法，荀子再度重申「輕田野之賦，平關市之征，省商賈之數，罕興力役，無奪農時，如是則國富矣[371]」的公平性稅賦徭役政策，並稱此為「裕民以政」。

　　另者，他還提出國君立法時應注重「等賦、政事、財萬物，所以養萬民也。田野什一，關市幾而不征，山林澤梁，以時禁發而不稅[372]」之立法原則為「王者之法」；足見，荀子在民瘼的關心程度上著力頗深，亦為其建議國君為民謀福思想的客觀表達。

　　《韓非子》在建議君王立法愛民之論述上，先是以「古者，先王盡力於親民，加事於明法。彼法明，則忠臣勸；罰必，則邪臣止[373]」並言「竊以為立法術，設度數，所以利民萌，便眾庶之道也[374]」來強調國君需致力於完備法令；再則，便實際地以「適其時事以致財物，論其稅賦以均貧富，厚其爵祿以盡賢能，重其刑罰以禁姦邪，使民以力得富[375]」與「設民所欲，以求其功，故為爵祿以勸之[376]」和「入多者，穰也，舉事慎陰陽之和，種樹節四時之適，無早晚之失，寒溫之災，

370　《荀子集解・王霸》，頁 417-418。
371　《荀子集解・富國》，頁 346-347。
372　《荀子集解・王制》，頁 319-320。
373　《增訂韓非子校釋・飾邪》，頁 204。
374　《增訂韓非子校釋・問田》，頁 310。
375　《增訂韓非子校釋・六反》，頁 99。
376　《增訂韓非子校釋・難一》，頁 319。

則入多[377]」等具體措施來關懷、誘導人民，由上述二者對於施政之理念而言，顯然有其相類似之屬也。

（三）君德修養之義務

荀子在君德修養的論述上，非常在乎國君義務的善盡與否，是以，其所謂君道實則為國君盡義務之道，若實施於群臣黎民上之作用，即由「上以飾賢良，以養百姓而安樂」之觀點視之，其曰：

> 故虎豹為猛矣，然君子[378]剝而用之。故天之所覆，地之所載，莫不盡其美，致其用，上以飾賢良，以養百姓而安樂之。[379]

至於針對國君在行使賞罰權，以及對人民法治教育的觀念上，荀子則非常合乎理性地從「教」與「誅」的先後順序上釐清，並強調法治教育應先於誅賞之施，且誅賞刑度亦需符合適當原則，以提供國君參考，如云：

> 故不教而誅，則刑繁而邪不勝；教而不誅，則姦民不懲；誅而不賞，則勤屬之民不勸；誅賞而不類，則下疑俗險而百姓不一。[380]

---

[377] 《增訂韓非子校釋・難二》，頁 341。
[378] 君子：意指國君。
[379] 《荀子集解・王制》，頁 322。
[380] 《荀子集解・富國》，頁 363。

荀子在法治教育上主張「不教而誅，則刑繁而邪不勝」的看法與孔子所謂「不教而殺謂之虐；不戒視成謂之暴；慢令致期謂之賊[381]」之觀點可說如出一轍，都是由人民的角度來看待刑罰之作用與目的，顯有受其影響所致。

　　詳觀本節所論荀子主張之君德思想，吾人可以見到他是以國家的「隆禮」作用談起，認為君王必須堅守「禮治」的立場，並由自身實踐起禮與義的規範，政府才能擁有具備正當性的統治權，此即「國無禮則不正」之謂。再則，君王治國必先修身，任官用人亦需符合譎德序位之原則；不論君王或百官行事，皆應在道德純備的標準中，方可以甚明之智慧進行為民謀福之策。對於荀子所主張之君主德行之說，蔡仁厚先生則有此歸結，其曰：

> 在荀子，特別注意天子的德能：知統類，善禁令，總方略，齊言行，道德純備，智慧甚明，純依乎理，不勞而至「治辨之極」。而漢代以下，更進而認為天子上同於天道，其言行德量必須全同於天；若天子之德不能法天，便是失君之德。[382]

至於國君治績的最高表現，荀子以為應以「足國裕民」為目標，此即「知節用裕民，則必有仁聖賢良之名[383]」之謂。此外，荀子亦云：

381　《四書章句集注・論語・堯曰》，頁 272。
382　蔡仁厚：《孔孟荀哲學》（台北：台灣學生書局，1984 年 12 月），頁 505。
383　《荀子集解・富國》，頁 344。

> 天行有常，不為堯存，不為桀亡。應之以治則吉，
> 應之以亂則凶。彊本而節用，則天不能貧；養備而
> 動時，則天不能病；脩道而不貳，則天不能禍。……
> 本荒而用侈，天不能使之富；養略而動罕，則天不
> 能使之全；倍道而妄行，則天不能使之吉。[384]」

前引文中強調國君不應愧對其位，「彊本節用」、「養備動
時」與「脩道不貳」等綱目，都是在上位者應服行之德行，
倘若君王「倍道而妄行」，則必「天不能使之吉」也。《韓
非子》於此亦有「上下交順，以道為舍。故長利積，大功立，
名成於前，德垂於後，治之至也[385]」與「道者，萬物之始，
是非之紀也。是以明君守始，以知萬物之源；治紀，以知善
敗之端[386]」等之論述。

是以，由此二節之舉證可知，荀子隆禮、尊君、修身與
富國愛民之君德論述，大抵潛移默化地影響了《韓非子》所
舉之君德思想，此間所述即得明證矣。

第三節　老子無為之君德思想

一、韓非之學歸本於黃老

《韓非子》思想多番引自道家學說，其〈解老〉與〈喻

---

[384] 《荀子集解·天論》，頁 527-529。
[385] 《增訂韓非子校釋·大體》，頁 716。
[386] 《增訂韓非子校釋·主道》，頁 686。

老〉二篇[387]，即是《韓非子》以其思想解釋《老子》一書之篇章，為今傳釋老之最早作品。該二篇內所述旨在取《老子》經文予以闡釋，並偏重於德、仁、義、禮等觀念的解析以及道理的延伸說明。就篇幅而言，〈解老〉篇只對於《老子》做部分說明而非全部，且與今傳通行本《老子》篇章次序略有不同。

---

[387] 近人對於《韓非子》55 篇中各篇章的作者與出處多有懷疑，尤其所書涉及道家之語者，益見為質疑之對象。如胡適的《中國古代哲學史》與容肇祖的《韓非子考證》等，即持保留態度。依據王邦雄《韓非子哲學》轉載楊日然先生在〈韓非法思想的特色及歷史意義〉一文中的說明，便特別對〈解老〉、〈喻老〉、〈主道〉以及〈揚榷〉等篇作者有此看法：王邦雄云：「楊日然先生在〈韓非法思想的特色及歷史意義〉一文中，依據容肇祖《韓非子考證》及陳啟天先生《韓非子校釋》，與木村英一著《法家思想的研究》一書所附錄之〈韓非子考證〉，將韓非子書五十五篇列出一表如下，可資參證：……韓非後學晚期之作品中摻採黃老思想者：主道、揚榷、解老、喻老等四篇。見王邦雄：《韓非子的哲學》（台北：東大圖書公司，1993 年 3 月），頁 5，注 1。

　　然支持該類篇章為韓非所作亦大有人在，甚有直稱韓非個人對於闡述《老子》思想上有所成就者，其中尤以章太炎對其評價最高。章太炎云：「韓非他篇亦多言術，尤其所習不純，〈解老〉、〈喻老〉未嘗雜以異說，蓋其所得深矣。」見章太炎：《國故論衡》（台北：廣文書局，1977 年 7 月），〈原道上〉自注，頁 158。

　　對於此二篇的出處與屬性，梁啟超云：「韓非為法家鉅子，而〈解老〉、〈喻老〉諸篇，蓋粹於道家言。」見梁啟超：《先秦政治思想史》（台北：東大圖書公司，1993 年 10 月），頁 79。

　　雖然《韓非子》內文相關篇章之作者，多年來自從胡適提出懷疑之後，各家多有附議，甚至在前述王邦雄所載的引文中，部分學者直接指出〈解老〉與〈喻老〉二篇非出韓非之手，然是類說法對於該篇章是否屬於韓非思想，則尚未有所質疑。本書以為，儘管各家學者對部分篇章原作者之看法有所出入，但文中所論述之主題傳承自韓非思想，應屬當然。

今檢視《韓非子》確有許多觀念根源於《老子》，譬如在主張以道家清靜無為來建立法家君主道術的〈主道〉篇中，《韓非子》提到部分概念，即本於《老子》之說極為明顯，其云：

> 明君無為於上，群臣竦懼乎下。明君之道，使智者盡其慮……人主之道，靜退以為寶。不自操事而知拙與巧，自計慮而知福與咎。是以不言而善應，不約而善會。[388]

另如《韓非子》取《老子》之「因自然」思想，而具體融合於其治國理念者，尚可概略列舉如下：

> 守成理，因自然；禍福生乎道法，而不出乎愛惡，榮辱之責，在乎己，而不在乎人……因道全法，君子樂而大姦止；澹然閒靜，因天命，持大體。[389]
> 故先王以道為常，以法為本。本治者名尊，本亂者名絕。凡智能明通，有以則行，無以則止。故智能單，道不可傳於人。而道法萬全，智能多失。[390]
> 故有術之君，不隨適然之善，而行必然之道。[391]

（一）〈解老〉〈喻老〉之於《老子》

《韓非子》取《老子》作〈解老〉、〈喻老〉二篇，且更

---

[388] 《增訂韓非子校釋‧主道》，頁 686，693。
[389] 《增訂韓非子校釋‧大體》，頁 715。
[390] 《增訂韓非子校釋‧飾邪》，頁 209。
[391] 《增訂韓非子校釋‧顯學》，頁 16。

引《老子》原文於〈難三〉、〈六反〉及〈內儲說〉等篇章
之內；可見韓非不僅欣慕《老子》之學，並善於運用其思想。
具體言之，在《史記》的編撰體例當中，太史公將老子與韓
非合列一傳，並言「韓非者，韓之諸公子也。喜刑名法術之
學，而其歸本於黃老[392]」即點明了韓、老二人思想之密切關
連性。是以，《韓非子》解釋《老子》及深諳其說的能力不
容懷疑，因而他把對《老子》思想的瞭解訴諸於文字，並經
後人搜錄於生平唯一著作當中而引為經典，誠有其可信者；
另由其內文所言觀之，「韓非之學歸本於黃老」一語亦實有
明證。

　　以〈解老〉篇內文中之《韓非子》論述來看，其多為解
釋《老子》經文之言；而〈喻老〉篇則是以比喻舉例說明的
方式行之，兩者的體制略有不同。根據蔣伯潛《諸子通考》
之統計，〈解老〉一篇中所引解釋《老子》之文，散見於今
通行本中的十個章節內（並有一處不見於《老子》文內），
而〈喻老〉篇中所引解釋《老子》原文，則全部散見於今通
行本中的十一個章節內，蔣伯潛說明曰：

　　〈解老〉篇為《老子》之解釋，絕似西漢經師解釋
　　諸經之故訓。所解之《老子》語，見今本《老子》
　　第十四、三十八、四十六、五十、五十三、五十四、
　　五十八、五十九、六十、六十七各章，不見於今本
　　《老子》者僅一條。〈喻老〉篇引古時遺文軼事以
　　說明《老子》第二十六、二十七、三十三、三十六、

---

[392] 《史記‧老子韓非列傳》，頁544。

四十一、四十六、四十七、五十二、五十四、六十
三、七十一各章。[393]

由前引文可知，〈解老〉與〈喻老〉二篇係純為說明《老子》
思想之文，而且大量引用《老子》原文以實證之。以韓非與
老聃年代僅相差二百餘年光陰而論，相較於今人以二千餘年
後之角度來看待其思想，這二篇文章對於協助瞭解《老子》
思想，顯有其益處。

是以，本節對於《韓非子》君德思想外緣之討論，自當
應以今傳《老子》全書為底本，列舉其說之君德理念，以溯
《韓非子》該等思想之淵源。

（二）以《老子校正》論證老子君德

自郭店楚簡版本《老子》出土之後，《老子》一書的文
字校正以及重要思想勘誤，近來已為顯學。就學術價值而
言，具有郭店楚簡如此高度價值性的文獻出土，堪稱為文史
哲研究上的重大發現，其所可引證、探求出之《老子》原文，
對日後之老學研究貢獻及影響極大。《韓非子》直接或間接
引述《老子》本文之處眾多，而多年來各方研究學者大都以
帛書、王弼或河上公等通行版本傳抄校注，這在郭店竹簡問
世之後，若未做適當之對照重校，自然難免有其疏漏之處。

準此，凡本書列舉《老子》原文章句之處，採用版本概
以陳師錫勇所著《老子校正》[394]一書為基（並加註引用頁

---

393 蔣伯潛：《諸子通考》（台北：正中書局，1991 年 2 月），頁 474-476。
394 陳錫勇：《老子校正》（台北：里仁書局，1999 年 3 月）。

次），以為郭店楚簡出土後《老子》校釋完整版本之據；至於《韓非子》所涉關於《老子》君德思想之原文章句，則仍秉本書緒論所言，以陳啟天先生所著《增定韓非子校釋》[395]一書為版本依據，特此說明。

先秦百家之說皆起因於針對周文疲憊，力圖提說以治之；是以，諸子各擅己說，於人世間政治、經濟和社會之現象，無不克盡學思以倡，而各有其可取及相異之處。

《老子》「尚德」學說卓然獨立於先秦，然其所謂「無為」、「無事」、「欲不欲」及「好靜」等四要[396]，歷經千百年之論證不衰，顯然有其獨成一家之重要價值。蔡元培先生即曾針對《老子》論「道」與「德」之特殊性而謂「《老子》所謂道，既非儒者之所道；因而其所謂德，亦非儒者之所德[397]」，其說頗有其理。

是以，在《老子》的治國思想中，既然有其不同於他家之說；則關於《老子》君德之思想，亦自有其見到之處。然，既說「韓非之學歸本於黃老」，則吾人可知該等君德思想，必相當程度地影響《韓非子》之言。在此，本書乃以《老子》所書，探討老學在治國思想當中有關君德思想之論述，以深究其對於《韓非子》君德理念之影響。

---

[395] 陳啟天：《增訂韓非子校釋》（台北：臺灣商務印書館，1969 年 6 月）。
[396] 是說摘錄自陳錫勇：《老子校正》（台北：里仁書局，1999 年 3 月），頁 95。
[397] 蔡元培：《中國倫理學史》（台北：台灣商務印書館，1991 年 3 月），頁 30。

二、聖人脩身以尚德

（一）從脩身到脩天下

　　《韓非子》在〈解老〉篇引《老子》原文解「德」字之意[398]，並顯然為其君德思想之源。茲綜觀老子所述，其治國「尚德」之說，乃強調應由脩身做起，亦即由「脩之身，其德乃真」為首，逐次推於「脩之家」、「脩之鄉」、「脩之邦」，終至「脩之天下，其德乃溥」一途，老子曰：

> 善建者不拔，善保者不脫，子孫以其祭祀不絕。脩之身，其德乃真；脩之家，其德有餘；脩之鄉，其德乃長；脩之邦，其德乃豐；脩之天下，其德乃溥。以身觀身，以家觀家，以鄉觀鄉，以邦觀邦，以天下觀天下。吾何以知天下然哉？以此。[399]

　　「善建」與「善抱」均是有為君王應替舉國臣民及後世子孫所立之行，是以，老子乃以脩身尚德之說勸諫君王引為修養之道。在這段漸進式的推論當中，從脩身以致德真，一直到脩天下而致德溥之語，恰與儒家所謂「身不脩，不可以齊其家，……治國必先齊其家者[400]」之為政理念不謀而和，足見國君修身乃治國之本，誠為中國政壇倫常之定論，早已引為

---

[398] 見本書第一章第二節所述。
[399] 陳錫勇：《老子校正‧第五十四章》（台北：里仁書局，1999 年 3 月），頁 82。本書所引《老子》均採此版本。
[400] （宋）朱熹撰：《四書章句集注‧大學章句‧八章、九章》（台北：大安出版社，1994 年 11 月），頁 11-12。本書所引《大學章句》均採此版本。

眾家所用，《韓非子》思想亦未除外[401]。

國君以脩身尚德為治國之首要，實有其「為善」之目的；老子云：「是以聖人執右契，而不以責於人。故有德司契，無德司徹。夫天道無親，恒與善人[402]」自有明示。是以，老子強調，假若國君在修德的道義上未能澈底實踐，則恐有滋生「六親不和，安有孝慈；邦家昏亂，安有正臣[403]」亂象之虞也。

老子對於國君德行的修養方式，強調應該順應自然而發於內心，且勿以形式上的德性為彰顯，才能夠真正結合尚德之意，此即「尚德不得，是以有德；下德不失得，是以無德」之謂，老子有云：

> 尚德不得，是以有德；下德不失得，是以無德。尚德無為而無不為也。尚仁為之而無以為也；尚義為之而又以為也。尚禮為之而莫之應也，則攘臂而扔之。故失道而後德，失德而後仁，失仁而後義，失義而後禮。夫禮者，忠信之薄也而亂之首也；前識者，道之華也而愚之始首也。是以大丈夫居其厚而不居其薄；居其實而不居其華。故去彼取此。[404]

據此而論，老子將修德的結果分為兩種，其一為「有德」，其二為「無德」；如果能真正自心中無所求的修養德行，且

---

[401] 該論點將於本書第四章第一節中詳述之。

[402] 《老子校正・第八十一章》，頁163。通行本第七十九章。

[403] 《老子校正・第十八章》，頁216。

[404] 《老子校正・第三十八章》，頁20。

不受於「得到」與否之制約，則可有德；反之，則必淪為無德。對此，陳鼓應先生云之：

> 「上德」之人，其德在內不在外，完全是出於內心之自然，並不自恃有德而表露於外，這種內在的德才是真正的德，才是「有德」，才是「上德」。「下德」之人則不同，其德在外而不在內，他執守著形式上的德，努力使它不致喪失，這樣的人自以為不失德，實際上他的內心已經與德相分離了。[405]

至於國君在尚德的過程與收穫中，對國家有何影響呢？老子提示「尚德無為而無不為也」，此即點出君德理念在治國之道所竟之功，這也可以說是老子治道的最大願景——無為而無不為。

老子認為國家可以在「無為」的手段當中，致使各項政治作用收取「無不為」的效益，然而，此無為卻是經由尚德的本意而來。簡而言之，即是國君以個人脩身的實踐來完滿「尚德」之境，以此實踐推及臣下萬民，使萬民自發性由衷地效法尚德之行，則政府機制與社會萬象自可因而導善，國家機器當然就「無為」的不必再以任何形式作為來施加於民。

（二）《韓非子》援老子之德

具體言之，依照《韓非子》所解，《老子》所言「尚禮為之而莫之應也，則攘臂而扔之[406]」的理念，已經接近國家

---

[405] 陳鼓應　白　奚合撰：《老子評傳》（台北：文史哲出版社，2002 年 7 月），頁 206。

[406] 《老子校正·第三十八章》，頁 20。

強制力的實施作為了。此即猶如《韓非子》所言「善賞罰者，百官不敢侵職，群臣不敢失禮[407]」，以及藉賞罰為強制力的「故人主自用其刑德，則群臣畏其威而歸其利矣[408]」等強制性質是一致的，而其目的都是「如此，則上無殷、夏之患，下無比干之禍，君高枕而臣樂業，道蔽天地，德極萬世矣[409]」的崇德國度之實現。

　　此外，老子還提示「道之華也而愚之始首也[410]」，意即用以導正國君應「居其實而不居其華[411]」，此便是去形式而求內在之修身原則，切勿本末倒置而為之。蓋因真正的「德」可以是「尚德如谷[412]」般的宏遠、深邃，也可以是「恒德不離，復歸於嬰兒[413]」與「含德之厚者，比於赤子[414]」般的純直自然。如此，既能有謙沖無盡的能量，亦不會有虛偽妄詐之奸險，君臣黎民之間以德推德，方可避免《韓非子》所引「上下一日百戰[415]」之困。

　　《韓非子》在君臣的關係上雖以「一日百戰」形之，不過，觀其所語，係針對政治上赤裸的實際現象而言。若論其所設「願景」，實則《韓非子》仍期待君臣之關係要藉著國君實踐君德來改善[416]。如其云：「夫所謂明君者，能畜其臣

---

[407]　《增訂韓非子校釋‧難一》，頁322。
[408]　《增訂韓非子校釋‧二柄》，頁179。
[409]　《增訂韓非子校釋‧用人》，頁795。
[410]　《老子校正‧第三十八章》，頁20。
[411]　同上注。
[412]　《老子校正‧第四十章》，頁35。通行本第四十一章。
[413]　《老子校正‧第二十八章》，頁252。
[414]　《老子校正‧第五十五章》，頁87。
[415]　《增訂韓非子校釋‧揚權》，頁709。
[416]　該論點另於第五章第三節中詳述。

者也；所謂賢臣者，能明法辟，治官職，以戴其君者也[417]」
與「至治之國，君若桴，臣若鼓，技若車，事若馬[418]」之語，
都是強調君臣應建立彼此具有「德行」之良善關係。同時，
《韓非子》還期望藉著君主尚德的修練，而培養出尚德之「忠
臣」以侍君主，正如「故有忠臣者，外無敵國之患，內無亂
臣之憂，長安於天下，而名垂後世，所謂忠臣也[419]」。此般
說法，若將「國君」與「臣下」分別以「聖人」與「鬼祟」
相互比擬[420]，則正符合「兩不相傷，故德交歸焉」之謂，老
子乃云：

> 治大邦若烹小鮮。以道蒞天下，其鬼不申。非其鬼
> 不申也，其申，不傷人也。非其申不傷人，聖人亦
> 不傷人。夫兩不相傷，故德交歸焉。[421]

老子認為君王治國的原則，理應「治大邦若烹小鮮」，經由
彼此尚德之作用，則「非其申不傷人，聖人亦不傷人」之境
可成也。至於論及修身養德之法，亦應猶如「為道日損」一
般，意即「損之又損，以至於無為」：

---

[417] 《增訂韓非子校釋・忠孝》，頁 819。
[418] 《增訂韓非子校釋・功名》，頁 806。
[419] 《增訂韓非子校釋・姦劫弒臣》，頁 225。
[420] 陳錫勇云：「老子所言「神」即言「申」，「信」也，「其鬼不神」
即其鬼不申，不信也。老子言：『治大邦若烹小鮮』，必以正道臨之。
以正道臨天下則鬼祟不申，不信，非僅鬼祟不信，即使相信亦不能傷
人，聖人亦不傷人也。」見陳錫勇：《老子校正》（台北：里仁書局，
1999 年 3 月）頁，103。
[421] 《老子校正・第六十章》，頁 103。

> 為學者日益，為道者日損。損之又損，以至於無為，
> 無為而無不為，絕學無憂。取天下，恒無事；及其
> 有事也，不足以取天下。[422]

「尚德」以及「無為」等理念，是老子治國理念的極致表現，在這種表現裡，由君臣操控的國家機器是無為於萬能之中，由人民組成的社會萬象是不被干涉於無不為裡，此乃老子心之所向之理想國度，抑或是《韓非子》「因道全法[423]」的完美體制，然二者皆可謂為國君尚德之功也。

第四節　老子寡欲愛民之君德論述

一、知足為恒足

（一）視素保樸　少私寡欲

國君無止無盡的欲望奢求經常是整個國家禍難的根源，嚴格論之，諸此欲望不僅在於具體利益上的豪奪，有時還經常包含了抽象名聲上的巧取。為此，老子乃提出「視素抱樸，少私寡欲」的概念，希冀為上者能夠從欲望的節制上做起，避免因為私心之用而致勞民傷財之害：

> 「絕聖棄辯，民利百倍；絕巧棄利，盜賊無有；絕
> 為棄作，民復孝慈。」三言以為文，不足。或令之；

---

[422] 《老子校正・第四十八章》，頁62。
[423] 《增訂韓非子校釋・大體》，頁715。

> 或呼屬。視素保樸，少私寡欲。[424]

世人皆以「絕聖棄辯，民利百倍；絕巧棄利，盜賊無有；絕為棄作，民復孝慈」之語為美言，是主張「不爭」的老子思想所不取的；是以其乃有「三言以為文，不足。或令之；或呼屬」之語。蓋因君王若極度在乎美名之獲取，勢亦影響了人民喜好之趨向，則虛偽、巧詐、惑亂之心頻生，自當間接使民為盜，使民為亂。對此，陳師錫勇闡釋了老子在利益與名聲上全面性「視素抱樸，少私寡欲」的意旨：

> 「三言」者是老子謂「為政者所宣揚之美言也」，並非老子贊同此三言，老子以為「不尚賢，使民不爭。不貴難得之貨，使民不為盜。不見可欲，使民不亂」，「六親不合，安有孝慈」，既為政於天下「無棄物、無棄人」，又何「絕」、「棄」之有，八十章，老子引聖人之言曰：「受邦之垢，是謂社稷之主；受邦之不祥，是謂天下亡。」五十七章，引聖人之言曰：「我無事而民自富，我無為而民自化，我好靜而民自正，我欲不欲而民自樸。」故誠為政者「視素抱樸，少私寡欲」，勿徒事美言而為之也。[425]

老子強調為政者在私心上倘能實踐「節欲」、「寡欲」、「欲不欲」之行，則可以大舉減省邦國、百姓不需要的勞動與爭亂。

---

[424] 《老子校正·第十九章》，頁220。
[425] 陳錫勇：《老子校正》（台北：里仁書局，1999年3月）頁，220。

（二）知足之足為恒足

知足之行在國政上有不擾民之具體功效，國君若不知足於其所擁有，則橫征暴斂之舉，窮兵黷武之事必當此起彼落，甚至戰事頻仍而造成「戎馬生於郊」的顛沛流離之苦，勢必將造成人民莫大苦難，此即「甚欲」、「不知足」以及「欲得」之害，為人主者切忌為之。是故，老子認為不生戰事乃為「天下有道」之舉，其云：

> 天下有道，卻走馬以糞；天下無道，戎馬生於郊。罪莫厚乎甚欲，禍莫大於不知足；咎莫憯於欲得。故知足之為足，此恒足矣。[426]

無道貪欲之心致使為政者兵戎相見、禍害蒼生，此為老子思想所不喜也。是以，老子乃積極地對「寡欲」之道提出「化而欲作，將鎮之以無名之樸，夫亦將知足。知足以靜，萬物將自定[427]」之說，並勸諫侯王亟應謹守不移，是謂「知足之為足，此恒足矣」之理也。

二、聖人居無為之事

（一）君上有為則民難治

在老子的看法中，國君自認「有為」之舉措，經常發生違逆自然之道的無可預期之錯誤，反使天下百姓陷於陰晴不

---

[426] 《老子校正・第四十六章》，頁 57。
[427] 《老子校正・第三十七章》，頁 280。

定之危害裡。是以，老子提出「百姓之不治也，以其上又以為也，是以不治[428]」之現象說明，並由此驗證而推論出「清靜」與「無事」的治邦之道，以期成為治國有民者所善用，陳鼓應先生於是說：

> 河上公注曰：「民之不可治者，以其君上多欲，好有為也。是以其民化上有為，情偽難治。」王弼亦注曰：「言民之所以僻，治之所以亂，皆由上，不由其下也。民從上也」這裡說的都是上行下效的道理，君上有為，則民多欲，所以難治。正是由於看到了統治者的所作所為是社會治亂的關鍵，所以老子才提出了「清靜」和「無事」的主張。[429]

徵由千古不變的上行下效之歷史現象，是以諸注家以「君上有為，則民多欲，所以難治」之原則來反對國君「有為」之說。由《老子》言之，即則以「大成若缺，其用不敝。大盈若盅，……趮勝寒，靜勝熱，清靜為天下正[430]」來強調「清靜」之舉；並藉「以無事取天下」來主張「無事」之政：

> 以正之邦，以奇用兵，以無事取天下。吾何以知其然也？夫天下多忌諱，而民彌畔；民多利器，而邦滋昏。人多智而奇物滋起，法物滋彰，盜賊多有。

---

[428] 《老子校正·第七十七章》，頁153。通行本第七十五章。

[429] 陳鼓應　白　奚合撰：《老子評傳》（台北：文史哲出版社，2002年7月），頁216。

[430] 《老子校正·第四十五章》，頁54。

> 是以聖人之言曰：「我無事而民自富，我無為而民
> 自化，我好靜而民自正，我欲不欲而民自樸。」[431]

老子所崇尚不干涉的政治思想，在前引文當中敘述最明；他
具體舉出國君若以「多忌諱」、「多利器」、「多智」與「法
物滋彰」為治國策略，將引起社會盜繁姦多之疑慮，足見，
這也是前段所述上行下效之理。此處老子亦正視了民智常以
巧詐應上的實際現象，是故，儘管法令如何完備，仍不足敷
應付眾生詭變之強。

　　於是，老子即以「無事」、「無為」、「好靜」和「欲
不欲」四項為政之要來提示君王用以治國，如是則可收「民
自富」、「民自化」、「民自正」與「民自樸」之效。綜而
言之，老子在國君治道上的指標理念，可由「聖人居無為之
事，行不言之教[432]」予以總括，此即「無為政治」之說也。

（二）老韓無為之異

　　關於《老子》反對為政干涉的觀點，《韓非子》卻是以
「書約而弟子辯，法省而民萌訟。是以聖人之書必著論，明
主之法必詳事[433]」、「故其治國也，正明法，陳嚴刑，將以
救群生之亂，去天下之禍[434]」以及「寄治亂於法術，託是非
於賞罰，屬輕重於權衡[435]」……等諸多主張言之，並建議以

---

[431]　《老子校正・第五十七章》，頁 95。
[432]　《老子校正・第二章》，頁 171。
[433]　《增訂韓非子校釋・八說》，頁 146。
[434]　《增訂韓非子校釋・姦劫弒臣》，頁 219。
[435]　《增訂韓非子校釋・大體》，頁 715。

法令、賞罰、法術來干涉民生，其二者之「無為」論調則明顯相悖。

依吾人之見，二者所言差異之重點乃在《韓非子》所謂的「無為」，並不是要求國君一切不作為，反而是建議人主在完備了法令的制訂之後，於心態上則務必處虛執要，守法責成以行法治，這兩種「無為」之意旨有所分別，即如趙海金先生所言：

> 韓非欲以無為為術，鞏固君權……而老子無為之治，則在減縮政府之職權至最小程度，擴張人民自由至最大限度，以實現「小國寡民」之理想社會。故二者之途徑不同，而鵠的各殊，不可相提並論。[436]

正如前文蔡元培先生所云：「老子所謂道，既非儒者之所道；因而其所謂德，亦非儒者之所德[437]」之語相類，老子的無為之君德思想，與《韓非子》的無為之君德思想[438]自有其定義與執行上的不同。對此，俞志慧先生則以韓非的「術治」學說與之相比擬，並認為韓非已「重新定義」了老子的無為之說，其乃云之：

> 韓非的「術」治學說，秉承了前輩法家申不害的「術」的思想，但更為深厚的學理淵源是老子的無為學

---

[436] 趙海金：《韓非子研究》（台北：正中書局，1970 年 5 月），頁 108。
[437] 蔡元培：《中國倫理學史》（台北：台灣商務印書館，1991 年 3 月），頁 30。
[438] 關於《韓非子》在君德思想上的無為與虛靜等理念，詳見本書第四章第一節和第五章第四節所述。

說。然而在韓非筆下，原始道家的許多混沌概念或者進行了無限引伸，或者給予了重新定義，早就不是自然無為、微妙難識的要言妙道了。[439]

然則，其二者用意都在為君王的治國之道力圖明策，乃引以為理而已。是以，吾人無須強求渠等學說意見上的一致，反而，經由本段與下文之說明，則《韓非子》有取、有捨於老子君德之理念處顯已示出，亦可謂為有所得矣。

三、聖人為而不有

（一）挈有知而行於大道

老子身處的春秋後期因周文疲憊，首當政治與經濟變革之要衝，對於社會百態與人心不古之丕變自也有所感慨；然而，講究大道之行的老子卻認為這種墮落性的轉變，國君實應負有相當責任。例如，明明是「大道甚夷」，而百姓們卻「民甚好徑」，則國君理當有所反省才是：

> 使我挈有智，行於大道，唯迤是畏。大道甚夷，民甚好徑；朝甚除，田甚蕪，倉甚虛，服文采，帶利劍，厭飲食，資貨有餘，是謂盜竽。非道也哉！[440]

---

[439] 俞志慧：〈韓非思想平議〉，《孔孟月刊》第 37 卷第 3 期（1998 年 11 月），頁 9。

[440] 《老子校正・第五十三章》，頁 76。

君王面對世風的墮落，應該有所自惕地「使我挈有知，行於大道，唯迆是畏」以對，才不致使得「盜竽」橫行的「非道」行徑充斥蔓延；足見，老子強調國君實踐保衛民生之責並發揮愛民之心，即其重要的君德論述之一。

以往，由於《老子》原文用字之誤植，乃使各家對本章文義之詮釋分歧；多有謂此處乃云為政者個人「道心」之修養，然陳師錫勇《老子校正》則認為此處應以國君「提挈」有知之民為務之謂，其云：

> 「使我挈有知，行於大道，唯迆是畏」，「挈」，懸恃、提攜。「有知」：有知之民，正與愚民相對。謂設使我提攜有知之民，行於大道，則唯邪道是畏也，極言領導者謹於去就以遠害，勿使民入於「死地」，用以衛民生也。「大道甚夷，民甚好徑」，大道坦坦而好行小徑，此為政者之過也。[441]

提攜人民並使「有知」是為政者愛民的積極表現，《韓非子》在愛民教育的君德論述上亦云「明主之國，無書簡之文，以法為教；無先生之語，以吏為師[442]」、「竊以為立法術，設度數，所以利民萌，便眾庶之道也。故不憚亂主闇上之患禍，而必思以齊民萌之資利者，仁智之行也[443]」以及「今民僮訬智慧，欲自用，不聽上，上必且勸之以賞，然後可進[444]」等

---

[441] 陳錫勇：《老子校正》（台北：里仁書局，1999 年 3 月）頁，76-77。
[442] 《增訂韓非子校釋·五蠹》，頁 50-51。
[443] 《增訂韓非子校釋·問田》，頁 310。
[444] 《增訂韓非子校釋·忠孝》，頁 823。

語，皆強調君王應善用提攜、教育百姓之機制以提昇人民知
識水準；如此，方可為大道治世儲備民間能量矣。

（二）損有餘而補不足

　　創造公平的社會環境是讓人民安居樂業的施政要項之
一，老子在這部分引用道的自然性來加以延伸，認為抑高舉
下是「天之道」也，以便藉此達到「有餘者損之，不足者補
之」的理想狀況；是以，人道亦然：

> 天之道，猶張弓也？高者抑之，下者舉之，有餘者
> 損之，不足者補之。故天之道，損有餘而補不足。
> 人之道，損不足以奉有餘。孰能有餘而有以取奉於
> 天者乎？唯有道者乎。是以聖人為而不有，成而不
> 居也，若此。其不欲見賢也。[445]

老子告誡君王「人之道，損不足以奉有餘」是有違於「天之
道，損有餘而補不足」之法則，故「聖人為而不有」、「功
成而不居」和「其不欲見賢」等節操是老子所力倡，而「成
事遂功，而百姓曰我自然也[446]」則更可謂聖王之道也。

　　關於「損有餘而補不足」的稅務經濟方略，在《韓非
子》亦有所倡，其言：「明主之治國也，適其時事以致財
物，論其稅賦以均貧富，……此帝王之政也[447]」，又主張「悉
租稅，專民力」以避免人民「逃事伏匿，附託有威之門，以

---

[445] 《老子校正・第七十九章》，頁159。通行本第七十七章。
[446] 《老子校正・第十七章》，頁216。
[447] 《增訂韓非子校釋・六反》，頁99-100。

避徭賦[448]」；甚至，《韓非子》還提到了「聖人之治藏於民，不藏於府庫，務修其教，不治城郭[449]」的藏富於民而不斂收於君王之建議，此等主張與老子之說皆有所類也。

四、以百姓之心為心

（一）以民為本

　　民本思想是老子政治理念上重要的學說之一，該學說在實際的運用上，首先即是應該盡量拉近統治者與人民之間的距離，使高貴與平凡立於同樣的基礎點上，否則「金玉盈室，莫能守也；貴富而驕，自遺咎也[450]」。此外，老子堅信人民為國家之根本。是以，其在〈三十九章〉云「侯王不已貴以高將恐蹶。故必貴而以賤為本，必高而以下為基。夫是以侯王自謂孤寡不穀。此其賤之本與？[451]」。此二言均為老子強調權貴不驕、萬民為本之語，亦即《老子》最為明示的民本思想之說。對此，白奚與陳鼓應先生乃直以「以民為本」稱之：

> 老子雖然不能說是勞動人民的思想家，但他對勞動人民的不幸予以深深的同情，在他的政治思想中，「民」、「百姓」佔有很重要的地位。他告誡統治者要以民為本……民眾雖然卑賤，但卻是高貴的王侯賴以存在的根本，也是一個國家的根基。[452]

---

[448] 《增訂韓非子校釋‧詭使》，頁 109。
[449] 《增訂韓非子校釋‧十過》，頁 666。
[450] 《老子校正‧第三十九章》，頁 189。
[451] 《老子校正‧第三十九章》，頁 27。
[452] 陳鼓應　白　奚合撰：《老子評傳》（台北：文史哲出版社，2002 年

老子既然告誡了統治階層治國應以人民為本，則國君在必要時所採取的任何施政措施，就不應預設立場，而概以百姓之思維為出發點，此即「聖人恆無心，以百姓之心為心」之謂：

> 聖人恆無心，以百姓之心為心。善者善之，不善者亦善之，得善也。信者信之，不信者亦信之，得信也。聖人之在天下也，歙歙焉，為天下渾其心。百姓皆注其耳目，聖人皆咳之。[453]

因為國君不得預設立場，自然不會以個人私欲為考慮，於是可收者「善者善之，不善者亦善之，得善也」之功。由於聖人以天下百姓之心為心，使「百姓皆注其耳目」，此際乃老子落實「聖人之在天下也，歙歙焉，為天下渾其心」之主張也。

　　老子說：「聖人恆無心」，是以聖人恆無所制約、恆無形，亦可稱其恆無驕狂自居之姿，誠為居上有國者必須謹守之自謙態度。提倡「道法自然[454]」的老子，在此亦以深廣無邊的江海為喻，謂其「江海所以能為百谷王，以其能為百谷下，是以能為百谷王」，而君王對人民的態度自應效法江海而置身以「聖人之在民前也，以身後之；其在民上也，以言下之」之位：

7月），頁215。

[453] 《老子校正・第四十九章》，頁65。

[454] 《老子校正・第二十五章》，頁240。全文為：「有狀混成，先天地生。寂兮！漠乎！獨立而不改，可以為天地母。未知其名，字之曰道，吾強為之名曰大。大曰逝，逝曰遠，遠曰反。道大、天大、地大、王亦大。國中有四大，王居一焉。人法地，地法天，天法道，道法自然。」

> 江海所以能為百谷王，以其能為百谷下，是以能為
> 百谷王。聖人之在民前也，以身後之；其在民上也，
> 以言下之。其在民上也，民不厚也；其在民前也，
> 民不害也，天下樂進而不厭。以其不爭也，故天下
> 莫能與之爭。[455]

居上位者應學習江水不爭、不前之特性，即如老子在〈第八
章〉所比擬：「上善如水，水善利萬物，而又爭居眾人之所
惡，故幾於道矣[456]」君王治國若能甘為民後，「不敢為天下
先[457]」；為民勞苦，「爭居眾人之所惡」，則即落實聖人不
爭之德性，俾「以其不爭也，故天下莫能與之爭」，此乃真
正以民為本之治國理念也。

（二）愛民治邦的玄德之道

　　基於以民為本的理念引導，「愛民」乃成為國君實踐君
德思想的最具體表現。愛民必須以民生思考為最先，是云：
「聖人之治也，虛其心，實其腹[458]」，「聖人之治也，為腹
而不為目[459]」，因而老子主張薄斂之治，乃謂「人之飢也，
以其取食稅之多也，是以飢[460]」，以及「聖人執右契，而不

---

[455] 《老子校正‧第六十六章》，頁 124。

[456] 《老子校正‧第八章》，頁 186。

[457] 《老子校正‧第六十九章》，頁 133。通行本第六十七章。老子以不
　　敢為天下先為三寶之一，其云：「我恒有三寶，持而寶之。一曰慈，
　　二曰儉，三曰不敢為天下先。」

[458] 《老子校正‧第三章》，頁 175。

[459] 《老子校正‧第十二章》，頁 198。

[460] 《老子校正‧第七十七章》，頁 153。通行本第七十五章。

以責於人。故有德司契，無德司徹[461]」等皆為其建議君王以愛民為出發點之賦稅政策。

符合老子理想治國之道是「絕聖棄辯[462]」的不擾民，所以愛民的方式也以此為指導原則。然則，歷來統治者總認為自身可以「滌除玄鑒」與「明白四達」，事實上反常成為畫蛇添足之措。於是，老子以具體的「生而不有，長而不宰也。是為玄德」提供為政者無為愛民之用：

> 滌除玄鑒，能無疵乎？愛民治邦，能勿以智乎？天門啟闔，能為雌乎？明白四達，能勿以知乎？生之畜之。生而不有，長而不宰也。是為玄德。[463]

老子強調有德之君王應該以人民的生畜養存為治國首要，並且不假意傾扶，亦不隨智變遷，讓人民以自然之道生養，此即為具有玄德之君。〈六十五章〉所云：「古之為道者，非以明民也，將以愚之也。夫民之難治也，以其智也。故以智治邦，國之賊也；不以智治邦，邦之德也。恒知此兩者，亦稽式也。恒知稽式，是謂玄德[464]」即屬此理。

在不以巧智治國的原則下，「不尚賢」、「不貴難得之貨」與「不見可欲」皆為聖人之治：

> 不尚賢，使民不爭；不貴難得之貨，使民不為盜；不見可欲，使民不亂。是以聖人之治也，虛其心，

---

[461] 《老子校正・第八十一章》，頁163。通行本第七十九章。

[462] 《老子校正・第十九章》，頁220。

[463] 《老子校正・第十章》，頁194。

[464] 《老子校正・第六十五章》，頁121。

> 實其腹；弱其志，強其骨。恒使民無知無欲也。使
> 夫智不敢，弗為而已，則無不治矣。[465]

以百姓之心為心、以民為本、不使民爭以及絕聖棄辯等理
念，皆為老子君德修養之觀點，亦得謂為其愛民治邦之民本
思想表現：

> 根據老子致虛、守靜、養氣、用柔、處反、持實的
> 一貫作法，施之於治道，當然不外乎為民，愛民。
> 故老子的政治思想，可說是以民為本的民本思想，
> 這是無可置疑的。所以他在說明修身的方法「營魄
> 抱一」「專氣致柔」「滌除玄鑑」之後，便緊接著
> 說：「愛民治國。」[466]

富有重農思想的老子，認為有道盛世係「天下有道，卻走馬
以糞；天下無道，戎馬生於郊[467]」。因此，延續著對君王清
靜、無事之建議，其落實在愛民的作為上即是珍惜民力，不
興戰事。老子斥責戰事為「不祥之器也」，自是「有道者不
居」也：

> 夫兵者，不祥之器也。物或惡之，故有道者不居。
> 君子居則貴左，用兵則貴右，故曰兵者不祥之器也。
> 不得已而用之，恬淡為上。弗美也，美之，是樂殺

---

[465] 《老子校正·第三章》，頁 175。
[466] 張揚明：《老子學術思想》（台北：黎明文化事業公司，1991 年 5 月），
頁 193。
[467] 《老子校正·第四十六章》，頁 57。

> 人。夫樂殺，不可以得志於天下。故吉事尚左，喪
> 事尚右。是以偏將軍居左，上將軍居右，言以喪禮
> 居之也。故殺人眾，以悲哀蒞之，戰勝，則以喪禮
> 居之。[468]

好大喜功之君，常蔚以戰勝及併吞為治績，這在老子的看法裡，則十足不齒而務去。然則，若實因邦國遭受欺凌而致生兵戎之患，態度上也應該是「不得已而用之，恬淡為上」，並且無論勝負均「不可以得志於天下」。蓋以戰事而得志於天下者，乃為樂殺之行，其過程勢必歷經生殺兵禍之動亂，有德君王怎能以塗炭生靈之事為榮呢？是以，老子極端反對戰爭，主張人主宜行道為上，並「以正治邦，以奇用兵[469]」，謹記「不欲以兵強於天下」：

> 以道佐人主者，不欲以兵強於天下。善者，果而已，
> 不以取強。果而不伐，果而不驕，果而不矜，是謂
> 果而不強。其事好還。[470]

不論抵抗外侮或者弭平內亂，凡動至干戈者，都應該「果[471]而不伐，果而不驕，果而不矜，是謂果而不強」的態度處之；

---

[468] 《老子校正·第三十一章》，頁263。

[469] 《老子校正·第五十七章》，頁95。

[470] 《老子校正·第三十章》，頁259。

[471] 果，王弼云：「『果』猶『濟』也，言善用師者，趣以濟難而矣，不以兵力取強於天下也。」轉引自陳錫勇：《老子校正》（台北：里仁書局，1999年3月）頁，258。

如此，方可謂為符合老子無為、無事、好靜與愛民理念之君
德思想。

關於「去兵弭戰」之觀念，在前引文老子提出之「不欲
以兵強於天下」以及「果而不伐」觀點裡，相較於《韓非子》
所言「主多怒而好用兵，簡本教而輕戰攻者，可亡也[472]」與
「有道之君，外無怨讎於鄰敵，而內有德澤於人民[473]」之語，
二者兼有其鋒芒內斂而含蓄愛民之相同點。

然則，《韓非子》額外提出之「國多力，而天下莫之能
侵也……國好力，此謂以難攻[474]」以及「力多則人朝，力寡
則朝於人[475]」的面對攻伐戰事之態度，則略為顯得好強；不
過，《韓非子》所主張者，仍只是單純地以不受他國侵略為
國強之目的，其所言「按兵不動，必富[476]」，即亦屬去兵愛
民之觀點。

是以，吾人不得不問之，同樣為講究君德、愛民之論述，
何以二者間有此差異？此蓋由於韓非與老子二人所面對之
時代背景不同之故所造成。關於此類「治與亂」、「攻與守」
和「對內與對外」的治國節奏之態度相異原因，王曉波先生
解釋為主要是時代不同所致，是云：

> 韓非並不完全以「治之於未亂」為然，……這當然
> 與彼此所處不同時代有關，老子處於宗法封建崩潰

---

[472] 《增訂韓非子校釋・亡徵》，頁 117。
[473] 《增訂韓非子校釋・解老》，頁 743。
[474] 《增訂韓非子校釋・飭令》，頁 827。
[475] 《增訂韓非子校釋・顯學》，頁 16。
[476] 《增訂韓非子校釋・飭令》，頁 827。

之初，猶得以亡羊補牢；韓非則處於崩潰之後，若只能「治之於未亂」，又如何能「撥亂反正」呢？[477]

身處時代不同，所需面對之問題與解決之道自當有所迥異；是以，老子在國君保護人民的義務上得採「不以取強」之論來「以道佐人主」；而在《韓非子》，則務需藉「力多則人朝」以圖得「有德澤於人民」。然則，《韓非子》之政治觀雖致力於兵強國盛之途，但綜覽《韓非子》一書，卻從未提出任何攻伐與侵略之建議，足見其不好貪愎殺戮之性格，與老子在弭戰保民的論述上仍屬近似，實為君德思想之延伸。

（三）大邦小邦皆得其欲

此外，歷來關於老子所傾慕之理想國度為何？大抵皆言「小邦寡民[478]」之制也。關於是說，吾人以為應直接從《老子》原文裡直接探尋。無須牽強定論《老子》主張何種邦制。在此，謹以〈六十一章〉所言論之：

> 大邦者，下流也，天下之牝。天下之郊也，牝恒以靜勝牡，為其靜也，故宜為下。故大邦以下小邦，則取小邦；小邦以下大邦，則取大邦，故或下以取，或下而取。大邦者，不過欲兼畜人；小邦者，不過欲入事人。夫皆得其欲，則大者宜為下。[479]

---

[477] 王曉波：〈「歸本於黃老」與「以無為本」——韓非及王弼對老子哲學詮釋的比較研究〉，《台灣大學哲學系哲學論評》第 29 期（2005 年 3 月），頁 57-58。

[478] 歷來均作「小國寡民」。《老子校正・第六十七章》，頁 126。通行本第八十章。

[479] 《老子校正・第六十一章》，頁 106。

所謂「大邦者，下流也」，非言制度等次之好壞，其意所指
為「大邦者如江海……能以謙下待萬邦，故為天下之宗主
480」。而所言「大邦以下小邦，則取小邦；小邦以下大邦，
則取大邦」係勉勵各邦應自我看重，勿驕勿卑，以謙、禮之
道相待即可，並應以畜養生民為尚。對此，陳師錫勇即稱此
為「為政者有生蓄之德矣」：

> 大邦以謙下待小邦，則治小邦；小邦以謙下待大邦，
> 則受治於大邦，唯畜養生民而矣，故大邦、小邦之
> 民各得其養也，非為爭戰會盟而為霸王盟主也，故
> 大者宜為下，以務畜養生民，民能生蓄，則為政者
> 有生蓄之德矣，是大邦、小邦皆得其欲也。[481]

然關於「小邦寡民」之說，老子則以「使民重死而遠徙」、
「甘其食，美其服，樂其俗，安其居」及「民至老死不相往
來」之狀形容其和樂現象，但卻並未明示該制即為老子理想
國度之謂：

> 小邦寡民，使十百人之器勿用，使民重死而遠徙。
> 有舟車無所乘之；有甲兵無所陳之，使民復結繩而
> 用之。甘其食，美其服，樂其俗，安其居，鄰邦相
> 望，雞犬之聲相聞，民至老死不相往來。[482]

老子對於治國的抽象概括性說明是「治大邦若烹小鮮。以道

---

[480] 陳錫勇：《老子校正》（台北：里仁書局，1999 年 3 月）頁，105。
[481] 陳錫勇：《老子校正》（台北：里仁書局，1999 年 3 月）頁，105-106。
[482] 《老子校正・第六十七章》，頁 126。通行本第八十章。

蒞天下，其鬼不申[483]」，其共通理想為「以道蒞天下」；不論「大邦」或「小邦」，只要以「道」治國方可，並非硬性規定在制度上要成大邦或取小邦，僅為老子同時提出大邦與小邦的治國方式也。

　　蓋無為、無事乃《老子》主要治國方略，凡人皆即無須強求任何先入為主的國家制度，一切自然形成，自然提供，始可免去爭端，如此方可謂為老子之治國理念，亦為其君德思想之實踐目的也。

---

[483] 《老子校正・第六十章》，頁103。

專制君王的德行論

第四章　修身修家以為君德

　　歷來各家對《韓非子》學說之研究，其焦點均以王霸之道為重，凡論及治國策略者，則部分先進常慣以「韓子之言，甚雜而淺，蓋《韓非子》思想中之基源問題僅是：『如何致富強？』或『如何建立一有力統治？』[484]」抑或「韓非一變而為人君幽深神秘，使人不可測度的權謀詭譎的深淵[485]」之論，似言《韓非子》之說毫無心性論及道德論之觸及，並猶視其為洪水猛獸矣；然彼者對於申論韓非主張之國君養成教育，實則鮮少論及。

　　然則，倘真相若此，則主導中國二千餘年之君主專制政體思想何以又始於《韓非子》之成？歷朝先賢先王何以又擇「陽儒陰法[486]」之型態治國？蓋《韓非子》學說在中國政治思想之影響力，徵諸姚蒸民先生所言：「故專就實際政治之影響而論，則在儒道二家之上，此尤以治亂興亡交替之際為然[487]」即甚明也。

484　勞思光：《新編中國哲學史（一）》（台北：三民書局，2002 年 10月），頁 339。

485　徐復觀：《中國人性論史—先秦篇》（台北：台灣商務印書館，1988年 11 月），頁 440。

486　王曉波先生云：「因為漢彰儒而隱法，且又儒法並存，故稱之『陽儒陰法』。」侯外廬先生則稱此政治現象為「內法外儒」。是說見王曉波、張純合撰：《韓非思想的歷史研究》（台北：聯經出版公司，1994年 12 月），頁 249。

487　姚蒸民云：「在政治上，則由於秦漢而後之政局，始終為外儒內法而

　　為真切討論是項疑惑，筆者竊以深究《韓非子》君德思想之存在與否為出發，以圖尋其真相，還其實名。是以，本章即以國君之養成教育論起，乃得以明見《韓非子》引老子「尚德」論，而主張「修之身，其德乃真[488]」為其君王修身之準則，並藉修體、修虛靜以及除欲、持家之法則逐步完成國君治內之道。另，《韓非子》仍強調國君在朝應培養以忠言拂耳之胸襟，並開啟進諫管道之機制，即期能由是類規範而澈底實踐《韓非子》所立之君德修養本義矣。

濟之以道之政治思想所左右，而所謂「內法」之「法」也者，殆又什九為韓非之觀點……故專就實際政治之影響而論，則在儒道二家之上，此尤以治亂興亡交替之際為然。」見姚蒸民：《韓非子通論》（台北：東大圖書股份有限公司，1999 年 3 月），頁 338。

[488] 陳啟天：《增訂韓非子校釋・解老》（台北：臺灣商務印書館，1969年 6 月），頁 761。本書所引《韓非子》均採此版本。

第一節 修身則德真

一、保其身以保其國

　　法家的治國學說強調一切政治作為均以「法」為標準，甚而云「法者，王之本也[489]」，認為王、霸之道皆在法治，凡法治不明、用法不彰者其國必亂也。雖說法是治國的準則，然「徒善不足以為政，徒法不能以自行[490]」，蓋因用法、施法、執法者均為「人」，善為「人」者之道方為國治之根本。是以，在此既定的原則之下，身為萬人之上的君王，其修身以成君德之思想，即理應為治國之前提。

　　為此，陶德民先生乃舉當年貴為日本明治天皇之師的元田永孚，其即以修身為「君德輔導」之要項，藉此以告誡其天皇關於修身教育對國家之重要性，其云：

> 當世學問多岐，技藝工匠亦皆加入學科之中，修身至被貶置為一科，倫理道德之退步亦宜哉，子夏之一言，不正可解其惑乎。倫理道德為修身之事業，自初學經中學大學，為官處野，為君為臣，為華族或為平民，不論其地位貴賤，不可須臾離此道。……人君必躬親勤學，率先天下而為教道，是為君為師有其天職故也。[491]

---

[489] 《增訂韓非子校釋・心度》，頁 813。

[490] 《四書章句集注・孟子・離婁上》，頁 385。

[491] 陶德民：〈元田永孚的「君德輔導」與論語解釋—關於「經筵論語進

日本的明治維新堪稱為舉世聞名之變法革新成功案例，使該國在爾後圖強運動中一躍而為世界強權；當時，天皇「國師」元田永孚即以中國的「修身」思想為其君德輔導之重點，並稱「為華族或為平民，不論其地位貴賤，不可須臾離此道」，足見君王修身顯為治國之本務，古今中外皆然。

（一）修身為平天下之本

中國歷來王道一向講究修身、治國、平天下之為政修養德行論，是以《大學》謂之「身不脩，不可以齊其家，……治國必先齊其家者[492]」，《孟子》亦云：「天下之本在國，國之本在家，家之本在身[493]」；然則，此般長久力倡的治術論點，其實在法家也是適用的；集其大成的《韓非子》便藉著《老子》之說，以德行修養論作一嚴整之推衍標準，藉此強調從「修之身」、「修之家」、「修之鄉」乃至「修之邦」及「修之天」下之順序論述，其謂之：

> 今治身，而外物不能亂其精神，故曰：「修之身，
> 其德乃真。」真者，德之固也。治家者，無用之物
> 不能動其計，則資有餘，故曰：「修之家，其德乃
> 餘。」治鄉者，行此節，則家之有餘者益眾，故曰：
> 「修之鄉，其德乃長。」治邦者，行此節，則鄉之
> 有德者益眾，故曰：「修之邦，其德乃豐。」蒞天

講錄」的考察〉，《中央大學人文學院人文學報》第 24 期（2001 年12 月），頁 58。

[492] 《四書章句集注·大學章句·八章、九章》，頁 11-12。
[493] 《四書章句集注·孟子·離婁上》，頁 389。

188

下者，行此節，則民之生莫不受其澤，故曰：「修
之天下，其德乃普。[494]」

「修之身」為君王治國之本，藉著修身功夫之推及，可以逐
次使得國君完成「德真」、「德餘」、「德長」、「德豐」
之業，其終乃至「德普」於天下，其功績實可謂先秦諸子治
世之標竿。然在《韓非子》之論述裡，則對於國君修身之具
體作法提到三個面向，一是「保其身」，二是「重積德」，
三是「守虛靜」，其目的則在實踐「修身則德真」之境。

（二）身以積精為德

　　《韓非子》談到修身的發軔是以「積精[495]」為德，認為
國君惟有在妥善蓄積精氣的條件下，才有發揮其君德的可
能。那麼，「精」是什麼便成為一個重要課題。啟發《韓非
子》甚鉅[496]的《管子》對「精」的解釋為「凡物之精，此則
為生下生五穀，上為列星。流於天地之間，謂之鬼神，藏於
胸中，謂之聖人[497]」，所以說，法家信徒們咸信「修身」必
須要累積精氣，而識得此道之君主，是可謂為聖君。然而精
氣從何而來呢？《管子》對此亦作了說明：

---

[494] 《增訂韓非子校釋・解老》，頁 761。
[495] 韓非云：「身以積精為德，家以資財為德，鄉國天下皆以民為德。」
　　見《增訂韓非子校釋・解老》，頁 761。
[496] 韓非云：「今境內之民皆言治，藏商、管之法者家有之。」見《增訂
　　韓非子校釋・五蠹》，頁 50。本書第二章第一節亦有詳文。
[497] 《管子校正・內業》，頁 268。

> 精存自生，其外安榮，內藏以為泉原，疢然和平，
> 以為氣淵。淵之不涸，四體乃固，泉之不竭，九竅
> 遂通，乃能窮天地，被四海。[498]

這段話揭櫫精氣之用的兩個層面，一是「精」可以存於體內
自然生長，然後便得以顯榮於形體之外；二是藉著積精以為
「氣淵」之後，逐步地便能讓「四體固」、「九竅通」以至
於「窮天地」、「被四海」，此般推論方式與《韓非子》所
謂的「修之身」等語實有異曲同工之妙。

（三）君王保身之道

至於在《韓非子》強調以君王為尊之觀念中，多次具體
提到了君王「保身」對家國之重要性，並且應該順應自然的
方式以養身，是所謂「天有大命，人有大命[499]」。自然的養
生法必須從日常生活中的飲食及娛樂節制上著手，認為「厚
酒肥肉」的餐點，以及「曼理皓齒」的美女等，都是「病形」
而且「損精」的根源；是以，〈十過〉篇即明陳：「耽於女
樂，不顧國政，則亡國之禍也」，國君對於過度的美食與美
色是必須要去之而後快的，《韓非子》曰：

> 夫香美脆味，厚酒肥肉，甘口而病形；曼理皓齒，
> 說情而捐精。故去甚去泰，身乃無害。[500]

---

[498] 同前註。
[499] 《增訂韓非子校釋・揚權》，頁696。
[500] 同前註。

「損精」是「積精」之反，因此國君務必消去損精之事，才能確保身之無害。然除了身體形骸上的保健之外，對於感受物外的耳、目、口、鼻等陽竅以及排泄之用的陰竅[501]等，都應該視為精神的門戶而善加保養，其謂：

> 空竅者，神明之戶牖也。耳目竭於聲色，精神竭於外貌，故中無主。中無主，則禍福雖如丘山，無從識之。[502]

若縱情於聲色之欲，就會讓心中失去德行的主宰，亦將嚴重到對於禍福均「無從視之」的盲目境界，如此自屬昏君之行。蓋因國君之身體及精神狀況關係到國勢之盛衰消長，不得不慎；是以，《韓非子》乃曰：

> 凡有國而後亡之，有身而後殃之，不可謂能有其國，能保其身。夫能有其國、必能安其社稷，能保其身，必能終其天年，而後可謂能有其國，能保其身矣。[503]

國君「保其身」才能「有其國」以及「安其社稷」，未能保身者，形同有國而後亡之；因此，維持身體的安好才是有國之本，而有其國又可以保其身；如此，足見國君身況與國家安危二者之間是相互緊密牽連的。

---

[501] 陳啟天云：「按九竅，謂眼耳鼻口七陽竅與下部前後二陰竅。」見陳啟天：《增訂韓非子校釋》（台北：臺灣商務印書館，1969 年 6 月）頁 754。

[502] 《增訂韓非子校釋・喻老》，頁 780。

[503] 《增訂韓非子校釋・解老》，頁 738。

二、重積德則無不克

　　《韓非子》在國君服膺德行的詮釋上，主要見於〈解老〉篇，其引伸之定義與用度已見本書第一章所述，而其目的即在主張國君對於君德之要求應以內在修身為本，是謂：「德者，內也。得者，外也。上德不德，言其神不淫於外也。神不淫於外則身全，身全之謂德。德者，得身也[504]」。《韓非子》認為「身全」是德的實踐，所以累積「德」便可以大舉發揮身全之功，這是國君修身的最大目的，其效益甚至能達到「進兼天下」之君人大業，乃云：

> 積德而後神靜，神靜而後和多，和多而後計得，計得而後能御萬物，能御萬物則戰易勝敵，戰易勝敵而論必蓋世，論必蓋世，故曰「無不克」。無不克，本於重積德，故曰「重積德則無不克」。戰易勝敵，則兼有天下，論必蓋世，則民人從。進兼天下，而退從民人，其術遠，則眾人莫見其端末。[505]

（一）情緒修養

　　《韓非子》於前引文推論「積德」具有如此績效，因此，以德修身即成為國君的重要修養。不過，由於在法家基本的尊君觀念裡，君王的威嚴不得質疑亦不許評論。是以，《韓非子》論及國君必須履行的一般人倫品行修養的著墨不多，而是以強調不任意「忿怒」而致耗損政府機能與國力為主，

---

[504] 《增訂韓非子校釋・解老》，頁721。
[505] 《增訂韓非子校釋・解老》，頁738。

如云：

> 上無忿怒之毒，下無伏怨之患。上下交順，以道為
> 舍。故長利積，大功立，名成於前，德垂於後，治
> 之至也。[506]

君主不應放肆地發出「忿怒之毒」而殘害生靈，則臣下萬民
就不致有「伏怨之患」產生；是以，上下之間便能夠以合於
道法的理路順遂相交。如此，也是發揚國君美名，並將君主
德澤流傳於後世的至高治績，此乃「德垂於後，治之至也」
之謂。

　　除了應該「無忿怒之毒」外，國君在修身上還不能「變
褊[507]心急」，因為那將是致使國家滅亡之重要徵兆，故曰：

> 變褊而心急，輕疾而易動發，心悁忿而不瞀前後者，
> 可亡也。主多怒而好用兵，簡本教而輕戰攻者，可
> 亡也。[508]

心術偏邪而氣量狹小之君常有「輕疾而易動發」之情緒，若
因此而在國內任意整戈動武，自然是萬民之殃，顯為國家滅

---

[506] 《增訂韓非子校釋・大體》，頁 716。
[507] 「變褊」，梁啟雄引《趙本》及日本《纂聞》均作「偏」字，認為「變」
　　應作「偏」解；《廣雅・釋詁》：「偏：邪也。」《爾雅・釋言》：
　　「褊，急也。」《小爾雅・廣言》：「褊，狹也。」意指為心術偏邪
　　而氣量狹小。見梁啟雄：《韓子淺解》（台北：台灣學生書局，1997
　　年 10 月）頁 116。陳奇猷亦云：「變褊與下輕疾對文」。見陳奇猷：
　　《韓非子集釋》（高雄：復文圖書出版社，1991 年 7 月），頁 278。
[508] 《增訂韓非子校釋・亡徵》，頁 117。

亡之徵；即所謂「輕疾而易動發」、「主多怒而好用兵」之情。是以，君王理應時時謹記修養，並有所戒慎，以免對社稷安穩造成牽累。

　　雖說國君不應易怒，但是對於臣下有所過失時，也要適當地表達怒氣以執行賞罰及維持君威。是故，《韓非子》藉著國家可能導致滅亡的現象舉例，來提示國君對於個性的收放之道不得「藏怒而弗發，懸罪而弗誅，使群臣陰憎而愈憂懼，而久未可知者，可亡也[509]」。由此可見，此間其「怒」與「威」之拿捏仍有相當地複雜與困難度，宜以修身之道履行。換言之，國君在個性上的修養所展露出之情緒表達，動輒成為群下萬民之觀瞻，其修養誠非易事。

（二）義禮修養

　　《韓非子》常言之明主形象雖然予人「其極慘礉少恩[510]」之感，不過，在國君形象以及君臣義禮上，其實還是講求「義之宜」，並注重「禮之貌」的。嚴格說來，《韓非子》對於君臣在「義」的修養節度上有其獨特意屬，他認為，「義」的實踐不應過份擴張，而是僅限於「宜而為之」，是以曰之：

> 義者，君臣上下之事，父子貴賤之差也，知交朋友
> 之接也，親疏內外之分也。臣事君宜，下懷上宜，

---

[509] 同前注。

[510] 朱熹曰：「或問《史記》云：『申子卑卑，施於名實；韓子引繩墨，切事情，明是非，其極慘礉少恩，皆原於道德之意』。」摘錄自陳啟天：《增訂韓非子校釋‧附錄評論‧朱子語類》（台北：臺灣商務印書館，1969 年 6 月）頁 1025。

> 子事父宜，賤敬貴宜，知交友朋之相助也宜，親者
> 內而疏者外宜。義者，謂其宜也，宜而為之。[511]

「宜」是適當之意，君臣、父子、朋友、親疏相互間的對待都應有其差異，而順著這些差異來分別適當事奉，才能建立出國家與社會的階級模型，當然，這是有利於《韓非子》政治理念之貫徹的。不過，其在國君行「義」的修養主張上，並非強調由下對上的單向要求，而是上與下均得「下懷上宜」，此一部分之君德觀念乃明顯有異於「術」與「勢」之以上御下的論述。

《韓非子》的禮制觀念秉自戰國大儒荀子，其間之承繼關係概如第三章所論；而《韓非子》不廢禮制的觀念，可以由其默認法家先賢崇禮的痕跡來證明，對此，林偉毅先生有此闡述：

> 比韓非早四百年的管仲，取其在禮治傳統下行法治
> 國的績效，也默認禮治在那一時代對治國的作用。
> 在三百多年前的子產治下的小國鄭國，也是在禮治
> 的傳統下實行法治轉弱為強，以致「沒簡公身無
> 患」，可說是韓國的典範；這也同樣默認禮治對鄭
> 國的治國作用。韓非對於齊、鄭治國思想的吸取，
> 都說明他對前一時代的禮治的肯定。[512]

---

[511] 《增訂韓非子校釋・解老》，頁 724。
[512] 林緯毅：《法儒兼容—韓非子的歷史考察》（台北：文津出版社 2004年 11 月），頁 93。

禮與義一樣，是建立階級模型的重要道德規範，而且更是人類情意的直接表現；因為「禮」豐富地存在於人際之間，所以成為觀察力細膩的韓非運用於架構君臣、貴賤關係與約束之一部分。是云「禮者，所以貌情也，群義之文章也，君臣父子之交也，貴賤賢不肖之所以別也[513]」即屬之。

　　國君修身為德的重點，還是應從內在的修養做起，所以《韓非子》仍明陳「禮者，外飾之所以諭內也。故曰：禮以貌情也[514]」。在內心有足夠之德性修養，形諸於外之禮節才會合宜。至於推廣「禮之用」，《韓非子》認為眾人之行禮無法與君子一樣貫徹，而不時會有「時勸時衰」與「眾人貳」之「不能相應」之現象。為彌此缺，他便展現了在法治主義上的一貫態度，乃引老子之說，而主張以強制力作要求，故曰：

> 凡人之為外物動也，不知其為身之禮也。眾人之為禮也，以尊他人也，故時勸時衰。君子之為禮，以為其身，以為其身，故神之為上禮，上禮神，而眾人貳，故不能相應，不能相應，故曰：「上禮為之，而莫之應。」眾人雖貳，聖人之復恭敬，盡手足之禮也不衰，故曰：「攘臂而仍之。」[515]

在「為禮」的論述裡，《韓非子》並未言明君王的角色為何，但若由〈解老〉篇將「義」與「禮」連說的行文鋪陳方式來

---

[513] 《增訂韓非子校釋・解老》，頁 725。
[514] 同前注。
[515] 《增訂韓非子校釋・解老》，頁 725。

看，由義所具體標示的「義者，君臣上下之事」，以及「臣事君宜，下懷上宜」之推演，則應當把禮之修養也視為國君之義務。特別是《韓非子》所引用的「攘臂而仍之」是引《老子》的申論，其間容許對眾人實施強制力之作為者，其最高主宰亦屬君王。

是以，吾人得以推論，前段引文中的「君子」、「上」或「聖人」雖未明指為國君，但至少是君王應崇尚之榜樣；而其要求「為禮」之修養，企望君王達到「盡手足之禮也不衰」的境界，自然應屬國君德性修身之一環。

除了情緒、禮與義之國君德性修身要項外，關於其他道德修為的論述亦存在於《韓非子》部分篇章內，對此，藉由黃紹梅先生之整理有此概說：

> 當檢視韓非學說時，可發現在部分篇章當中，例如：〈南面〉、〈安危〉、〈守道〉、〈亡徵〉、〈十過〉等篇章，對國君的道德修為有基本的要求。也就是韓非在建構其學說之初，已預設國君具備一定的道德規範，此一預設的基本修為，我們可稱為「中人之君」的理念。[516]

由引文所示，吾人得知《韓非子》是在乎君王之德性修養的；其所列各篇章內之「中人之君[517]」的道德修為論述，因在本

---

[516] 黃紹梅：〈韓非學說「法術勢」均衡運作的困難—以漢代「尚書尊隆」「酷吏專橫」為例的考察〉，《國立僑生大學先修班學報》第 9 期（2001年 7 月），頁 170。
[517] 所謂中人之君，依韓非之定義為：「吾所以為言勢者，中也。中者，

書中分屬不同君德修養範疇，為求行文之周延性，乃置於各
專章內分別討論，是以此處不再詳述。

三、虛則德盛

　　由《韓非子》的內文推論，君德之修養若以世俗的德行
綱目來條舉[518]，一則繁不勝數，二則頗失君威，三則又恐為
人君所不喜。因此，《韓非子》很巧妙地提出用「虛」與「靜」
的澈底修養方式，來概括性的作為君王人格修養手段，甚至
達到政治「無為」之目標，以循循導引國君服膺。

（一）虛靜為君王責成之先務

　　在《韓非子》相當多的篇章當中列舉了因自然與「虛」、
「靜」的優點及作法，以提示國君作為修身養德之遂行。從
外表來看，極力主張法治主義的《韓非子》，其行政作用多
以「干涉」為手段，何以又有「虛」與「靜」的無為式政府
型態之提倡呢？對此，陳啟天先生對於《韓非子》的「無為」
與「虛」、「靜」之關係有此申義：

上不及堯、舜，而下亦不為桀、紂。抱法處勢則治，背法去勢則亂。
今廢勢背法而待堯、舜，堯、舜至乃治，是千世亂而一治也。抱法處
勢而待桀、紂，桀、紂至乃亂，是千世治而一亂也。」見《增訂韓非
子校釋‧難勢》，頁70。亦云：「使中主守法術，拙匠守規矩尺寸，
則萬不失矣。」見《增訂韓非子校釋‧用人》，頁792。

[518] 譬如，韓非要求國君的修身之道除了講情緒修養、義禮修養之外，也
講個人信用上的修養，如韓非云：「小信成則大信立，故明主積於
信。……故明主表信，如曾子殺彘也」即是。《增訂韓非子校釋‧外
儲說左上》，頁474。

無為二字，本為道家的一種名詞，法家取來做人君
治國的一種術。法家所謂無為，不是一切不做的意
思，只是要人主處虛執要，守法責成而已。[519]

陳氏的「處虛」與「守法責成[520]」都是人主在治術層面的一
種君德修養，此間手段之目的乃是為因應君王達成「無為」
而生；至於其具體理論，張素貞先生乃做了整理歸納，並提
出以下看法，其云：

韓非力倡人君無為，其理由可約為下列數端：其一、
君主守法責成，使臣各用其能。韓非以為君主總攬
政權，但須虛靜以待，督責群臣，因能而任使，不
必事必躬親，即可任法而為治……其二、君主智不
盡物，而使臣分層負責……必須任法無為，使臣下
分層負責，效用始宏……其三、君主安享成名，使
臣竭智勞慮……韓非取道家「虛靜無為」之說，運
為君術，欲人君謹言慎行，以靜制動，是君無為而
責成臣下有為者也。[521]

「無為」二字，在《韓非子》的運用中，不但是君術，同時
也是修養；關於無為之修養論述，在本書第五章將另文詳
述，此處僅專就國君修身的「虛」與「靜」之論述而言。

---

[519] 陳啟天：《增訂韓非子校釋・韓非及其政治學》（台北：臺灣商務印
書館，1969 年 6 月），頁 961。
[520] 關於韓非主張國君應守法以成君德之修養論述，詳見本書第六章。
[521] 張素貞：《韓非子思想體系》（黎明文化事業公司，1993 年 8 月），
頁 108-113。

（二）守靜使名命事定

國君之心思「守靜」是培養德行的良好途徑，是以《韓非子》的〈喻老〉篇便直接提出「靜則建乎德，動則順乎道[522]」的觀點來指導國君服從道與法之綱紀。而且，守靜的功夫一旦養成，在治術上之功效甚鉅，是云：「故聖人執一以靜，使名自命，令事自定[523]」，是故，守靜亦得謂為國君循名責實的基本修養之一。

國君在性格上練就了內化於心的守靜之德，便得以在用人治國上實收效益；但反面來看，若不能履行「守靜」之德，則又不免發生大如兕虎爪角的「萬物之害」，《韓非子》謂之：

> 是以聖人愛精神而貴處靜，此甚大於兕虎之害。夫兕虎有域，動靜有時，避其域，省其時，則免其兕虎之害矣。民獨知兕虎之有爪角也，而莫知萬物之盡有爪角也，不免於萬物之害。[524]

《韓非子》認為若能在「守靜」的功夫上著力並推至舉國，則積極面是「動則勝」，保守面也可收「靜則安」之效，此亦能使得人民素質改良為「小人少而君子多」，並達到「社稷常立」與「國家久安」，其曰：

> 使天下皆極智能於儀表，盡力於權衡，以動則勝，以靜則安。治世使人樂生於為是，愛身於為非。小

---

[522] 《增訂韓非子校釋・喻老》，頁 778。
[523] 《增訂韓非子校釋・揚榷》，頁 699。
[524] 《增訂韓非子校釋・解老》，頁 753。

200

　　　　人少而君子多，故社稷常立，國家久安。[525]

守靜與否之優劣如此明顯，是以，韓非極力輔佐、勸諫的君王自然沒有拒絕修養此德行之理。在守靜之修養後，「虛靜」的具體成效便接踵而至，《韓非子》所謂的「聖人執要，四方來效。虛而待之，彼自以之[526]」便是其力主無為治國的崇高願景，故曰：

　　　　道在不可見，用在不可知。虛靜無事，以闇見疵。
　　　　見而不見，聞而不聞，知而不知。知其言以往，勿
　　　　變勿更，以參合閱焉。[527]

臣下性喜揣摩上意以投其所好，人主若非以沖虛之形應對，即易落入役於部屬之窘境；是故，君主的道術其實就在這般「不可見」與「不可知」的氛圍中才能發揮最大的御臣效益。國君以虛靜修身，一方面是德行的修養，另一方面則是君術的發揮，二者實具有一體兩面之內涵。

　　是以，針對此道，徐漢昌先生乃舉以國君「保持虛靜」之管理術評之：

　　　　國君本身保持虛靜，又如何使臣下盡其智能去為國
　　　　勤勞？除了「明主使法擇人，不自舉也；使法量功，
　　　　不自度也」和依法公正給予賞罰之外，「因任而授

---

[525]　《增訂韓非子校釋‧安危》，頁 809。
[526]　《增訂韓非子校釋‧揚權》，頁 697。
[527]　《增訂韓非子校釋‧主道》，頁 690。

官，循名而則實」是國君虛靜無為的關鍵。[528]

由上引文可知，國君修養虛靜無為的德性亦得培養出相關用人技術[529]，且操作時還需輔以「依法公正給予賞罰」之原則，方得以駕服人臣之心；這其中即同時牽涉了君德、術與法的綜合運用。由此可見，《韓非子》在君王政治作為的設計上，其實已將各技術彼此緊密相連、環環相扣。

（三）守虛以澄淨胸懷

若深究《韓非子》在國君虛靜修養上的用意，吾人則可以發現虛靜除了具有駕馭人臣的表面意義外，其實還潛藏了更深一層政治意圖。在韓非身處的先秦末期，已是各家學術大鳴大放之際，彼時君主統治萬民，其心中難免早已有一套屬於自身的治國經驗，而這些主見在韓非看來，其實都有可能是妨害法術之士輔佐國君的成見。所以，《韓非子》在幾番提醒法術之士「則非知之難也，處知則難也[530]」，蓋因「人主亦有逆鱗，說者能無嬰人主之逆鱗，則幾矣[531]」。

《韓非子》為了讓國君能徹底接受這套完善的治國策略，於是索性運用迂迴方式，讓國君以全「虛」的態勢來澄淨胸懷，並徹底拋棄一切「愚誣之學，雜反之行[532]」，使國

---

[528] 徐漢昌：〈從《韓非子》看法家論「明君」〉，《文與哲》第 3 期（2003年 10 月），頁 155。
[529] 關於韓非針對國君在蓄臣及術治上的君德論述，詳見本書第五章第三、四節所述。
[530] 《增訂韓非子校釋·說難》，頁 277。
[531] 同上注。
[532] 《增訂韓非子校釋·顯學》，頁 2。

君「意無所制」；如此，方得以全盤接納《韓非子》之法與術，其曰：

> 所以貴無為無思為虛者，謂其意無所制也。夫無術者，故以無為無思為虛也。夫故以無為無思為虛者，其意常不忘虛，是制於為虛也。虛者，謂其意無所制也。今制於為虛，是不虛也。虛者之無為也，不以無為為有常，不以無為為有常則虛，虛則德盛，德盛之謂上德。[533]

如何才能「虛」，《韓非子》在此提供了「不以無為為有常則虛」的方法；而「虛則德盛」，則是他給予國君以德修身的具體願景。

《韓非子》強調以修身為君王治國根本條件之論述，其實蘊含在《韓非子》的眾多篇章當中，甚而，亦有存在於法論與術論等文句內，徵諸本節之論證即可明確窺知。惜以往此般修身理念並未受到學界之高度重視，故難以現其真義。所幸，對於此間論述之觀察，尹振環先生在討論有關《韓非子》進言術之文當中曾有過發現，並以肯定之態度稱之，其謂：

> 韓非的整個著作都是想矯正人君在政、軍、經、文各方面的不善，比如他的〈十過〉，就是寫君王應該避免的十種過錯……這種「不善」，既有政治、經濟、軍事、外交、文化方面的，也有君王自身修

---

[533] 《增訂韓非子校釋‧解老》，頁 722。

養、愛好及家庭、宗族關係的。[534]

　　尹先生明確地將「君王自身修身」之道，視為《韓非子》勸諫君王應予落實之行止，否則，即落入所謂的「不善」之過失，其強調德性修身之論實甚明矣。

　　此外，吾人須知，在《韓非子》的法與術之操作領域內實難容其餘「顯學」之干擾，因此他才引伸道家的「虛」與「靜」來澈底洗滌國君之過往主見，並引以為君德修養之內涵，此即是他所謂「因道全法，君子樂而大姦止；澹然閒靜，因天命，持大體。故使人無離法之罪，魚無失水之禍[535]」的作法。

　　《韓非子》企望國君在接納他之後，若依其之設計，以虛、靜之修養澄清其思慮後，就可以逐步地為國家實施變法圖強的治國策略，此即「是以有道之君，貴虛靜而重變法[536]」之謂。是以，吾人得言之，於本節所論的國君「保身」「機德」與「虛靜」之修身論述，皆為《韓非子》治國理念之預備作業，也是變法過程中的治術手段，概均屬其君德思想之重要成分也。

---

[534] 尹振環：〈韓非子的進言術〉，《孔孟月刊》第 36 卷第 11 期（1998 年 7 月），頁 36。
[535] 《增訂韓非子校釋·大體》，頁 715。
[536] 《增訂韓非子校釋·解老》，頁 740。

第二節　聖人除欲則不憂

一、君見其欲臣雕琢

　　承如上節所述，講求絕對崇高之君權觀念的法家學說，其實不容臣下質疑國君之任何作為，蓋因質疑國君會干涉到「君勢」的威嚴，也會影響到國政的推動，猶有大不逆之嫌，為法治之制所難容。

　　然則，《韓非子》其實明白國君與眾人一樣也有欲望，更且，操控舉國資源於一身的尊位所致，其心欲甚或高過常人，是必須加以正視的。是以，《韓非子》認為國君的欲望之行不容臣下鄙視，於是，應由君主自身做好欲望之控制，以免滋生臣民妄念之枝節。

（一）肯定欲之存在

　　從《韓非子》所載而論，該學說是肯定「欲」之存在的，所以說「好利惡害，夫人之所有也……喜利畏罪，人莫不然[537]」。「好利」其實就是一種欲的表現，而且對於在「利」與「害」之間的抉擇，凡人皆會做對自身最有利之客觀判斷，且這種判斷通常是趨利避害的。

　　因此，《韓非子》強調人的這種「欲」是一種主觀意識的表達，並且，這具有主觀意識的基本人性是可控制的，於是他說：「人情者有好惡，故賞罰可用[538]」，「賞」與「罰」，

---

[537] 《增訂韓非子校釋·難二》，頁 344。
[538] 《增訂韓非子校釋·八經》，頁 150。

就是掌握在君主手中對於「欲」的控制手段。這種依據經驗論得來的觀點，也成為《韓非子》認定人性趨利避害之根結。

　　然則，因為《韓非子》堅信「夫欲利者必惡害[539]」，勢將造成「欲」有時與「害」會有所衝突，於是在此間的「欲」與「害」之導引便相形重要。是以，《韓非子》乃指導君王必須適當地控制自身和人民的欲念，所以在許多篇章都提出可以經由對人民欲望之控制，來強化人民對國家努力的主張。譬如，所謂獎勵「斬首之功」可得官爵之論述，即是強調假若控制了人民求得官爵之「欲」，甚至可以讓人達到不畏死之「惡」。因此，如能適當導引「欲」，則「惡」將被排擠消除。

（二）除欲為修治欲望之意

　　《韓非子》在〈解老〉篇提出君王應該實踐「除欲」之主張，但是，該「除」字在此並非完全消去之意，而是「修治[540]」之屬；其積極意義則為藉「修治」欲望而使免於「不知足」之窘；是以，其云之：

> 欲利之心不除，其身之憂也。故聖人衣足以犯寒，食足以充虛，則不憂矣。眾人則不然，大，為諸侯，小，餘千金之資，其欲得之憂不除也，胥靡有免，死罪時活，今不知足者之憂，終身不解。[541]

---

[539] 《增訂韓非子校釋・六反》，頁 96。

[540] 除，修治也。「君子以除戎器，戒不虞。」見林尹、高明主編：《中文大辭典》（台北：中國文化大學出版部，1982 年 8 月）卷 9，頁 1107。

[541] 《增訂韓非子校釋・解老》，頁 746。

為了避免「今不知足者之憂，終身不解」，所以要以「除」的方式作控制，務使欲望控制在恰當的範圍內才能施行。而所謂「恰當」何指？即是合於「法度」與「比例」原則之行徑也。依《韓非子》之見，春秋五霸之首的齊桓公即是符合用度之富儉比例原則的「知侈儉之施也」者，其舉例曰：

> 有君以千里養其口腹，則雖桀紂不侈焉。齊國方三千里，而桓公以其半自養，是侈於桀紂也，然而能為五霸冠者，知侈儉之施也。[542]

齊桓公雖侈於桀紂，但因符合富儉比例，則猶可譽也。從《韓非子》所舉之例證與論點可以明白看出，這個「除欲」的主體除了黎民百姓之外，其實特指萬人之上的國君，是云「明主者、通於富強，則可以得欲矣。[543]」之謂也。以下，本節便以「修治」的除欲方式，討論國君在慾望的修養上應有之德行。

（三）君欲之控制

人的欲望不可能完全消除，而且欲望的所在也就是勤奮努力，以求取應得之所在；是以，《韓非子》在〈解老〉篇中依舊從個人的修身推論起，教導國君應該著重於欲望的控制，不使「欲甚」而致生「邪心」，其云：

> 有欲甚，則邪心勝，邪心勝則事徑絕，事經絕則禍難生。由是觀之，禍難生於邪心，邪心誘於可欲。

---

[542] 《增訂韓非子校釋·難三》，頁353。
[543] 《增訂韓非子校釋·八說》，頁144。

> 可欲之類，進則教良民為姦，退則令善人有禍。姦
> 起則上侵弱君，禍至則民人多傷。然則可欲之類，
> 上侵弱君，而下傷人民。夫上侵弱君，而下傷人民
> 者，大罪也。[544]

過多的「甚欲」使得「邪心勝」與「禍難生」，並引來「良民為姦」及「善人有禍」，以致於成為「上侵弱君」與「下傷人民」的重大罪惡，這是由於未能適當「除欲」所致。由此可見，除欲不及在常民的影響如是，在國君自身的危害更是劇烈，《韓非子》強調：

> 欲利甚則憂，憂則疾生，疾生而智慧衰，智慧衰則
> 失度量，失度量則妄舉動，妄舉動則禍害至，禍害
> 至而疾嬰內。疾嬰內則痛，痛禍薄外則苦。苦痛雜
> 於腸胃之間，則傷人也憯。憯則退而自咎，退而自
> 咎也生於欲利。[545]

《韓非子》運用了在推論上一貫的作法，將「欲利甚」的影響逐步合理擴張，由「憂」、「疾生」、「智慧衰」、「失度量」、「妄舉動」、「禍害至」、「疾嬰內」等依次發生的不良生理現象，來說明人身不應受制於過度縱欲之害，以勸導國君貫徹除欲之行。

國君在欲望上的無厭，近則妨諸身，遠則禍其國；〈解

---

[544] 《增訂韓非子校釋‧解老》，頁 745。
[545] 同前注。

老〉篇的「朝甚除也者，獄訟繁也[546]」以及「獄訟繁，倉廩虛，而有以淫侈為俗，則國之傷也[547]」就是這種欲望惡化的結果。

（四）未及除欲之害

關於欲望過度造成國家對外招禍的具體事例，《韓非子》舉了不少先秦史實以證之；從「貪愎喜利」、「耽於女樂」到「離內遠遊」等欠缺除欲所致之害，不是造成危身失國，就是致使亡國殺身，足可謂為國君未能藉除欲以修養君德，因而滋生之最大禍害也；其如是云：

> 智伯身死軍破，國分為三，為天下笑。故曰：貪愎好利，則滅國殺身之本也。……見其女樂而說之，設酒張飲，日以聽樂，終歲不遷，牛馬半死。由余歸，因諫戎王，戎王弗聽，由余遂去之秦，秦穆公迎而拜之上卿，問其兵勢與其地形。既以得之，舉兵而伐之，兼國十二，開地千里。故曰：耽於女樂，不顧國政，亡國之禍也。……昔者，田成子遊於海而樂之，號令諸大夫曰：言歸者死。顏涿聚曰：君遊海而樂之，奈臣有圖國者何？君雖樂之，將安得？……君乃釋戈，趣駕而歸，至三日，而聞國人有謀不內田成子者矣。田成子所以遂有齊國者，顏

---

[546] 《增訂韓非子校釋・解老》，頁758。
[547] 同前注。

　　　　渙聚之力也。故曰：離內遠遊，則危身之道也。[548]

在〈十過〉篇所標舉國家的十個最大亡國禍害當中，國君因
縱欲所生者即佔三個，令人聽來不禁毛骨悚然。而在〈亡徵〉
篇當中，《韓非子》也舉出幾個可能造成國家滅亡的國君好
欲之害，以圖警惕君王節欲、除欲，此皆足為《韓非子》要
求君主潔身自愛之最佳憑證，其云：

> 好宮室臺榭陂池，事車服器玩好，罷露百姓，煎靡貨
> 財者，可亡也。……饕貪而無饜，近利而好得者，可
> 亡也。……太子已置，而娶於強敵以為后妻，則太
> 子危，如是，則群臣易慮，群臣易慮者，可亡也。[549]

由《韓非子》所舉之例證可見，國君在除欲上最大的目標即
在「物欲」，是以，他具體的用「聖人不引五色，不淫於聲
樂，明君賤玩好而去淫麗[550]」的話語來告誡有為之聖君不應
受制於物欲，以免為家國惹來滅亡之禍。

（五）君無見其所欲

　　至於在對內部分，假使國君在臣下面前任意縱容欲望的
表達，也有礙於君術之實施，《韓非子》明陳：

> 君無見其所欲，君見其所欲，臣自將雕琢；君無見
> 其意，君見其意，臣將自表異。故曰：去好去惡，

---

[548] 《增訂韓非子校釋・十過》，頁 667，673。
[549] 《增訂韓非子校釋・亡徵》，頁 116-117。
[550] 《增訂韓非子校釋・解老》，頁 745。

> 臣乃見素，去舊去智，臣乃自備；去舊去智，臣乃
> 自備。[551]

此處的「欲」，實非專指物欲而言，乃是指涉有關一切君王好惡喜樂的表達。「君見其所欲」的結果是「臣自將雕琢」，此即難免出現攀附阿諛之詞，臣下過度投國君所好之際，勢不利於政策真實面的展現。因此，國君「去好去惡」的無為無現，才有助於臣下彼此才能的各自發揮，此即為「喜之則多事，惡之則生怨。故去喜去惡，虛心以為道舍[552]」之所指。

國君不受制於物欲，亦避免將好惡在臣下面前做過多表達，這都是修治欲望所應實踐的「除欲」修養。蓋因「其欲得之憂不除也，……終身不解[553]」是「禍莫大於不知足[554]」的災厄；而「聖人在上，則民少欲，民少欲，則血氣治，而舉動理；血氣治而舉動理，則少禍害[555]」則是其功效。是以，所謂聖人除欲則不憂，當引為君主君德修養之一，亦足證矣。

二、去好去惡群臣見素

（一）除欲以隔離姦臣

國君未能除欲、節欲之害如此綿延，那麼如何除欲即是修身養德重要工作。《韓非子》認為國君除欲之基礎目標便

---

551 《增訂韓非子校釋・主道》，頁686。
552 《增訂韓非子校釋・揚權》，頁704。
553 《增訂韓非子校釋・解老》，頁746。
554 《老子校正・四十六章》，頁57。
555 《增訂韓非子校釋・解老》，頁741。

是要做到「不拔」與「不脫」，其提出之實際作法則分別是
「不能引」與「神不為動」，其曰：

> 至聖人不然，一建其趨舍，雖見所好之物不能引，
> 不能引之謂「不拔」。一於其情，雖有可欲之類，
> 神不為動，神不為動之謂「不脫」。[556]

一旦制訂了「建其趨舍」的立場，就應該「雖見所好之物不
能引」；一旦「一於其情」的專注之後，就應該「雖有可欲
之類，神不為動」這是一種排除物欲的難得行徑。

國君周遭難免充斥許多極其誘惑之人、事與物，而人皆
有欲，倘非適時節制所好，而貽誤了國家大政，則衍生後果
堪憂。為此，《韓非子》乃云「不務聽治，而好五音不已，
則窮身之事也[557]」。此外，為了杜絕人臣投君主所好而生縱
放淫樂之害，《韓非子》亦在〈八姦〉篇中舉出「在旁」與
「養殃」都是「人臣之所道成姦」的八術之一，其謂之：

> 何謂在旁？曰：優笑侏儒，左右近習，此人主未命
> 而唯唯，未使而諾諾，先意承旨，觀貌察色，以先
> 主心者也。此皆俱進俱退，皆應皆對，一辭同軌，
> 以移主心者也。為人臣者，內事之以金玉玩好，外
> 為之行不法，使之化其主，此之謂在旁。……何謂
> 養殃？曰：人主樂美宮室臺池、好飾子女狗馬，以
> 娛其心，此人主之殃也。為人臣者，盡民力以美宮

---

[556] 《增訂韓非子校釋·解老》，頁 761。
[557] 《增訂韓非子校釋·十過》，頁 655。

> 室臺池，重賦斂以飾子女狗馬，以娛其主，而亂其
> 心、從其所欲，而樹私利其間，此謂養殃。[558]

「優笑侏儒」與「左右近習」是《韓非子》深惡痛絕的弄臣
之屬，渠等培養了國君對物欲的龐大需求，其目的就在「內
事之以金玉玩好，外為之行不法，使之化其主」，如此才能
得君之寵而償其私欲，是謂之在旁。此外，藉著「樂美宮室
臺池」及「好飾子女狗馬」來娛樂君主的行為，勢必以「盡
民力」及「重賦斂」方能成「娛其主而亂其心、從其所欲」
之行，但這卻明顯地造成耗損民力與禍國殃民，《韓非子》
稱其為「養殃」之屬。

「在旁」與「養殃」都是藉著擴大君主欲望而得寵，造
成「其於觀樂玩好也，必令之有所出，不使擅進擅退，不使
群臣虞其意[559]」的挾君擅權之勢；究其原委，實因君主縱放
私欲並受制於物所生，自當務需去除。

前文曾言及縱欲造成心智之蒙蔽的「智慧衰」之情，此
情必使國君無法正確判斷政治策略之良莠。《韓非子》提出
虞公之兵殆而地削者，即起因於「愛小利而不慮其害。故曰：
顧小利，則大利之殘也[560]」。另外，還提出豎穀陽進酒以誘
導子反之欲，卻造成子反惹來殺身之禍，這便是「小忠，大
忠之賊也[561]」的縱欲之厄。

---

[558] 《增訂韓非子校釋・八姦》，頁186。
[559] 同前注，頁190。
[560] 《增訂韓非子校釋・十過》，頁657。
[561] 《增訂韓非子校釋・飾邪》，頁207。

　　國君貪求物欲會耗損國力，任意表達心欲則又將落入臣下窺探投機的途徑。是以，《韓非子》提示了君王在施政時應注意之言行表達，乃曰：

> 凡姦臣皆欲順人主之心，以取信幸之勢者也。是以主有所善，臣從而譽之；主有所憎，臣因而毀之。[562]

臣子們見經常斟酌於「主有所善」及「主有所憎」，對國家政務之推動顯有不當；因而，《韓非子》乃進一步主張君王應「去好去惡」，故曰：

> 故君見惡，則群臣匿端；君見好，則群臣誣能。人主欲見，則群臣之情態得其資矣。……故曰去好去惡，群臣見素。群臣見素，則人君不蔽矣。[563]

在政策上一味地從主所欲並非良策，但是姦佞之臣們卻妄用阿諛之詞而使得執政者受到蒙蔽，這是《韓非子》認為在政令的決策過程中，要求君主不得不謹慎表達心欲之提示；這種「欲順人主之心」雖非同前文的「物欲」之害，但因為國家真實面受到蒙蔽而制訂的政令，其施行後之錯誤也可能危害頗大，切不可等閒視之。是以，如能「去好去惡」來使得「群臣見素」，其制訂政策的成效將是「人君不蔽矣」。

---

[562]　《增訂韓非子校釋・姦劫弒臣》，頁 213。
[563]　《增訂韓非子校釋・二柄》，頁 183-184。

（二）除欲以正國風

　　除了群臣善於投君所好之外，百姓們也喜將君王之好惡視為己欲，甚而模仿效尤，乃至蔚為國風。對此，《韓非子》舉例言之：

> 群臣飾行以要君欲，則是群臣之情不效；群臣之情不效，則人主無以異其臣矣。故越王好勇，而民多輕死；楚靈王好細腰，而國中多餓人；齊桓公妒而好內，故豎刁自宮以治內，桓公好味，易牙蒸其子首而進之；燕子噲好賢，故子之明不受國。[564]

　　在君王的喜好中若屬良善之欲，稍加控制便能導民以善；倘屬不當之欲者，其擴散效果即成傷風敗俗之類。因此，「君欲」可說是動見觀瞻，足以為天下行，不得不善「除」。除欲的方法除了在消極上做到控制欲望的豪取與表達之外，在積極上顯然以「儉於財用」及「不事玩好」為尚，如云：

> 儉於財用，節於飲食，宮室器械，周於資用，不事玩好，則入多。入多，皆人為也。[565]

　　「節於衣食」及「周於資用」都是減少支出，俾便國庫收入增加的方法，並且，這都是國君及政府切確可行的作為。關於《韓非子》於此對君王所陳之勸誡，蔡澤華先生則歸納為節、儉、資用、不事等四項原則，其曰：

---

[564] 《增訂韓非子校釋‧二柄》，頁 183。
[565] 《增訂韓非子校釋‧難二》，頁 341。

> 這個要求可以歸納為六個字，節、儉、資用、不事。
> 就是說，財用開支，要貫徹「儉」的原則，衣食生
> 活用度，要貫徹「節」的原則，宮廷用器具，要貫
> 徹「資用」的原則，對珍寶玩好一類奢侈性活動，
> 要貫徹「不事」的原則。[566]

蔡先生所言，即是針對《韓非子》為君所設的節用之道而作
歸納。《韓非子》有此力陳，實因深知人之欲望無窮，假若
君王毫不知足地向人民橫征暴斂，不僅於眼前耗損民利，其
身後還會衍生法律與政令之不彰的「輕法」現象，此乃違逆
了法家治國學說之最大原則，其後果將嚴重影響所有政令之
推行，《韓非子》是曰：

> 上以無厭責己盡，則下對無有，無有則輕法。法，
> 所以為國也，而輕之，則功不立，名不成。[567]

居上者倘以「無厭」擾民，則臣下萬民必然無奈地以「無有」
之謊上陳，此即「輕法」之所在，是法家人物最不願見到之
情景。所以《韓非子》藉著《老子》的修身治國之道來啟發
國君：「身以生為常，富貴其可也。不以欲自害，則邦不亡
身不死，故曰：知足之為足矣[568]」。

　　國君修治欲望是德行上的一種重要修養，因此，《韓非
子》認為未能除欲者，便易衍生「為之欲之，則德無舍，德

---

[566] 蔡澤華：〈韓非子經濟思想和治理經濟的政治手段〉，《哲學與文化》
第 31 卷第 8 期（2004 年 8 月），頁 162。

[567] 《增訂韓非子校釋·安危》，頁 809。

[568] 《增訂韓非子校釋·喻老》，頁 765。

無舍則不全[569]」之現象，是類君王即屬於缺乏君德之執政者。反之，國君如能適當「除欲」，則可大幅減少前述之憂患，此正是「聖人除欲則不憂」之謂。諸類說法，在《韓非子》內文所書者已悉如上述，可視為其在君德思想上屬於修身養德之具體主張。

第三節　修家之道在治內勿親

關於建議君王如何在政治運作中，妥善地拿捏「治內」原則乙事，《韓非子》在〈內儲說左下〉篇陳述了一段趙武向晉平公推薦人才的史實，其「外舉不避讎，內舉不避子」之主張，得資為國君治內之指導，其曰：

> 公又問曰：「中府之令，誰使而可？」曰：「臣子可。」故曰：「外舉不避讎，內舉不避子。」趙武所薦四十六人，及武死，各就賓位，其無私德若此也……及武子之生也不利於家，死不託於孤，臣敢以為賢也。[570]

《韓非子》在文中盛讚趙武在國家公益與私家利益的裁量上，做了中肯的拿捏，甚至誠實而公平地將自己兒子推薦給君王。因此，在趙武死後有了「生也不利於家，死不託於孤，臣敢以為賢」之美名。此揭記載，明顯地表達了《韓非子》

---

569 《增訂韓非子校釋・解老》，頁 722。
570 《增訂韓非子校釋・內儲說左下》，頁 548-549。

建議君王在治國與用人上不必避諱私家的舉用，於是，他再次強調：

> 聖王明君則不然，內舉不避親，外舉不避仇。是在焉，從而舉之，非在焉，從而罰之。是以賢良遂進，而姦邪並退，故一舉而能服諸侯。[571]

從此處得知，《韓非子》認為國君是可以任用包括王室在內的私家之人，所以說「內舉不避親」，然其任用標準則為「是在焉，從而舉之」，這是國君公正之所在。但是，王室以及親信們與國君之關係非親即故，彼此間的聯繫親密，若渠等以私心擾亂國君，影響政局所及勢將更形嚴重。

是以，《韓非子》在「修之於家，其德乃餘[572]」的觀念下，藉著許多例子來警惕、教導國君必須將「修家」視為「修德」之重要德目，凡為國有民而勵精圖治者，切不得輕忽；然國君修家之最高指導原則為何？依《韓非子》言，即所謂「欲治其內，置而勿親[573]」之原則也。

一、利在私家威在群臣

（一）王室血親之內

王室成員是最接近國君的親屬，由於接近權力的核心，自然對國政的影響無所不在，是以，《韓非子》乃對國君提

---

[571] 《增訂韓非子校釋・說疑》，頁 240。
[572] 《老子校正・五十四章》，頁 82。
[573] 《增訂韓非子校釋・揚權》，頁 707。

出了不少關於王室治家之建議[574]。身為韓國公子的韓非，正是王族一，耳目所及的眾多皇家事務，使得其對親室干政之認識頗多，感受也分外強烈。是以，在〈亡徵〉篇所提到的亡國徵兆裡，王室不當干政之鉅害乃赫然在列，其釋例曰：

> 婢妾之言聽，愛玩之智用，外內悲惋而數行不法者，可亡也。……太子尊顯，徒屬眾強，多大國之交，而威勢蚤具者，可亡也。……后妻淫亂，主母畜穢，外內混通，男女無別，是謂兩主，兩主者，可亡也。后妻賤而婢妾貴，太子卑而庶子尊，相室輕而典謁重，如此則內外乖，內外乖者，可亡也。[575]

「婢妾」、「太子」、「后妻」、「主母」以及「庶子」等等，都是國君在血緣上最接近的人；而太子與庶子，則不但是未來嗣君，更可能是君王在當前國政上極為倚重的幫手。不過，透過冷靜的觀察與理性的分析來判斷，卻發現這類「家人」經常因私心作祟而成為「數行不法者」或是「威勢蚤具者」，對於國家的典章制度施行之成效妨害頗大，成為國君抱法處勢的障礙，理應有所防備才是。

　　「主母」其實也是國君備內的對象之一，既說孝行是凡

---

[574] 經呂耀懷先生之整理歸納，韓非的治家論述分類如下：「《韓非子》中的治家論思想可以概括為四個方面：第一『薄愛』、『用嚴』治家原則；第二，家庭關係中的『計算之心』；第三，『資財』、『儉用』的家庭經濟觀；第四，貫透法家精神的家訓事例。」見呂耀懷：〈《韓非子》治家論初探—兼與孔孟有關思想比較〉，《哲學與文化》第25卷第6期（1998年6月），頁575。

[575] 《增訂韓非子校釋・亡徵》，頁117-118。

人兼顧有的德性，是以《韓非子》並未否定它的存在，反而是以縝密的角度來說明君王在在治國上盡孝的原則。由於國君在身份上的殊異，所以「人主之孝」與「匹夫之孝」於性質上是有所不同的，其孝行之判準點必須以「社稷之利」為思考，即如云：

> 不為人主之孝，而慕匹夫之孝，不顧社稷之利，而
> 聽主母之令，女子用國，刑餘用事者，可亡也。[576]

《韓非子》除了在〈亡徵〉篇以較籠統的說法提示國君應提防近親之外，特別還在〈八姦〉篇內列舉「同床」與「父兄」為八姦之一，認為該族群之禍害是「人臣之所以道成姦，世主所以壅劫，失其所有也」，因此，人君不可不察，故云：

> 一曰在同床。何謂同床？曰：貴夫人，愛孺子，便
> 僻好色，此人主之所惑也。託於燕處之虞，乘醉飽
> 之時，而求其所欲，此必聽之術也。為人臣者，內
> 事之以金玉，使惑其主，此之謂同床。……三曰父
> 兄。何謂父兄？曰：側室公子，人主之所親愛也，
> 大臣廷吏，人主之所與度計也，此皆盡力畢議，人
> 主之所必聽也。為人臣者，事公子側室以音聲子女，
> 收大臣廷吏以辭言，處約言事，事成則進爵益祿，
> 以勸其心使犯其主，此之謂父兄。[577]

---

[576] 同前注。
[577] 《增訂韓非子校釋・八姦》，頁 186-187。

觀察入微的《韓非子》認為，貴夫人及愛孺子等「同床」之屬，是人主所恩寵的，他們善於利用君王「醉飽之時，而求其所欲」；側室公子及大臣廷吏們是人主所親愛的，卻易遭人利用而讒言國君在法度之外任意「進爵益祿」。所以《韓非子》還說：「父兄犯法，則政亂於內[578]」，此般皆為禍朝亂政之行，自是法治所不許。

（二）左右近習之內

除了王室的血親之內室，終日環繞於國君周圍的左右大臣與近習們也算是人主之內屬。《韓非子》認為「人主之左右，行非伯夷也，求索不得，貨賂不至，則精辯之功息，而毀誣之言起矣[579]」，因此，國君不可因為過度信任而受制於人，此謂「信人則制於人」，其曰：

> 人主之患，在於信人，信人則制於人。人臣之於其君，非有骨肉之親也，縛於勢而不得不事也。故為人臣者窺覘其君心也，無須臾之休，而人主怠傲處其上，此世所以有劫君弒主也。為人主而大信其子，則姦臣得乘於子以成其私，故李兌傅趙王而餓主父。為人主而大信其妻，則姦臣得乘於妻以成其私，故優施傅麗姬，殺申生而立奚齊。夫以妻之近與子之親，而猶不可信，則其餘無可信者矣。[580]

---

[578] 《增訂韓非子校釋·內儲說上》，頁 405。
[579] 《增訂韓非子校釋·孤憤》，頁 288。
[580] 《增訂韓非子校釋·備內》，頁 195。

為人臣者眾，所涉利益者豐，因之不能期許皆為忠善之士。是以其窺視人主心思，貪圖個人私慾之情即頻有所生，甚至「無須臾之休」。而且，這班左右近習善於利用君王的愛子與妻妾來逞其私慾，所以，從這角度看來，國君就必須以優異的「修身」與「修家」之道，來同時遏止血親與左右的亂法之行。

在人臣干圖私慾的方法中，以對國君「請謁[581]」為最；是以《韓非子》云：「釋法禁而聽請謁，群臣賣官於上，取賞於下，是以利在私家，而威在群臣[582]」，此般請謁之行一旦成群，即會嚴重排擠到法度綱紀，其危害小則求私害公，大則毀言喪邦，國君應引以為戒。此外，《韓非子》認為當初「商君之所以車裂於秦，而吳起之所以枝解於楚」皆因「群臣之毀言非特一妾之口」所致，足見左右近習之內對國政影響力之巨大，乃云：

> 從是觀之，父之愛子也，猶可以毀而害也。君臣之相與也，非有父子之親也，而群臣之毀言，非特一妾之口也，何怪夫賢聖之戮死哉！此商君之所以車裂於秦，而吳起之所以枝解於楚者也。[583]

---

[581] 請謁：據《中文大辭典》有二義。一、請求謁見也；二、干求人也。此處取第二義。見林尹、高明主編：《中文大辭典》（台北：中國文化大學出版部，1982 年 8 月）卷 8，頁 1030。
韓非云：「明君之於內也，娛其色，而不行其謁，不使私請。……今則不然，不課賢不肖，不論有功勞，用諸侯之重，聽左右之謁。……故財利多者買官以為貴，有左右之交者請謁以成重。」見《增訂韓非子校釋·八姦》，頁 190。

[582] 《增訂韓非子校釋·飾邪》，頁 209。

[583] 《增訂韓非子校釋·姦劫弒臣》，頁 221。

綜上所言，國君身旁的「私內之家」包括了血親與近習之屬，其族若能善予修治，則不失成為國君在朝政之外的重要精神與肉體依靠；反之，若未能嚴加修治而致「愛臣太親，必危其身；人臣太貴，必易主位；主妾無等，必危嫡子；兄弟不服，必危社稷[584]」，則必然是人主之危，家國之禍也。

二、修之家其德乃餘

（一）王室持家之道

　　《韓非子》所提出的君德論述中，在修家之層次上，其消極面是希望國君務必要求王室成員在用度上應量入為出，且不得置無用之物，是云：「治家者，無用之物不能動其計，則資有餘，故曰修之家，其德乃餘[585]」實因「家」乃君王之所棲，亦為天下之所仰，修家治內以德，蓋為發揚國君德行途徑之一也。

　　然而，若論到修家的積極面上，《韓非子》便將重點放在君王公正進用國臣的思考層面，並且也將王室俸祿的給予做了概略性規範，其明白表示：

> 親臣進而故人退，不肖用事而賢良伏，無功貴而勞苦賤，如是則下怨，下怨者，可亡也。父兄大臣祿秩過功，章服侵等，宮室供養太侈，而人主弗禁，則臣心無窮，臣心無窮者，可亡也。公婿公孫與民

---

[584] 《增訂韓非子校釋·愛臣》，頁 837。
[585] 《增訂韓非子校釋·解老》，頁 761。

223

　　同門，暴傲其鄰者，可亡也。[586]

賢良之臣畢竟是輔佐君王治國之要，但是國君不得只以私家之親作為進用門檻，務必網羅天下才俊以任，毋使因為「親臣進而故人退」，造成劣幣驅逐良幣之效應。再則，王室公卿的俸給與用度不得「祿秩過功」與「供養太侈」，這是避免造成臣心貪婪無窮的防堵之計，亦是居上位者所應該視為己任的修家之責。

　　《韓非子》拋開了眾人的眼光，非常冷峻地在他的學說中，將常人所不敢談論的許多政治現實面做了剖判，使得一些讀來令人怵目驚心的真實現象都暴露無遺。例如，他將國政混亂的原因歸納為六種，其中涉及到國君家醜的因素即佔其四，分別是主母、后姬、子姓與弟兄，其曰：

　　　明主審公私之分，別利害之地，姦乃無所乘。亂之
　　　所生，六也：主母、后姬、子姓、弟兄、大臣、顯
　　　賢。任吏責臣，主母不放。禮施異等，后姬不疑。
　　　分勢不貳，庶適不爭。權籍不失，兄弟不侵。[587]

針對此四項王室家醜，《韓非子》先是提綱挈領的提示國君要以公私別利害，然後還分別提出了「任吏責臣」、「禮施異等」、「分勢不貳」、「權籍不失」等四種建設性的防制措施，以指引君王以國家公益為考慮來處理家務。

　　從情感層面來說，王室成員自然是最能討好國君，且最

---

[586]　《增訂韓非子校釋‧亡徵》，頁 118。
[587]　《增訂韓非子校釋‧八經》，頁 155-156。

224

能得其歡欣的；不過，「娛其色」歸「娛其色」，關於非經正當管道而晉見的請謁之行，《韓非子》仍舊主張不容許在朝政上發生，故云：

> 明君之於內也，娛其色，而不行其謁，不使私請。其於左右也，使其身，必責其言，不使益辭。其於父兄大臣也，聽其言也，必使以罰任於後，不令妄舉。其於觀樂玩好也，必令之有所出，不使擅進擅退，不使群臣虞其意。[588]

在朝政上「不使私請」、「不使益辭」、「不令妄舉」、「不使擅進」以及「不使擅退」等，皆是《韓非子》明白告誡君王的治內法則，這其間的內涵不但包含了行政管理上的督責術，也是國君在修家之務上的具體約束。

為提防「公子既眾，宗室憂吟」的現象，並讓國家維持住一個穩固的政局，《韓非子》還替當前的國君及嗣後的儲君規劃了一套確保君位的「止之之道」，其作法便是積極地「數披其木」、「掘其根本」、「填其洶淵」以及「探其懷」與「奪之威」，是曰：

> 公子既眾，宗室憂吟。止之之道，數披其木，毋使枝茂。木數披，黨與乃離。掘其根，木乃不神。填其淵，毋使水清。探其懷，奪之威。主上用之，若

---

588 《增訂韓非子校釋‧八姦》，頁190。

電若雷。[589]

（二）法足為持家之準

　　《韓非子》就事論事，對於所提出專用於君王的施政與修養規則等論述，均有其積極的執行措施已配合之。然則，在國君面對如此多的治內規範當中，究竟有無執行面的統一標準呢？關於此點，吾人可從韓昭侯與其親寵重臣申不害的一段言談中明見其意。《韓非子》云：

> 韓昭侯謂申子曰：「法度甚易行也。」申子曰：「法者，見功而與賞，因能而授官。今君設法度，而聽左右之請，此所以難行也。」昭侯曰：「吾自今以來知行法矣，寡人奚聽矣。」一日，申子請仕其從兄官，昭侯曰：「非所學於子也。聽子之謁，敗子之道乎？亡其用子之謁。」申子辟舍請罪。[590]

申不害輔佐昭侯相韓「內脩政教，外應諸侯，十五年。終申子之身，國治兵彊，無侵韓者[591]」可說是韓國第一重臣，更是昭侯最為親信之屬，但面對申不害之為兄請謁時，韓昭侯竟答以「聽子之謁，敗子之道乎」，此即明令請謁之不得，殊為《韓非子》所盛讚。

　　前文提及「請謁」向來即為王室成員間左右朝政的主要途徑，經常困擾著國君的決策。至於如何執行親信與血親之

---

[589] 《增訂韓非子校釋・揚榷》，頁710。
[590] 《增訂韓非子校釋・外儲說左上》，頁515。
[591] 《史記・老子韓非列傳》，頁544。

間對國君的請謁，並引以為治內之準繩，《韓非子》則藉申不害之言明示：「法者見功而與賞，因能而受官」。由此，足見「法」是國君論功行賞之最大憑藉，既使用於王室家務，法也是國君修家治內在執行面上的統一標準。

　　君王對外是國家元首，對內則是一家之長，所以家族成員間的管束，自當為家長之責，例如本節前述的種種修家治內之道即屬之。此外，家屬們對外的象徵，也應該是家長管束的標的；好比「父兄賢良播出，曰『遊禍』，其患，鄰國多資[592]」，或者應該儘早慎選繼承人「備危恐殆，急置太子，禍乃無從起[593]」等，都是國君應該妥善處理的王室家務。

　　從本章的討論中得以瞭解，《韓非子》所指的修家治內之對象，例如主母、后姬、子姓與弟兄等人，幾乎都是國君生活中最為貼近的血脈之親，渠等不但親近國君，同時在朝廷內、外也都擁有龐大勢力，足以左右國家大事，身為國君而要阻絕近親的干政其實是不容易的，此即《韓非子》所謂「三難」：

> 夫分勢不二，庶孽卑，寵無藉，雖處髦老，晚置太子可也；然則晚置太子，庶孽不亂，又非其難也。物之所謂難者；必借人成勢，而勿使侵害己，可謂一難也。貴妾不使二后，二難也。愛孽不使危正適，專聽一臣而不敢隅君，此則可謂三難也。[594]

---

[592] 《增訂韓非子校釋·八經》，頁156。
[593] 《增訂韓非子校釋·揚權》，頁709。
[594] 《增訂韓非子校釋·難三》，頁351。

《韓非子》所指「貴妾不使二后」以及「愛孽不使危正適，專聽一臣而不敢隅君」是君王治國「三難」中之其二，此足見持家不當對君王所生之鉅害；是以，國君若欲接受《韓非子》之建議，公正而理性的處理這些家務，則務必要以身作則並且凡事以法為準據，才能避免往後必須面對的情感煎熬與內外反撲。

藉本節之申明，吾人可以發現其實《韓非子》藉著〈解老〉篇所闡釋的修養德行論[595]，與中國官場倫理所慣稱的修身之道是幾近一致的，如《大學》云：

> 古之欲明明德於天下者，先治其國；欲治其國者，先齊其家；欲齊其家者，先修其身；欲修其身者，先正其心；欲正其心者，先誠其意；欲誠其意者，先致其知；致知在格物。物格而后知至，知至而后意誠，意誠而后心正，心正而后身修，身修而后家齊，家齊而后國治，國治而后天下平。自天子以至於庶人者，壹皆以修身為本。其本亂而末治者否矣。[596]

「身修而後家齊，家齊而後國治，國治而後天下平」乃深植於中國人心的立身治世之原則論述，其「自天子以至於庶人者，是皆以修身為本，其本亂而末治者，否矣」，而「身修」與「家齊」實乃其「本」也，自不待言。

上述欲使「家齊」的治家術，即是本節論述的重點。《韓

---

[595] 該論點詳見本章第一節。
[596] 《四書章句集注・大學章句・經一章》，頁4。

非子》的「治家」主張以嚴令及法治精神為主，可說是法家式的嚴家主義；而事實上，深植於中國家庭的治家思想也經常透露出類似的痕跡。呂耀懷先生即整理出《韓非子》對中國傳統治家方式的影響，進而有此評論：

> 他所重視的是那些透露著法家精神的家訓，……歷史上的家訓除了有儒家思想的重大影響外，也時見韓非這樣的法家思想的蹤跡。北朝顏之推《顏氏家訓》云：「父子之嚴，不可以狎。」並稱「笞怒廢於家，則豎子之過立見」。南宋袁采認為：「父嚴而子之所畏，則不敢為非；父寬，則子玩易而恣其所行矣。」明代曹端《家規輯略》記有：「如有不知禮法、欺侮尊長者，則嚴訶禁之」……上述這些都與韓非所主張的「用嚴」、「教笞」相一致。[597]

國君的「家」是王室，亦是舉國注目之焦點，無怪乎《韓非子》特重其教養，並強調凡治家與治國有涉者，盡皆以「法」為管理依據。雖說《韓非子》所提出的這種修家之道，是以嚴格「治內為上」作為指導，而且聽來令人覺得冷酷、現實，但其間所涉及的大公無私以及身體力行之作為，卻是負責分配全國資源的君王勢必培養出的德性，並且得引以為治國之根本修養。是以，此揭論述實均可視為《韓非子》君德思想中之重要環節。

---

[597] 呂耀懷：〈《韓非子》治家論初探—兼與孔孟有關思想比較〉，《哲學與文化》第 25 卷第 6 期（1998 年 6 月），頁 581。

第四節　聖人以忠拂耳

一、過而不聽滅高名

　　先秦時期說客游士縱橫，具美言擅語之徒充斥各國之間，其皆務以干祿為目的。是以，各國君王為求治國之道，需經常面對大臣與說客之進言。然而，臣下所進之言不知凡幾，且巧辯之言與愚誣之詞浮盪其間，君王若非有一完善之聽言術，則恐有遭人以虛語炫惑之害，此即如張素貞先生所言：

> 一國之君，位高權重，臣下既窺伺君心，各懷私計，其陳言每多巧詐虛飾；人君聽言，必當慎細，否則易為所蔽，故聽言之術不可不講。[598]

國君重視聽言之術，實乃《韓非子》認為可用以洞悉人臣之「各懷私計」以及「巧詐虛飾」的正面技術，主要則為防止遭受蒙蔽之害，自有其道也。

（一）納忠言為聽言術之一

　　《韓非子》進獻治國的聽言之術，在先秦學派中可謂相當完善，姚蒸民先生即謂「故《韓子》書中論及聽言術之處極多[599]」。不過，以往先進學者論及《韓非子》所舉聽言

---

[598] 張素貞：《韓非子思想體系》（台北黎明文化事業公司，1993 年 8 月），頁 119。

[599] 姚蒸民：《韓非子通論》（台北：東大圖書公司，1999 年 3 月），頁 225。

之術時，多半以「君術」的角度來闡述，因此討論範圍擴及
無為、參伍、眾端參觀、督責等形名之術。然在聽言的治術
當中，嚴格說起來應以進納忠言之舉與國君之人格、心性修
養最為關連，是云：

> 聞古扁鵲之治其病也，以刀刺骨；聖人之救危國也，
> 以忠拂耳。刺骨，故小痛在體，而長利在身；拂耳，
> 故小逆在心，而久福在國。故甚病之人利在忍痛，
> 猛毅之君以福拂耳。忍痛，故扁鵲盡巧；拂耳，則
> 子胥不失；壽安之術也。病而不忍痛，則失扁鵲之
> 巧；危而不拂耳，則失聖人之意。如此，長利不遠
> 垂，功名不久立。[600]

「忠言拂耳」向來即為居上位者難從而必從之行，本書既以
「君德」修養為述，本節則專對《韓非子》所舉之眾多聽言
之術當中，限縮為與國君修養有關的聽取忠言之術來論究，
期能藉此限制來澈底討論君德在此方面之必然修養。

（二）未納忠言之害

　　忠言逆耳是人盡皆知的進言之難，尤其身為國家元首的
君王，平日養尊處優已慣，若加以好大喜功之習性，則聽取
忠言之可能性更微乎其微，於是，吾人得見，君主以納讒損
國和剛愎自用的危害便在歷史上不斷重複。《韓非子》在〈十
過〉篇諸例當中，即舉出三起國君未能接納忠言之進諫，以

---

[600] 《增訂韓非子校釋・安危》，頁809。

致身死國滅之害，強烈地建議人主應培養「以忠拂耳」之修養，其曰：

> 智過見其言之不聽也，出因更其族為輔氏。……韓、魏翼而擊之，襄子將卒犯其前，大敗智伯之軍而擒智伯。智伯身死軍破，國分為三，為天下笑。故曰：貪愎好利，則滅國殺身之本也。……故桓公之兵橫行天下，為五伯長，卒見弒於其臣而滅高名，為天下笑者，何也？不用管仲之過也。故曰：過而不聽於忠臣，獨行其意，則滅其高名為人笑之始也。……公仲曰：「……輕誣強秦之實禍，則危國之本也。」韓君弗聽，公仲怒而歸，十日不朝。宜陽益急，韓君令使者趣卒於楚，冠蓋相望，而卒無至者。宜陽果拔，為諸侯笑。[601]

國君位居高位，對於細微事情的觀察與知姦往往有所困窘，所以「智過見其言之不聽」而致「智伯身死軍破」之情事，則使得原本最為強盛之智伯卻落得身死而「為天下笑」之憾。此外，一匡天下的齊桓公，也因為未能聽取管仲臨死前諍言，而淪落「弒於其臣而滅高名」之下場，自當亦為「過而不聽於忠臣」之果。還有，未能聽取公仲朋分析國際情勢之議，並善作策略衡量的韓宣惠王[602]，也因而使「宜陽果拔，為諸侯笑」；此類所舉者，均為國君未能進納忠言所生之鉅害。

601　《增訂韓非子校釋・十過》，頁 667，677-680。
602　此處「韓王」之所指乃依據邵增樺之論，推定為韓宣惠王。邵增樺：《韓非子今注今譯》（台北：台灣商務印書館 1995 年 9 月），頁 813。

　　〈喻老〉篇的虞君因為貪圖小利，而將大夫宮之奇的進諫斥為無稽，於是《韓非子》稱其「虞君欲屈產之乘，與垂棘之璧，不聽宮之奇，故邦亡身死。[603]」這仍是國君斥退忠言所遺留的天大危害。

　　俗云：「良禽擇木而棲，賢士擇主而事」，而孟子亦云：「君有過則諫；反覆之而不聽，則去[604]」；於是，在《韓非子》所舉出君王未具有納忠言之修養事例當中，有時國家雖尚未發生立即而明顯的危殆，但是，對於進言未受採納的忠貞之士而言，則恐有掛冠求去之行，此即為邦國與君主之損失。對此，《韓非子》以強秦為例而道：

> 「寡人聞鄰國有聖人，敵國之憂也。今由余，聖人也，寡人患之，吾將奈何？」……乃使史廖以女樂二八遺戎王，因為由余請期，戎王許諾。見其女樂而說之，設酒張飲，日以聽樂，終歲不遷，牛馬半死。由余歸，因諫戎王，戎王弗聽，由余遂去之秦，秦穆公迎而拜之上卿，問其兵勢與其地形。既以得之，舉兵而伐之，兼國十二，開地千里。[605]

　　《韓非子》舉出春秋五霸的秦穆公，因為愛才之心而以離間計讓西戎王疏遠善諫之賢臣，迫使「聖人」由余「因諫戎王，戎王弗聽，由余遂去之秦」。其間，西戎王未能採納由余的忠諫之言便是關鍵所在。於是，由余後來輔佐的秦穆公得以

---

[603] 《增訂韓非子校釋・喻老》，頁765。
[604] 《四書章句集注・孟子・萬章下》，頁452。
[605] 《增訂韓非子校釋・十過》，頁672-673。

「兼國十二，開地千里」，反觀西戎國卻遭「舉兵而伐」的滅國之運，此間「納忠言」與「排諫言」之天壤，不言可喻。

（三）主不信惡言謂事劫

喜聽讒言之君，必遠忠言之士，所以《韓非子》明陳讒臣之害，並稱之為「事劫」，提醒君王不應受到「壹心同辭以語其美」的群臣之炫禍，其云：

> 鬻寵擅權，矯外以勝內，險言禍福得失之形，以阿主之好惡。人主聽之，卑身輕國以資之，事敗與主分其禍，而功成則臣獨專之。諸用事之人，壹心同辭，以語其美，則主言惡者必不信矣。此謂事劫。[606]

在「事劫」的處境中，其「主言惡者」就是忠言之士，經過龐大的讒臣群之蠱惑，難免君王對忠言勢將「必不信矣」。在這種環境之下，國君必當成為「事敗與主分其禍，而功成則臣獨專之」的孤立狀，所言甚是也。

國君未能納諫進忠，其可能引發之最具體效應即是親小人、遠賢臣，此情在近處必為政令衰弛，在遠處則當是國滅身亡，實為君主治國之重大危害，務應引以為惕。

二、忤言聽於聖賢

（一）明君廣設進諫之門

既然國君未納忠言對邦國之危害甚鉅，則君王自當開啟

---

[606]《增訂韓非子校釋・三守》，頁803。

適當管道以待之；對國家而言，人臣進諫忠言是一件極其重要的忠貞表現，在這個對應的角度來看，身為創設制度之首的國君，廣設人臣進諫忠言之門即是其責無旁貸之義務。

臣子無法忠實進諫，其實經常是因為國君本身所創制的環境有所欠缺，所以《韓非子》明言：「臣非之所以難言而重患也[607]」以及「小者以為毀訾誹謗，大者患禍災害死亡及其身[608]」，甚至，他還舉了十幾個仁賢忠良進諫忠言卻「不幸而遇悖亂闇惑之主而死」的例子來證明忠言難進，如云：

> 此十數人者，皆世之仁賢忠良有道術之士也，不幸而遇悖亂闇惑之主而死，然則雖賢聖不能逃死亡、避戮辱者，何也？則愚者難言也。且至言忤於耳而倒於心，非賢聖莫能聽。[609]

此皆導因於「至言忤於耳而倒於心」，所以「非賢聖莫能聽」，這即是《韓非子》要求國君應修養廣納忠言之性格，並藉忠言拂耳乃成聖君之論述。

從國君應廣設人臣進諫之門的角度來看，在為忠貞之士提供一暢通之進言管道的設計中，還應該考慮到進言者的安危。此乃緣於忠臣進言時，偶有對部分國君之寵臣、當道或君王本身有所批評，而此舉將嚴重影響到進言者之性命安危；是以，《韓非子》以秦、楚之例來提醒君王應盡力確保之，乃言：

---

[607] 《增訂韓非子校釋・難言》，頁 300。
[608] 同前注。
[609] 《增訂韓非子校釋・難言》，頁 303。

> 當今之世，大臣貪重，細民安亂，甚於秦、楚之俗。
> 而人主無悼王、孝公之聽，則法術之士，安能蒙二
> 子之危，而明己之法術哉！[610]

忠言的進諫若未能得信，常有令進諫者裡外不是人的窘態；
例如，「與之論大人，則以為間己；與之論細人，則以為賣
重；論其所愛，則以為藉資；論其所憎，則以為嘗己也[611]」，
是以，進諫實非容易之事。除此之外，《韓非子》還替進言
者所可能面臨的種種「身危」之處境提出告示，務期君王亦
能加以重視而進行防制，其謂：

> 夫事以密成，語以泄敗。……周澤未渥也，而語極
> 知，說行而有功，則見忌；說不行而有敗，則見疑，
> 如此者身危。貴人有過端，而說者明言禮義，以挑
> 其惡，如此者身危。貴人或得計，而欲自以為功，
> 說者與知焉，如此者身危。[612]

上述造成「身危」之處境者包括「事以密成」、「說行見忌」、
「不行見疑」以及應考慮以「貴人為功」等，其間牽涉的複
雜性與技術性，實非常人所能勝任。對此艱險之進諫環境，
尹振環先生乃提出法術之士「是向一個巨大的既得利益權勢
集團開戰」之說，其云：

---

[610] 《增訂韓非子校釋・和氏》，頁 297。
[611] 《增訂韓非子校釋・說難》，頁 270。
[612] 《增訂韓非子校釋・說難》，頁 270。

用韓非的話說，那些「智術之士」、「能法之士」，
想說服國君改變上述狀況，並將那些「無令而擅為，
虧法以利私，耗國以便家」的「當途重人」，繩之
以法，予以鏟除……這不只是向一個人挑戰，而且
是向一個巨大的既得利益權勢集團開戰。韓非謂之
「不可兩存之仇」。……如果說〈孤憤〉是向人君
進言來自權臣的險阻的話，那麼，〈說難〉篇說的
就是來自國君方面的險阻。[613]

由上引文觀之，人臣進言非但要留心樹立之仇，亦須顧慮君
王之可承受度；是故，進諫忠言之途不但考驗著人君之雅
量，亦磨練著人臣之膽識。

（二）人臣進諫之道

　　據《韓非子》所載，臣下是唯一可以對國君進諫忠言的
角色，故云：「不知而言，不智，知而不言，不忠。為人臣
不忠，當死，言而不當，亦當死[614]」。進諫忠言既為臣下之
務，則遇人主有所偏執或蒙蔽時，為人臣者即必須以赤膽之
心明陳是非，只要所言得當，懂得納諫之國君終將為用；是
以，《韓非子》提出顏涿聚甘冒死罪進言之史實，以明示人
臣在朝之責與君王主政之務，其云：

---

[613] 尹振環：〈韓非子的進言術〉，《孔孟月刊》　第 36 卷第 11 期（1998
　　年 7 月），頁 38-39。
[614] 《增訂韓非子校釋·初見秦》，頁 845。

> 昔者，田成子遊於海而樂之，號令諸大夫曰：「言歸者死。」顏涿聚曰：「君遊海而樂之，奈臣有圖國者何？君雖樂之，將安得？」……「臣言為國，非為身也。」延頸而前曰：「君擊之矣！」君乃釋戈，趣駕而歸，至三日，而聞國人有謀不內田成子者矣。田成子所以遂有齊國者，顏涿聚之力也。[615]

顏涿聚「延頸而前曰：『君擊之矣！』」是忠臣為君為國的赤誠表現，確是應予表揚，也為明君賢臣立下典範。不過，《韓非子》雖然允許忠臣冒死進諫，但是在講求尊君為上的法家思想，關於忠臣進諫的禮制，還是必須考慮到君主的「勢」與「威」。

是故，《韓非子》特地還舉出師曠「不陳人臣之諫，而行人主之誅」的僭越舉止失當，並加以評論指摘，藉此明示人臣在行諫上應謹守之節度，以作為國君設計該制度時之參考，故云：

> 今師曠非平公之行，不陳人臣之諫，而行人主之誅，舉琴而親其體，是逆上下之位，而失人臣之禮也。夫為人臣者，君有過則諫，諫不聽則輕爵祿以待之，此人臣之禮義也。今師曠非平公之過，舉琴而親其體，雖嚴父不加於子，而師曠行之於君，此大逆之術也。臣行大逆，平公喜而聽之，是失君道也。故平公之跡不可，明也。使人主過於聽而不悟其失，

---

[615] 《增訂韓非子校釋‧十過》，頁676。

師曠之行亦不可，明也。使姦臣襲極諫而飾弒君之
道，不可謂兩明，此為兩過。故曰：平公失君道，
師曠亦失臣禮矣。[616]

《韓非子》在這個案例的檢討當中批評了兩個人，即師曠與
晉平公。他認為師曠應該是「為人臣者，君有過則諫，諫不
聽則輕爵祿以待之」，此方為「人臣之禮義也」；而晉平公
於「臣行大逆」之際，雖然「喜而聽之」，習仍造成「失君
道也」之嘆。此外，其還主張人臣在進諫時如果不講究君臣
禮度，則或致生「使姦臣襲極諫而飾弒君之道」之情，此乃
國家大患，人君亟應重視。

　　綜上所言，《韓非子》指出廣設忠臣進諫之門是主政者
責無旁貸之務，然在該制度設計時，應同時至少兼顧到諫士
安危與進諫禮制這兩方面的考量，才能有一完善之聽諫管
道，這是明君（或法術之士）在政府機制的創制上必須辦理
的要務，蓋「為人主忠計，為天下結德者，利莫長於此[617]」
亦為此理。

三、藥酒用言明君獨知

（一）聽取忠言之技術

　　《韓非子》云：「夫良藥苦於口，而智者勸而飲之，知
其入而已己疾也。忠言拂於耳，而明主聽之，知其可以致功

---

[616]　《增訂韓非子校釋‧難一》，頁 324。
[617]　《增訂韓非子校釋‧守道》，頁 799。

239

也[618]」。此處所謂「明主聽之」的「忠言」，蓋指有利於國家
或君王之人臣進言而言，該舉雖必須運用《韓非子》聽言術之
技巧，並屬於聽言術之一部分，卻非指其所有的聽言之術。

　　《韓非子》的「聽言術」之原則主要在於「無思無慮，
挈前言而責後功[619]」，其所指為廣泛之臣子言論；而「進納
忠言」雖然也要有「參觀」及「一聽」的技術，但其內容則
專指能夠「久福在國[620]」且「至言忤於耳而倒於心[621]」的人
臣諫言而論。當然，身為一國至尊要處處接受忤耳倒心的言
語實非易事，必須胸懷足夠之雅量方得為之，此即為國君「進
納忠言」之修養與「察賢智」之技術；否則，忠臣將恐有「蔽
於愚不肖」的殺身之禍矣。對此，《韓非子》乃嚴正道之：

> 故智者決策於愚人，賢士程行於不肖，則賢智之士
> 奚時得用，而主之明塞矣。昔關龍逢說桀，而傷其
> 四肢，王子比干諫紂，而剖其心，子胥忠直夫差，
> 而誅於屬鏤。此三子者，為人臣非不忠，而說非不
> 當也。然不免於死亡之患者，主不察賢智之言，而
> 蔽於愚不肖之患也。[622]

　　《韓非子》認為國君在進納忠言的過程中，要排除「美其辯」
的無用之語，即「人主之聽言也，不以功用為的，則說者多

---

[618] 《增訂韓非子校釋・外儲說左上》，頁 481。
[619] 《增訂韓非子校釋・八說》，頁 147。
[620] 《增訂韓非子校釋・安危》，頁 809。
[621] 《增訂韓非子校釋・難言》，頁 303。
[622] 《增訂韓非子校釋・人主》，頁 789。

棘刺，白馬之說；不以儀的為關，則射者皆如羿也[623]」，否則，群臣士民若喜迂弘之語，則不利於忠言之上陳，是云：

> 明主之道，如有若之應宓子也。時主之聽言也，美其辯；其觀行也，賢其遠。故群臣士民之道言者迂弘，其行身也離世。其說，在田鳩對荊王也。故墨子為木鳶，謳癸築武宮。夫藥酒用言，明君聖主之所獨知也。[624]

藥酒忠言對昏君亂臣而言猶如毒鴆，而明君聖主則能視其為修身治國之砭石。然而文武百官中既不乏美言假行之屬，國君要如何辨別其言之真偽呢？在此，《韓非子》提出了「觀聽不參，則誠不聞；聽有門戶，則臣壅塞[625]」之「參觀術」，以及「一聽、則智愚分，責下則人臣參[626]」之「一聽術」，其作用就在藉君王「容若甚醉」之形貌，暗自明辨臣下進言之真意，故曰：

> 凡聽之道，以其所出，反以為之入。故審名以定位，明分以辯類。聽言之道，溶若甚醉。脣乎、齒乎，吾不為始乎，齒乎、脣乎，愈惛惛乎。彼自離之，吾因以知之。是非輻湊，上不與構。[627]

於此，《韓非子》還強調國君不論在任何「是非輻湊」的情

---

[623] 《增訂韓非子校釋·外儲說左上》，頁 467。
[624] 同上注，頁 466。
[625] 《增訂韓非子校釋·外儲說上》，頁 380。
[626] 同前注。
[627] 《增訂韓非子校釋·揚榷》，頁 703。

形下，都必須維持在「上不與構」的中立狀態，當然，在是非未定之前絕不妄斷，而辨明忠姦之後，更要確保忠貞之士因諫忤姦後的人身安全，以免徒生忠貞之士慘遭「小者以為毀訾誹謗，大者患禍災害死亡及其身[628]」之害，而陷入必須「逃死亡、避戮辱[629]」之危境。

參觀術和一聽術是國君在進納忠言時的重要技巧，其原則是避免於聽言之前就有先入為主的主觀成見，當然，這是必須融合著前文[630]所提的「虛」與「靜」之修養而論，如此才不至於「權分乎姦」、「君窮乎臣」；是以，《韓非子》乃云：

> 是以明主不懷愛而聽，不留說而計。故聽言不參，
> 則權分乎姦，智力不用，則君窮乎臣。[631]

綜觀《韓非子》在教導國君進納忠言上所應具備的技術，大抵不出「按法治眾」以及「眾端參觀」之譜，蓋因「聽不參，則無以責下；言不督乎用，則邪說當上[632]」，此二者乃明主「審內外之失」和「省同異之言」之最佳良策；如此，方能得達到「責陳言之實」的目的，是謂：

> 是故明王不舉不參之事，不食非常之食，遠聽而近
> 視，以審內外之失，省同異之言，以知朋黨之分，

---

[628] 《增訂韓非子校釋・難言》，頁 302。
[629] 同前注，頁 303。。
[630] 詳見本書第四章第一節。
[631] 《增訂韓非子校釋・八經》，頁 150。
[632] 《增訂韓非子校釋・八經》，頁 170。

> 偶參伍之驗，以責陳言之實，執後以應前，按法以
> 治眾，眾端以參觀。[633]

儘管具備了「責陳言之實」的明辨忠言之能後，國君在氣度
與胸襟上的修養仍是主導進納忠言之後續進展的重點。

（二）聽取忠言之修養

　　《韓非子》曾於「三人成虎」的著名史例當中，論及魏
王既使已言明「寡人信之」，畢竟還是不敵君心搖擺之變化，
而使得「龐恭從邯鄲反，竟不得見」遭逢疏遠之窘，其云：

> 龐恭與太子質於邯鄲，謂魏王曰：「今一人言市有
> 虎，王信之乎？」曰：「不信。」「二人言市有虎，
> 王信之乎？」曰：「不信。」「三人言市有虎，王
> 信之乎？」王曰：「寡人信之。」龐恭曰：「夫市
> 之無虎也明矣，然而三人言而成虎。今邯鄲之去魏
> 也遠於市，議臣者過於三人，願王察之。」龐恭從
> 邯鄲反，竟不得見。[634]

此外，《韓非子》在〈說難〉篇所舉出的彌子瑕，僅因「色
衰愛弛」後不復得國君寵幸，其過往舊言與舊行竟成為當前
大過而致「見罪而加疏」，其曰：

> 故彌子之行，未變於初也，而以前之所以見賢，而
> 後獲罪者，愛憎之變也。故有愛於主，則智當而加

---

[633] 《增訂韓非子校釋・備內》，頁196。
[634] 《增訂韓非子校釋・內儲說上》，頁396。

> 親；有憎於主，則智不當，見罪而加疏。故諫說談
> 論之士，不可不察愛憎之主而後說焉。[635]

此外，《韓非子》於〈說難〉篇裡提示了許多臣屬向君王進言時之要則，還將大部分國君難以捉摸的個性以「龍之為蟲」且「人主亦有逆鱗」的譬喻方式，警告君與臣間應有良性互動，並做了深刻描述：

> 故諫說談論之士，不可不察愛憎之主而後說焉。夫龍之為蟲也，柔，可狎而騎也，然其喉下有逆鱗徑尺，若人有嬰之者，則必殺人。人主亦有逆鱗，說者能無嬰人主之逆鱗，則幾矣。[636]

過去在討論《韓非子》的進言術時，多半只注意到臣下對君上的單向表達；其實，就龐恭與彌子瑕之例而言，一方面是在說明臣子應察「愛憎之主」的喜惡乃說其君主，然另一方面也在暗地裡以反向思考，力陳國君應好自修養聽諫之氣度，隨時以公正之角度剖判人臣言行，方能真正廣納忠言。畢竟君王為人而非蟲，若能在氣度修養上勤下功夫，並取得文武百官之信任而從善如流，這亦勢將廣為黎民百姓所愛戴而致「為天下結德[637]」，此即為《韓非子》利用君主修身以培養「君德」情操之具體實踐也。

---

[635] 《增訂韓非子校釋·說難》，頁 279。
[636] 同前注。
[637] 《增訂韓非子校釋·守道》，頁 799。

第五章　護民為國以為君德

　　戰國之際，各諸侯國之間相互自衛、攻侵，其所憑恃的即是「國多力，而天下莫之能侵也……國好力，此謂以難攻[638]」。然隨著生產力的發展，水利的興修，鐵器的使用和牛耕的推廣，春秋中後期，各諸侯國的經濟得到不同程度的發展，政治形勢也產生了相應的變化，在不斷的爭伐與兼併中，戰國情勢證明了強者生存，弱者淘汰的叢林法則。

　　此時各諸侯國君王已經清楚瞭解，要使國家強盛的最主要方式在於提高人民的生產力，是以，便增加了國家的賦稅收入，又直接地強化了社會功能與政府機制；如此，高張的國力復使民間力量增強，人民的各式能量於是蓬勃發展，此可謂為君王「護民為國」所創造的最高福祉。

　　然則，在政治上講求君主專制主義的《韓非子》，有沒有護民為國的君德思想？所謂護民者，顧名思義是居上位者實踐愛護人民，並視人民為社稷之本的治國理念之謂；簡單地說，也就是民本思想。本章關於《韓非子》的民本思想在君德上之發揮，係從明君務力與聖人之治藏於民的角度論起，並追蹤其要求國君設民所欲與營造民安環境的責任之主張。於是，乃發掘其在民本主義的催化下，愛護人民即成為其明顯之君德論述。

---

[638] 陳啟天：《增訂韓非子校釋・飭令》（台北：臺灣商務印書館，1969年6月），頁827-829。本書所引《韓非子》均採此版本。

　　所謂為國者，筆者從君王為國家舉薦人才，以及創設政府官職機制為重點來討論。《韓非子》在此部分，仍不忘強調國君應先自我修養，培養有自知之能，除去剛愎自用之心並願意廣徠人才的胸襟；同時，還提示君王應舉用、信任才德兼備的法術之士以戮力治國，方得實踐君德思想在國家運作上之效益。

第一節　蓄積盛之謂有德

對於君主而言，致力於民力之發達不但使國際地位提昇，同時也為軍國主義下的黎民百姓增進了自我生存之能力，此即《韓非子》所提「民蕃息而畜積盛之謂有德」之謂：

> 民不敢犯法，則上內不用刑罰，而外不事利其產業，上內不用刑罰，而外不事利其產業，則民蕃息。民蕃息而畜積盛，民蕃息而畜積盛之謂有德。……上盛畜積，而鬼不亂其精神，則德盡在於民矣。故曰：「兩不相傷，則德交歸焉。」言其德上下交盛，而俱歸於民也。[639]

引文揭櫫的「民不犯法」是法家人物的一貫目標；是以，《韓非子》認為只要人民行徑符合此目標，則「外不事利其產業，則民蕃息」之盛世可期。於是，「民蕃息而畜積盛之謂有德[640]」之標舉，即成為國君冀以達成之治國願景。

然則，倘單就生存之角度而言，萬民能夠普遍平順成長亦是天地間之最大德行，也是最符合生民所求之欲，此即「好生之德，洽於民心[641]」之理。

---

[639] 《增訂韓非子校釋·解老》，頁 742。

[640] 蓄積盛之謂有德：使得民蕃國富，因而導致有德。見梁啟雄：《韓子淺解》（台北：台灣學生書局，1997 年 10 月）頁 154。

[641] （漢）孔安國傳　（唐）孔穎達疏：《尚書注疏及補正·大禹謨》（台北：世界書局《十三經注疏及補正 2》，1985 年 3 月），頁 21。

　　是以，《韓非子》認為君王依法治國，使民樂其所生，並蓬勃地蓄積財富，則德行便能「其德上下交盛，而俱歸於民也」。換言之，「蓄積盛之謂有德」是君王之崇高治績，而此般護國為民理想之實踐，亦得視為服膺君德思想之具體表現。

一、明君務力

（一）治強不責於外

　　「上古競於道德，中世逐於智謀，當今爭於氣力[642]」是《韓非子》標舉於其思想學說的重要概念；他強調氣力之爭是當今之世無可避免的國際形勢，於是，「力多則人朝，力寡則朝於人」的政治現實，乃驅使著「明君務力」觀之履行，是項施政目標即成為明君念茲在茲之中心思想，其云：

> 故敵國之君王雖說吾義，吾弗入貢而臣；關內之侯雖非吾行，吾必使執禽而朝。是故力多則人朝，力寡則朝於人，故明君務力。[643]

《韓非子》以「偃王仁義而徐亡，子貢辯智而魯削[644]」來說明仁義與辯智都不是強國的主要途徑，然而怎樣的作法才能使得國家「力多而人朝」呢？《韓非子》以其經驗論的角度

---

[642] 《增訂韓非子校釋·五蠹》，頁 33。
[643] 《增訂韓非子校釋·顯學》，頁 16。
[644] 《增訂韓非子校釋·五蠹》，頁 33。

主張「治強不可責於外，內政之有也[645]」，並且還用較趨於現實的論點來做說明戮力內政的重要，此即：

> 明主堅內，故不外失。失之近，而不亡於遠者，無有。故周之奪殷也，拾遺於庭，使殷不遺於朝，則周不敢望秋毫於境，而況敢易位乎。[646]

「明主堅內[647]」是說明國君應該堅守整飭內政的施政理念，蓋因「王術不恃外之不亂也，恃其不可亂也[648]」，而且「內不量力，外恃諸侯者，則國削之患也」[649]；這樣的觀點，在現今來看仍是為政者為民謀利與創造安定生活環境之首要措施。是以，吾人可以明確認定，《韓非子》把精屬內政視為強國之首務，應無可議。

然而，「堅內」之作法為何？《韓非子》認為堅內無非是圖存亡之道，而「存亡在虛實，不在於眾寡[650]」，是以，若視「入多」為「虛實」之主要途徑則當有可為。然論其入多之道，即在「丈夫盡於耕農，婦人力於織紝」，《韓非子》於此具體曰之：

> 入多者，穰也，舉事慎陰陽之和，種樹節四時之適，無早晚之失，寒溫之災，則入多。不以小功妨大務，

---

[645] 同前注。

[646] 《增訂韓非子校釋・安危》，頁 812。

[647] 堅內：明內治也。梁啟雄引蒲阪圓之說釋之。見梁啟雄：《韓子淺解》（台北：台灣學生書局，1997 年 10 月）頁 214。

[648] 《增訂韓非子校釋・心度》，頁 816。

[649] 《增訂韓非子校釋・十過》，頁 680。

[650] 《增訂韓非子校釋・安危》，頁 811。

> 不以私欲害人事，丈夫盡於耕農，婦人力於織紝，
> 則入多。務於畜養之理，察於土地之宜，六畜遂，
> 五穀殖，則入多。明於權計，審於地形舟車機械之
> 利，用力少，致功大，則入多。利商市關梁之行，
> 能以所有致所無，客商歸之，外貨留之，儉於財用，
> 節於飲食，宮室器械，周於資用，不事玩好，則入
> 多。入多，皆人為也。[651]

法家的重農主義向為富國強兵之本，在此，《韓非子》亦取法家先賢著作《管子》的重要論見：「凡有地牧民者，務在四時，守在倉廩。國多財，則遠者來，地辟舉，則民留處[652]」以及「唯聖人知四時。不知四時，乃失國之基[653]」來強調「知四時」為君王所應為萬民而培養之「知」。所以說：「舉事慎陰陽之和，種樹節四時之適，無早晚之失，寒溫之災，則入多」，而且「務於畜養之理」、「明於權計」、「利商市關梁之行」、「儉於財用」等致力於內政的具體措施，都是讓國家和人民「入多」之策略，並且明言其乃「皆人為也」，國君自當務需行之。

（二）趨地力以富民

　　基於務實主義的薰陶，《韓非子》認為「入多」是讓人

---

[651] 《增訂韓非子校釋·難二》，頁 341。
[652] 《管子校正·牧民》，頁 1。
[653] 《管子校正·四時》，頁 238。原文強調知四時為聖人（君王）之責，原文為：「唯聖人知四時。不知四時，乃失國之基。不知五穀之故，國家乃路故天曰信明，地曰信聖，四時曰正，其王信明聖，其臣乃正。」

民「具美食」的具體作法，也才是明主應辦的政治；而其「辟
草生粟」方是活絡民力的作為；反之，「勸飯之說」的掩耳
盜鈴之行，則「明主不受也」，其云：

> 不能具美食，而勸餓人飯，不為能活餓者也。不能
> 辟草生粟，而勸貸施賞賜，不能為富民者也。今學
> 者之言也，不務本作而好末事。知道虛聖以說民，
> 此勸飯之說；勸飯之說，明主不受也。[654]

在「力多則人朝」的觀念下，《韓非子》並不排斥在國與國
之間以戰力作為自保之途，但是他提示君王「無畜積，財物
寡，無守戰之備而輕攻伐者，可亡也[655]」則顯為必敗之理。
而「不務本作而好末事」的「本」字，就是教民農耕之事，
以圖「趨力於地者富」，這是政府責無旁貸的重要工作，其
乃曰：

> 能趨力於地者富，能趨力於敵者強，強不塞者王。
> 故王道在所開，在所塞，塞其姦者必王。故王術不
> 恃外之不亂也，恃其不可亂也。……立國用民之道
> 也，能閉外塞私而上自恃者，王可致也。[656]

「趨力於地」、「趨力於敵」與「塞其姦」是明主堅內的立
國用民之道，更是彼時強國之途。《韓非子》認為國家富強
的首要之務是掌握優良的經濟政策，此乃其重農主義下所極

---

[654] 《增訂韓非子校釋·八說》，頁145。
[655] 《增訂韓非子校釋·亡徵》，頁117。
[656] 《增訂韓非子校釋·心度》，頁816。

力倡導施政方針；綜歸《韓非子》之經濟思想，蔡澤華先生
作了以下摘要：

> 韓非子的經濟思想……它包括：滿足「自止於足」需
> 求的利民論；以社會分工為基礎的財富多元增殖論；
> 以「富國以農」為綱領的農為本業論；以利「本務」
> 為目的、而「少工商游食之民」的抑末論；以「儉於
> 財用，節於飲食」為基本要求的官府作風論。[657]

引文所言，顯示了《韓非子》務實而明確之富國主義，然
則，在每每不忘「利民」的治國策略中，實可見其於民生
利益上的豐富理想。這種直接以民間生活之裕，來造福於
百姓的措施，乃是最具有實質效益的經濟政策，君王理應拳
拳服膺方是。

（三）本教重於戰攻

　　至於國強後，《韓非子》亦提示君主國強之目的並不在
侵略他國，因為性喜「多怒而好用兵」的君王，必生「簡本
教而輕戰攻」之心，此乃亡國之徵兆；不重內教，挾外國之
力以荼毒百姓者，人主亦需加以誅之，以免招亡國之禍。是
以，其遂力陳：

> 主多怒而好用兵，簡本教而輕戰攻者，可亡也。貴
> 臣相妒，大臣隆盛，外藉敵國，內困百姓，以攻怨

---

[657] 蔡澤華：〈韓非子經濟思想和治理經濟的政治手段〉，《哲學與文化》
第 31 卷第 8 期（2004 年 8 月），頁 145。

252

讎，而人主弗誅者，可亡也。[658]

《韓非子》認為今世現實面的「氣力」之爭，是「明主務力」之原動；而明主務力的具體作為，又應以「堅內」為尚。從《韓非子》內文來看，「入多」與「趨力於地」及「塞其姦者」之舉則又是堅內的實體功用。當然，國君若能在上述這些指導方略下實踐治國之道，相信國家的富強是指日可待的。

此外，《韓非子》以為國家長治久安之最高法則並不在「輕戰功」，而是必須重「本教」之行，用兵僅為非得已之選擇，此即所謂：「是故無事則國富，有事則兵強，此之謂王資[659]」如此，以豐盛王資所蓄積盛之德，則必可臻國富民樂之境，實方為明主之道矣。

二、聖人之治藏於民

（一）耕之力可得以富

在《韓非子》所屬意的軍國主義下之國家制度，雖說在政治上講求尊君與服從，是屬於絕對專制政體；然在經濟上，其並不否定人民的私有財產權，甚至，為了達到控制國家機器之目的，還力倡「夫欲利者必惡害[660]」以及「利之所在，則忘其所惡，皆為孟賁[661]」之人性論，因而建議君王善加運用人民驅利避害的本質。是以，鼓勵人民「可得以富也」

658　《增訂韓非子校釋・亡徵》，頁117。
659　《增訂韓非子校釋・五蠹》，頁51。
660　《增訂韓非子校釋・六反》，頁96。
661　《增訂韓非子校釋・內儲說上》，頁414。

以及「可得以貴也」一說，理所當然地成為其於經濟上獎掖
私有財產的明證，其云：

> 夫耕之用力也勞，而民為之者，曰：可得以富也。
> 戰之為事也危，而民為之者，曰：可得以貴也。[662]

所謂「利之所在，民歸之；名之所彰，士死之[663]」，因此在
具體之觀點上，《韓非子》將人民努力所造成的富裕，視為
國家富裕之本，也是國君成霸之基，乃言：「民用官治則國
富，國富則兵強，而霸王之業成矣[664]」。

　　由是觀之，《韓非子》不但是贊成開放性的財產私有制
度，甚且積極地指導君王應該藏富於民，正所謂「聖人之所
以為治道者三：一曰『利』[665]」。因此，國君應該積極地對
人民因利導之，此即《韓非子》「聖人之治藏於民」之謂：

> 聖人之治藏於民，不藏於府庫，務修其教，不治城郭。
> 君其出令，令民自遺三年之食，有餘粟者入之倉；遺
> 三年之用，有餘錢者入之府；遺有奇人者，使治城郭
> 之繕。君夕出令，明日倉不容粟，府無積錢，庫不
> 受甲兵，居五日，而城郭已治，守備已具。[666]

有關國家財富「聖人之治藏於民，不藏於府庫」之論點，《韓

---

[662] 《增訂韓非子校釋・五蠹》，頁 50。
[663] 《增訂韓非子校釋・外儲說左上》，頁 473。
[664] 《增訂韓非子校釋・六反》，頁 92。
[665] 《增訂韓非子校釋・詭使》，頁 104。
[666] 《增訂韓非子校釋・十過》，頁 666。

非子》舉出趙襄子與張孟談因為「務修其教，不治城郭」，
而戰勝強敵智伯的三家分晉之著名史例，以證明民間之財富
可為國所用；如此，國家才能有「君夕出令，明日倉不容粟，
府無積錢，庫不受甲兵」之盛況以資征戰。

（二）藏富於民以收人心

「藏富於民」是國君在經濟政策上的最高指導原則，此
乃落實「倉廩之所以實者，耕農之本務也[667]」之觀點；此觀
點若在制度上實踐起，即可以藉著「君必惠民」之行誼，以
獲得博取民心之效用。於此，《韓非子》舉齊景公以「發廩
粟以賦眾貧」和「散府餘財以賜孤寡」之政策惠民為例曰：

> 景公問政於師曠曰：「太師將奚以教寡人？」師曠
> 曰：「君必惠民而已。」……景公歸，思，未醒，
> 而得師曠之所謂。「公子尾、公子夏者，景公之二
> 弟也，甚得齊民，家富貴而民傳之，擬於公室，此
> 危吾位者也，今謂我惠民者，使我與二弟爭民邪？」
> 於是反國發廩粟以賦眾貧，散府餘財以賜孤寡，倉
> 無陳粟，府無餘財，宮婦不御者出嫁之，七十受祿
> 米，鬻德惠施於民也，已與二弟爭。居二年，二弟
> 出走，公子夏逃楚，公子尾走晉。[668]

實施以民之所好而予之的政策，自然是博取人民愛戴的不二
法門，而且也是形塑「內有德澤於人民」的「有道之君」形

---

[667] 《增訂韓非子校釋·詭使》，頁108。
[668] 《增訂韓非子校釋·外儲說右上》，頁558。

象之作法；反之，則當然落入「人君無道」的失德失民之窘
境，《韓非子》以此推論云：

> 有道之君，外無怨讎於鄰敵，而內有德澤於人民。
> 夫外無怨讎於鄰敵者，其遇諸侯也外有禮義；內有
> 德澤於人民者，其治人事也務本。遇諸侯有禮義則
> 役希起，治民事務本，則淫奢止。……人君無道，
> 則內暴虐其民，而外侵欺其鄰國。內暴虐，則民產
> 絕；外侵欺，則兵數起。民產絕，則畜生少；兵數
> 起，則士卒盡。畜生少，則戎馬乏；士卒盡，則軍
> 危殆。[669]

從藏富於民的角度來看，法家學說也有其重視民心的論述。
而在引文當中，《韓非子》還是提到了「外無怨讎於鄰敵，
而內有德澤於人民」以及「治民事務本」的反戰與愛民論述，
並且明白反對「內暴虐，則民產絕；外侵欺，則兵數起」的
耗損國財之作風。

（三）悉租稅　專民力

藏富於民的具體作為，他也直接就「適其時事[670]」、「稅
賦」與「爵祿」的政策提出建言曰：

> 故明主之治國也，適其時事以致財物，論其稅賦以
> 均貧富，厚其爵祿以盡賢能，重其刑罰以禁姦邪，

---

[669] 《增訂韓非子校釋·解老》，頁 743。
[670] 適其時事：農耕和時節配合得宜，亦即注重民間農時之意。

> 使民以力得富，以事致貴，以過受罪，以功致賞而
> 不念慈惠之賜，此帝王之政也。[671]

《韓非子》在經濟政策上的著墨，相對於法家其他重要人物
所言者，其數量誠然較為貧乏[672]，但就其篇幅比率來說，卻
顯得十分注重賦稅的公平性。因此，他大略地提出「論其稅
賦以均貧富」和「徵賦錢粟，以實倉庫，且以救饑饉，備軍
旅也[673]」之賦稅制度建言，並企圖用打擊「有威之門，以避
徭賦」之徒的論點，來說服國君建立一套講求公平的經濟政
策，以取得人民對於稅賦制度之信任。《韓非子》曰：

> 悉租稅，專民力，所以備難，充倉府也，而士卒之
> 逃事伏匿，附託有威之門，以避徭賦，而上不得者
> 萬數。[674]

關於增值民口以富庶民間的觀念，早於《韓非子》的《墨子》
曾以「丈夫年二十，毋敢不處家，女子年十五，毋敢不事人」
來積極繁榮民生，並引為聖人之法，認為提倡「蚤處家」是
可以使民「倍興」之策略：

> 昔者聖王為法曰：「丈夫年二十，毋敢不處家。女子
> 年十五，毋敢不事人。」此聖王之法也。聖王既沒，

---

[671] 《增訂韓非子校釋·六反》，頁 99-100。
[672] 張素貞云：「韓非於經濟上之貢獻，遠遜於其他法家，蓋韓子身處戰
國末季，特重政治理論之建立使然。」見張素貞：《韓非子思想體系》
（台北：黎明文化事業公司，1993 年 8 月），頁 149。
[673] 《增訂韓非子校釋·顯學》，頁 22。
[674] 《增訂韓非子校釋·詭使》，頁 109。

> 于民次也，其欲蚤處家者，有所二十年處家，其欲晚
> 處家者，有所四十年處家。以其蚤與其晚相踐，後聖
> 王之法十年。若純三年而字子，生可以二三年矣。此
> 不惟使民蚤處家，而可以倍與且不然已。[675]

在富庶社會的觀念上，前文雖提到法家人物積極在政治上建立一套專制政權；然則，在經濟上，《韓非子》卻似乎取法了《墨子》而提出「繁榮民生」的富民思想。更值得一提的是，他甚至舉出齊桓公的例證而主張「均貧富」之民生觀，希望由君主以身作則，極力避免發生「畜積有腐棄之財，則人飢餓」之為富不仁的情形，他舉例道：

> 齊桓公微服以巡民家，人有年老而自養者，桓公問
> 其故，對曰：「臣有子三人，家貧，無以妻之，傭
> 未及反。」桓公歸，以告管仲，管仲曰：「畜積有
> 腐棄之財，則人飢餓，宮中有怨女，則民無妻。」
> 桓公曰：「善。」乃論宮中有婦人而嫁之，下令於
> 民曰：「丈夫二十而室，婦人十五而嫁。」[676]

《韓非子》稱許齊桓公接受了管仲的建議，而辦理「乃論宮中有婦人而嫁之」的政令，以及實施「丈夫二十而室，婦人十五而嫁」的策略，應而在書中提供當今國君做參考。此舉不但牽涉到消散國君自身之利益，而且，《韓非子》在本質

---

[675] （清）孫詒讓：《墨子閒詁·節用上》（台北：世界書局《新編諸子集成六》，1978 年 7 月），頁 100-101。
[676] 《增訂韓非子校釋·外儲說右下》，頁 610。

上更是要求國君應該力行「儉於財用，節於飲食[677]」之舉。

　　此外，管仲提醒齊桓公妥善處理「畜積有腐棄之財」之建議，並不與「上徵斂於富人，以布施於貧家，是奪力儉而與侈惰也[678]」之說法相左，畢竟「丈夫盡於耕農，婦人力於織紝[679]」的群民力耕之現象才是有利於充實府庫稅收，並豐富民間繁榮的舉措，此乃利民、利國亦利君之善政也。

　　是以，《韓非子》所謂「聖人之治藏於民，不藏於府庫」是君王為國為民的「蓄積盛」之智舉，自是廣施君德於民的施政作為，明主理應從善順之。

第二節　明主功名在人心

一、設民所欲以為功

（一）利民所以得民

　　《韓非子》云：「人莫不欲富貴全壽[680]」，而且「好利惡害，夫人之所有也[681]」又道：「利之所在，民歸之[682]」以及「利者，所以得民也[683]」，可以見得他是贊成人民追求欲

---

[677] 《增訂韓非子校釋・難二》，頁 341。
[678] 《增訂韓非子校釋・顯學》，頁 9。
[679] 《增訂韓非子校釋・難二》，頁 341。
[680] 《增訂韓非子校釋・解老》，頁 733。
[681] 《增訂韓非子校釋・難二》，頁 341。
[682] 《增訂韓非子校釋・外儲說左上》，頁 473。
[683] 《增訂韓非子校釋・詭使》，頁 104。

望的；並且還認為「人情莫不出其死力以致其所欲[684]」，因而會全心致力於欲望的追逐。

然則，《韓非子》也強調人民在欲望的索求上必須符合法度，所以明示君主曰：「聖人之治民，度於本，不從其欲，期於利民而已。故其與之刑，非所以惡民，愛之本也[685]」，其即藉由此說來為合於法度的治民措施找到立法執行之依據，在此方面，國君正是執行此般法度裁量之最終判決者。

此外，《韓非子》還積極建議國君妥善地掌握人民好惡之趨向[686]，俾利「上掌好惡以御民力，事實不宜失矣」，這是治民、治亂之理，其云：

> 且夫死力者，民之所有者也，人情莫不出其死力以致其所欲。而好惡者，上之所制也，民者好利祿而惡刑罰。上掌好惡以御民力，事實不宜失矣。然而禁輕事失者，刑賞失也。其治民不秉法為善也，如是則是無法也。故治亂之理，宜務分刑賞為急。[687]

「御民力」是君王治國的手段之一，其分寸拿捏之積極面即在符合「民者好利祿」之方向。至於如何巧妙運用「好利祿」

---

[684] 《增訂韓非子校釋・制分》，頁 831。
[685] 《增訂韓非子校釋・心度》，頁 813。
[686] 依據盧瑞鍾先生之說法：「由於人們有慾望，而本身又有理性能力，因而就產生了『皆挾自為心』〈外儲說左上〉的現象……依照韓非子的看法，只要統治者能掌握這個要領，就已掌握了人性的弱點，可以用此左右人的行為。見盧瑞鍾：《韓非子政治思想新探》（台北：盧瑞鍾出版，1989 年 4 月），頁 98-99。
[687] 《增訂韓非子校釋・制分》，頁 831。

的人性呢？《韓非子》認為應該更積極地設計一套「設民所欲，以求其功」的賞罰制度，於此即曰：

> 明主之道不然，設民所欲，以求其功，故為爵祿以
> 勸之；設民所惡，以禁其姦，故為刑賞以威之。[688]

「設民所欲」是《韓非子》站在人民的立場所思考出的民本思想，由這個角度來看，他建議國君不該以個人的好惡為行賞懲惡之基礎，而是應以民之欲和民之利為出發點。所以他說：「明君之行賞也，曖乎如時雨，百姓利其澤[689]」。接著，再施以「爵祿以勸之」及「刑罰以威之」的賞罰手段，才是得到民心的法度作為。

（二）立功成名為人心

倘國君未能得到民心之害為何呢？《韓非子》云：「天子失道，諸侯代之，故有湯武。諸侯失道，大夫代之，故有齊晉[690]」雖然其在說服君王之同時講求尊君為上，但是，在某些國君失道、失民例證的舉引上，他卻又不否認臣子取代君位的可能，而其關鍵點就在「民心」的失與得，這其實是法家學說暗示君王在某種程度上仍需順應民心之伏筆，其曰：

> 臣主之施，分也。臣能奪君者，以得相踦也。故非
> 其分而取者，眾之所奪也；辭其分而取者，民之所

---

[688] 《增訂韓非子校釋・難一》，頁 319。
[689] 《增訂韓非子校釋・主道》，頁 694。
[690] 《增訂韓非子校釋・難四》，頁 365。

> 予也。是以桀索岷山之女，紂求比干之心，而天下
> 離；湯身易名，武身受罵，而海內服；趙宣走山，
> 田外僕，而齊晉從。則湯武之所以王，齊晉之所以
> 立，非必以其君也，彼得之，而後以君處之也。今
> 未有其所以得，而行其所以處，是倒義而逆德也。
> 倒義，則事之所以敗也，逆德，則怨之所以聚也；
> 敗亡之不察何也！[691]

臣下能奪取君位，並傾覆國家的致勝點在於「民之所予也」，所以桀與紂的暴行先使得「天下離」之後，湯與武才能「海內服」，齊晉也是如此。他們的共同點都在「非必以其君也，彼得之，而後以君處之也」。此意即謂，國君如果不重視民意，施政策略採取了「倒義」、「逆德」之行，則將致使事敗而民怨匯聚，是一定要敗亡的。

由此可見，《韓非子》的治國理論其實是在乎民心的，所以在他列舉明君所以立功成名的四大要素之一，便是人心，其云：

> 明君之所以立功成名者四：一曰天時，二曰人心，
> 三曰技能，四曰勢位。非天時，雖十堯不能冬生一
> 穗；逆人心，雖賁、育不能盡人力。故得天時則不
> 務而自生，得人心，則不趨而自勸，因技能，則不
> 急而自疾，得勢位，則不進而名成。若水之流，若
> 船之浮，守自然之道，行無窮之令，故曰明主。[692]

---

[691] 同前注，頁366。
[692] 《增訂韓非子校釋·功名》，頁805。

「人心」居於明君立功成名的第二要位，這在嚴刑峻罰的法家思想來講是一個進步的觀念；於此，《韓非子》還不厭其凡地繼續闡述著「逆人心，雖賁、育不能盡人力」和「得人心，則不趣而自勸」之說，可見他建議國君「設民所欲」是為了求得民心；而就算在制度設計之後的「度於本」，既使有若干「不從其欲」之法度者，也是要求「期於利民」的；然此利民的理論根據為何？乃曰「緣道理以從事」而已，其云：

> 夫緣道理以從事者，無不能成。無不能成者，大能成天子之勢尊，而小易得卿相將軍之賞祿。夫棄道理而忘舉動者，雖上有天子諸侯之勢尊，而下有倚頓、陶朱、卜祝之富，猶失其民人，而亡其財資也。[693]

《韓非子》指出「緣道理以從事者」則可以「無不能成也」；「棄道理而忘舉動者」則將導致「失其民人，而亡其財資」，此說即形成一個強烈對比的論證。法治制度之設計何止萬千，緣道理而行是《韓非子》提給君王的重要參酌意見；顯見，在此所謂的「道理」就是得乎「人心」之道理，依此道治國始可達到「無不能成也」之目標。

　　藉此得以分析知之，在這整個治術過程中，《韓非子》先是肯定人的欲望，接著引導欲望以為好惡之趨，然後再由政府將諸利民措施均緣於道理、合乎人心而訂立為法度，並從之引為實施賞罰及求得民心的依據。此般兼顧人情與治世的考慮，實不愧一套思慮周密的法制設計原理。

---

[693] 《增訂韓非子校釋‧解老》，頁 731。

二、齊民萌之度

（一）民智不足用

　　儘管在戰國時期，教育的平民風潮在封建制度逐步破裂之後已經漸次展開，不過，實際上受教者的比率距離「普及」的標準來說，猶應尚有一大段距離。是以，《韓非子》方於〈顯學〉篇描述「民智之不可用，猶嬰兒之心也[694]」，還主張「夫求聖通之士者，為民知之不足師用[695]」，此皆明示人民之知識水準落差太大，應予善加誘導矯正。

　　這樣的觀念不僅發生在法家，牟宗三先生認為即使在儒家也一樣有如此的論見，法家只是較為實在而明確地將其點出而已，其乃謂之：

> 法家講「民可與樂成，不可與謀始」，這說的是老實話。說這話是要犯眾怒的，只有法家敢講。專門性，特殊性的問題老百姓是不懂的。由這方面說，「不可與謀始」的庶民就是至愚。論語也說「民可使由之，不可使知之」……這句話相當於法家所言的「不可與謀始」，及王船山所謂庶民為至愚一面，為何不能講？[696]

當然，法家的愚民政策以及《韓非子》認為「民智不足用」

---

[694] 《增訂韓非子校釋・顯學》，頁 22。

[695] 同前注。

[696] 牟宗三：《中國哲學十九講》（台北：台灣學生出版社，1983 年 10 月），頁 162。

的觀點，亦惹來後世研究之批評，並認為此觀點「皆不足一晒」，熊十力先生即有此評論：

> 韓非以為民智不足用。其所舉證，皆以奇察之能，從片面去摘發細民之情。遂以為根據，而妄斷凡民皆無知。以為居上乘勢者，可鞭箠之而無不如意也。如彼所舉，上急耕田墾草云云，皆不足一晒[697]

關於牟宗三先生所引《商君書・更法》之「民可與樂成，不可與謀始」一語，主要係因為商鞅力勸秦孝公變法強秦，因而強調「法者，所以愛民也」。他認為唯有令聖人「不法其故」方得「可以強國」；「不循其禮」才能「可以利民」也。是以，所謂「以民不可與慮始，而可與樂成」之主張，蓋起因於商鞅強烈指出人民雖不知法度之善，但終將蒙受變法、行法、施法之利澤。

（二）教法以濟民智

法家人物針對此「民智不足用」乙事之救濟方式，便是以「法」為主體來實施教導、規正，關於「以法為教」之主張，秦穆公與商鞅曾有一段是類對話，商鞅對此曾云之：

> 公孫鞅曰：「臣聞之，『疑行無成，疑事無功，』君亟定變法之慮，殆無顧天下之議之也。且夫有高人之行者，固見負於世；有獨知之慮者，必見訾於

> 民。語曰：『愚者闇於成事，知者見於未萌。民不可與慮始，而可與樂成。』郭偃之法曰：『論至德者，不和於俗；成大功者，不謀於眾。』法者，所以愛民也；禮者，所以便事也。是以聖人苟可以強國，不法其故；苟可以利民，不循其禮」[698]

雖然百姓之中有人讀書識字，但是《韓非子》並不太信任渠等所學，因為講求實用主義的韓非，主張國家與社會功能應該注重在「力」與「功」之上，而避免讓「空言」及「無用」之學成為人民受教的錯誤內容：

> 今境內之民皆言治，藏商、管之法者家有之，而國愈貧，言耕者眾，執耒者寡也。境內皆言兵，藏孫、吳之書者家有之，而兵愈弱，言戰者多，被甲者少也。故明主用其力，不聽其言；賞其功，必禁無用。故民盡死力以從其上。[699]

明主在教育上用對了方向，才能收「民盡死力以從其上」的功效。然而，由於受到商鞅在秦變法成功的催化，韓非於是在某種角度上亦成為尚法派的忠實信徒之一，並且將「法」無限上綱到社會各階層去。因此，他深刻地認為「法度」對人民有百利而無一害，不但應該成為國家行政之根本，亦應落實於人民教育之中，是謂「以法為教」，《韓非子》申明：

---

[698] 《商君書校正·更法》，頁1。
[699] 《增訂韓非子校釋·五蠹》，頁50。

故明主之國，無書簡之文，以法為教；無先生之語，以吏為師；無私劍之悍，以斬首為勇。是以境內之民，其言談者必軌於法，動作者歸之於功，為勇者盡之於軍。是故無事則國富，有事則兵強，此之謂王資。既蓄王資，而乘敵國之釁，超五帝，侔三王者，必此法也。[700]

「境內之民，其言談必軌於法」是《韓非子》治國藍圖中最終之國民教育目標，然「法也者，官之所以師也[701]」；是以「以吏為師」之所教授內容，則毫無疑問的是教民以法。因此，《韓非子》將法視為可以「超五帝，侔三王」的王資，足見其對「法」的厚愛。由於法所具有強烈的「齊一式」之特性，是以，《韓非子》極為相信「以法為教」有其「完成社會控制」、「解決衝突」和「社會工程」等三大功能，林儒先生推論道：

韓非認為法治教育的功能，在於完成社會控制、衝突解決和社會工程等功能。余英時的這句話，「法家是政教合一的，國內只有一種思考的標準，故能收『萬眾一心』之效[702]」，可以形容韓非的教育特質。[703]

---

[700] 《增訂韓非子校釋·五蠹》，頁 50-51。

[701] 《增訂韓非子校釋·說疑》，頁 232。

[702] 余英時：《歷史與思想》（台北：聯經出版公司，1987 年 6 月），頁 1-2。

[703] 林儒：〈從法律的功能論韓非的法治教育〉，《哲學與文化》第 28 卷第 2 期（2001 年 2 月），頁 186。

雖說這種論見在目前來看顯得偏執，畢竟整個社會機制的運作，並非僅法而已，但是，在《韓非子》給君王的建議當中，國家行法並非是只為滿足君王之利益，其實他所謂的「立法術，設度數，所以利民萌，便眾庶之道也」，即是從社會功能之角度來勸諫君王行法治。《韓非子》曰：

> 夫治天下之柄，齊民萌之度，甚未易處也。然所以廢先王之教，而行賤臣之所取者：竊以為立法術，設度數，所以利民萌，便眾庶之道也。故不憚亂主闇上之患禍，而必思以齊民萌之資利者，仁智之行也。憚亂主闇上之患禍，而避乎死亡之害，知明夫身，而不見民萌之資利者，貪鄙之為也。[704]

《韓非子》在〈問田〉篇中認為亂主闇上，雖然有可能因為不滿於其之建言而行殺戮之刑，但是他卻強調若能夠「思以齊民萌之資利者」，也就算是「仁智之行」了。由此推論，《韓非子》在此處是真心以人民的利益做考量，因而極力主張以「齊民萌之度」來健全人民基礎教育。是以，君王亦當視此為得「人心」之施政作為。

（三）藉行法賞罰以齊民萌

法律中明文規定的賞與罰，就是《韓非子》建議君王盡力齊一「民萌」的「度」。他解釋人民的天性總具有私心自用的特質，所以要以賞和罰來強制「齊」之，而古今之民性

---

[704] 《增訂韓非子校釋・問田》，頁310。

不同，國君應將「勸之以賞」及「畏之以罰」當作是施政的
義務；其言之：

> 古者黔首悗密惷愚，故可以虛名取也。今民儇詗智
> 慧，欲自用，不聽上，上必且勸之以賞，然後可進；
> 又且畏之以罰，然後不敢退……為太上士不設賞，
> 為太下士不設刑，則治國用民之道失矣[705]

至於談到如何將法落實到人民的教育內容當中，《韓非子》
則清楚的提出「以吏為師」是最適當的作法。同時，在這作
法當中，國君本身即應站在法紀教育的第一線上。蓋《韓非
子》明言「人主者」自當是「守法責成以立功者也」，英明
的君主並且應該妥善地授權官吏，要求渠等教民知法、守
法，使法治教育藉官吏而普及王民，以圖達到「明主治吏不
治民」之目標，是云：

> 人主者，守法責成以立功者也。聞有吏雖亂而有獨
> 善之民；不聞有亂民而有獨治之吏，故明主治吏不
> 治民。[706]

是以，吾人即可從此處見到，「齊民萌之度」事實上是國君應
該辦到的治國策略之一，而且，其間的所作所為之最源頭還是
得從君主本身做起，不但必須守法[707]責成，還勿忘治吏教民，
這當然是需要英明的君王藉著以身作則的修養做起才行。

---

[705] 《增訂韓非子校釋・忠孝》，頁 823。
[706] 《增訂韓非子校釋・外儲說右下》，頁 590。
[707] 關於國君應守法修養之論述，將於本書第七章完整說明。

關於君王立教之論，儒家在教育上也有類似之見。例如在「尊君」立場上與《韓非子》相當一致的漢儒董仲舒即主張民識應由「聖人教之」，且君王在身教的行儀上亦必須「躬親職此於上而萬民聽」，如此，則得以「先王見教之可以化民也」謂之；董仲舒曰：

> 傳曰：天生之，地載之，聖人教之。君者，民之心也，民者，君之體也；心之所好，體必安之；君之所好，民必從之。故君民者，貴孝弟而好禮義，重仁廉而輕財利，躬親職此於上而萬民聽，生善於下矣。故曰：先王見教之可以化民也。此之謂也。[708]

董仲舒於此所闡述人民教育的觀點與《韓非子》的「聖人之治民，度於本，不從其欲，期於利民而已[709]」之說，實頗有近似之處。換言之，董仲舒所提出之君民應「貴孝弟」、「好禮義」以及《韓非子》所主張之守法度與除其欲等身教科目，均為舉國百姓之觀瞻，足見主政者之修養習性切民之深也。

《韓非子》崇尚國家行法以及人民落實法治教育的盛大功用，認為對人民來說法度可視為：「至安之世，法如朝露，純樸不散；心無結怨，口無煩言[710]」，對政府來說法度則又是：「安國之法，若饑而食，寒而衣，不令而自然也[711]」；這實在是一幅人間至善之美景，不過，正本清源的說來，這

---

[708] 《春秋繁露·為人者天》，頁 285。賴炎元：《春秋繁露》（台北：台灣商務印書館，1984 年 5 月）。

[709] 《增訂韓非子校釋·心度》，頁 813。

[710] 《增訂韓非子校釋·大體》，頁 715。

[711] 《增訂韓非子校釋·安危》，頁 809。

一切還都得從國君、官吏以及民眾等三方面知法、明法與守法，並且彼此緊密配合且身體力行之方是。

三、民安則德在上

（一）君使民安

　　《韓非子》在〈十過〉篇藉著管仲之言而強調「剛則犯民以暴，愎則不得民心，悍則下不為用，其心不懼[712]」該論點明陳，為政者應以得民心之與否為執政之考量，此即屬《韓非子》愛民的君德思想表現之一。然普天民心的最大願望便是求得生活上的安穩，因此「民安」即成了國君德澤之最大憑據，此之謂「民安則德在上」，是以，其乃如此推論：

> 徭役多則民苦，民苦則權勢起，權勢起則復除重，
> 復除重則貴人富，苦民以富貴人，起勢以藉人臣，
> 非天下長利也。故曰徭役少則民安，民安則下無重
> 權，下無重權則權勢滅，權勢滅則德在上矣[713]

減輕徭役即能減少人民之苦，是故當「徭役少則民安」時，則權貴重人便失去荼毒百姓及危害君位之路徑，而人民也因而得以感受到國君之德澤。相對地看來，減少徭役也成了君王愛護人民的務實表現。

　　從功利面析之，國君爭取人心、普施德澤和愛護人民實則在政權上有其具體效果，也就是得以爭取到《韓非子》所

---

[712] 《增訂韓非子校釋‧十過》，頁 677。
[713] 《增訂韓非子校釋‧備內》，頁 198。

謂的「利於民者，必出於君」之「民萌」，以及「群臣百姓
之所善，則君善之」的「威強」，其云之：

> 何謂民萌？曰：為人臣者，散公財以說民人，行小
> 惠以取百姓，使朝廷市井皆勸譽己，以塞其主，而
> 成其所欲，此之謂民萌。……何謂威強？曰：君人
> 者，以群臣百姓為威強者也。群臣百姓之所善，則
> 君善之，非群臣百姓之所善，則君不善之。為人臣
> 者，聚帶劍之客、養必死之士，以彰其威，明為己
> 者必利，不為己者必死，以恐其群臣百姓，而行其
> 私，此之謂威強。……其於德施也，縱禁財，發墳
> 倉，利於民者，必出於君，不使人臣私其德。[714]

人臣採取「散公財以說民人，行小惠以取百姓」的作為，皆
是為了表現愛民的「德施」形象以圖爭取人民之好感；但是，
其所慷的卻是君王之慨！是故，為了要能營造「德在上」的
效果，則「利於民者，必出於君，不使人臣私其德」即為國
君的必要工作。

「非群臣百姓之所善，則君不善之」也是基於從民所欲
的「民安」之目的；國君事實上應該視「群臣百姓為威強者」，
蓋群臣與人民才是國家安定的基礎，假若落入重臣「恐其群
臣百姓而行其私」的籌碼，將使人民與君王漸行漸遠，進而
危及君位之穩固，並增加國家動盪之因子，此將不利於營造
民安之生存環境。

---

[714] 《增訂韓非子校釋・八姦》，頁 187-190。

　　安穩地生存是人民亟求之最大目的，故《韓非子》云：
「民之性，有生之實，有生之名[715]」。是以，「審於是非之
實，察於治亂之情」乃為除去動亂因子之作為，亦即是君王
治國安民的責任，故曰：

> 而聖人者，審於是非之實，察於治亂之情也。故其
> 治國也，正明法，陳嚴刑，將以救群生之亂，去天
> 下之禍，使強不陵弱，眾不暴寡，耆老得遂，幼孤
> 得長，邊境不侵，君臣相親，父子相保，而無死亡
> 係虜之患，此亦功之至厚者也。[716]

「救群生之亂，去天下之禍」是《韓非子》要求國君王霸天
下的任務之一，而其具體作為所提的「耆老得遂，幼孤得長」
之語，則又類似於《孟子》所提及治天下所應為的「老吾老，
以及人之老；幼吾幼，以及人之幼；天下可運於掌。……故
推恩足以保四海[717]」之論述。

　　由是觀之，以「無死亡係虜之患，此亦功之至厚者」為
「民安」，並引為的君主德澤之觀念，至少是戰國時期儒、
法等學說在政治思想上之普遍認同；是以，總結了中國古代
哲學思想的韓非[718]，自亦取納為學說論點。

---

[715] 《增訂韓非子校釋・八經》，頁 168。
[716] 《增訂韓非子校釋・姦劫弒臣》，頁 219。
[717] 《四書章句集注・孟子・梁惠王上》，頁 289。
[718] 姚蒸民云：「要之，中國古代哲學思想，自墨經作者從墨家觀點作一總
　　　結之後，繼以荀子從儒家觀點作一總結，最後則為韓子從法家觀點再
　　　做一總結。」見姚蒸民：《韓非子通論》（台北：東大圖書公司，1999
　　　年 3 月），頁 134。

（二）君應愛民

　　為上者愛民的表現可以經由身先士卒或人溺己溺的情操來展露，尤其是愛民如身的行為，更可以打動臣屬及黎民百姓的心。於此，《韓非子》特地引春秋名將吳起吮兵之膿以發揮長上之德的例子，來建議君王愛民如身，其曰：

> 吳起為魏將而攻中山，軍人有病疽者，吳起跪而自吮其膿，傷者之母立泣，人問曰：「將軍於若子如是，尚何為而泣？」對曰：「吳起吮其父之創而父死，今是子又將死也，今吾是以泣。」[719]

吳起兩度跪地而自吮兵士之膿，無怪乎該士兵一連兩代皆欲為吳起盡死力以報之。此外，《韓非子》又在〈解老〉篇提出「故臨兵而慈於士吏則戰勝敵[720]」的觀點，來再次說服君王應待視士兵以「慈」，方能藉著展現君德之存在，而令王師無戰不勝。

　　從功利主義的角度來剖析，君上愛兵、愛民可收士兵與人民盡死效力之功，所以《韓非子》云：「上愛民，民死賞……上不愛民，民不死賞[721]」這是天經地義之推論所得。反之，如果國君未能愛其人民，不懂得修養愛民之心以表達君主德澤，甚至引起「民見憎」之群憤，那麼，則舉國將離心離德且淪為散沙，而致「不能盡力而務功」，是云：

---

[719] 《增訂韓非子校釋·外儲說左上》，頁 497。
[720] 《增訂韓非子校釋·解老》，頁 757。
[721] 《增訂韓非子校釋·飭令》，頁 829。

> 使燕王內憎其民，而外愛魯人，則燕不用而魯不附。
> 民見憎，不能盡力而務功；魯見說，而不能離死命
> 而親他主。[722]

講究經驗實證的《韓非子》一書，當然也舉出了國君與人民
未能一心而「上不能盡其民力」的例證，彼即為戰國末期決
定了秦國獨強，進而達成平併六國之態勢的秦、趙長平之
役，《韓非子》舉例曰：

> 趙氏……號令不治，賞罰不信，地形不便，上不能
> 盡其民力。彼固亡國之形也，而不憂民萌。悉其士
> 民，軍於長平之下，以爭韓上黨。大王以詔破之，
> 拔武安。當是時也，趙氏上下不相親也，貴賤不相
> 信也，然則是邯鄲不守。[723]

在〈初見秦〉篇所顯示的該戰役之背景資料中可知，趙國
國君趙孝成王便是在「不憂民萌」且「趙氏上下不相親」、
「貴賤不相信」的狀況下，卻仍然一意孤行，甚至「悉其
士民，軍於長平之下，以爭韓上黨」，終落至軍敗兵亡及
都邑「邯鄲不守」，並且導致國勢一厥不振遂於滅絕的亡
國慘運。

（三）民為邦本

　　中國自古以來及崇尚民本思想，從《尚書》、《左傳》

722　《增訂韓非子校釋・用人》，頁 794。
723　《增訂韓非子校釋・初見秦》，頁 856。

到孔、墨、孟、荀等均有明論，王曉波先生即整理該等思想而言之：

> 中國自古政治上有民本思想的傳統，即「民為邦本，本固邦寧《尚書・夏書・五子之歌》」，並且說為政之道「在知人，在安民」……到西周，亦言「民之所欲，天必從之《左傳・襄公三十一年・引〈泰誓〉》」到東周，甚治民本思想凌駕於神權思想之上，而有言「服民，神之主也。是以聖王先成民，而後致力於神《左傳・桓公六年》」……直到百家爭鳴，在政治思想上，也莫不以民本為依歸。孔子言愛眾，墨子曰兼愛，孟子說民貴。荀子之後，漸漸打破君權神授的「奉天承命」之說，而言「天之生民，非為君也；天之立君，以為民也《荀子・大略》」……韓非之言亦不過是繼承這個思想的傳統而將之附著在新的專制制度之上。[724]

《韓非子》的民本思想，其實是在中國政治思想一貫的承襲下逐次建立，例如他說「人主者，天下一力以共載之，故安；眾同心以共立之，故尊[725]」、「群臣百姓之所善，則君善之，非群臣百姓之所善，則君不善之[726]」以及「聖人之治民，度

---

[724] 王曉波、張純合撰：《韓非思想的歷史研究》（台北：聯經出版公司，1994 年 12 月），頁 141-142。
[725] 《增訂韓非子校釋・功名》，頁 806。
[726] 《增訂韓非子校釋・八姦》，頁 187。

於本，不從其欲，期於利民而已[727]」等語，均是在強調君主應視廣大人民為國家之根本。

《韓非子》告誡君王應查察人民之生存與感受，甚至，連國家不得以而面臨征戰之時，也應當以「用兵者服戰於民心[728]」之考量來為人民算計。是以，才有前引文所謂的「徭役少則民安，民安則下無重權，下無重權則權勢滅，權勢滅則德在上矣」之觀點；以此觀點出發，則君王之一切施政作為，自當致力於增進人民福利之思考。

由本節綜觀《韓非子》之民本思想，從功利面論，君上營造「民安」環境及真誠「愛民」是爭取民心的最直接方式；從技術面論，「設民所欲」及「齊民萌」之作法則將治國之道著重於人民利益之參酌；從思想面論，「期於利民」之說則又將國家的建立濫觴，拉回以人民為根基的思考邏輯上。因此，從君德面論，這些論述都具有普施君王德澤的風行草偃之效。

是以，經由吾人在本節的整理與討論中，推論《韓非子》潛移默化地列舉「設民所欲以為功」、「齊民萌之度」以及「民安則德在上」等觀念來闡述「明主功名在人心」之學說思想，此為君王應培養修練之政治理念，亦為治國實務中切不可失的執政綱領之一。

---

[727] 《增訂韓非子校釋・心度》，頁813。
[728] 《增訂韓非子校釋・心度》，頁813。

第三節　以長續短之謂明主

一、自見之謂明

（一）知之難不在見人

　　人貴有自知之明，然而，自知卻不是一件容易的事。尤其是身在殿堂之上的君王，其處於享有國境之內的一切資源權力之際，同時也集朝廷眾口美言之所在，因此對於個人的短處更是難以自見。這情形顯非表示國君沒有缺點，而是其缺點不易在眼前自現。是以，《韓非子》特別提出「離朱易百步而難眉睫，非百步近，而眉睫遠也，道不可也[729]」之譬喻，以強調君王自知之難。

　　自知是一種難得的智慧，懂得自知才有自見之明，有自見之明方不致剛愎自用，《韓非子》認為這是受萬人朝拜之君王必須修養的一種人格德性，於是乃以目不見睫之寓意勸諫之，是曰：

> 臣患智之如目也，能見百步之外，而不能自見其睫。王之兵自敗於秦、晉，喪地數百里，此兵之弱也。莊蹻為盜於境內，而吏不能禁，此政之亂也。王之弱亂，非越之下也，而欲伐越，此智之如目也。」王乃止。故知之難，不在見人，在自見。故曰：「自見之謂明。」[730]

---

[729] 《增訂韓非子校釋·觀行》，頁 719。
[730] 《增訂韓非子校釋·喻老》，頁 784。

「知之難，不在見人，在自見」，故《韓非子》奉勸君王要能做到「自見之謂明」。然而對於國君而言「自見」只是「自知」修養的一個開端而已，在有此「自知」之後，復需「以道正己」，蓋因「身失道，則無以知迷惑」，惟有「明過」繼而「以道正己」，方能將君王所發出之各項政治措施逐步修正、上軌。是以，《韓非子》乃以此觀點曰：

> 古之人，目短於自見，故以鏡觀面；智短於自知，故以道正己。鏡無見疵之罪，道無明過之惡。目失鏡，則無以正鬚眉，身失道，則無以知迷惑。西門豹之性急，故佩韋以自緩；董安于之心緩，故佩弦以自急。故以有餘補不足，以長續短之謂明主。[731]

西門豹的「佩韋以自緩」以及董安于的「佩弦以自急」，都是在自見其短處之後的救濟措施，希冀藉此法以自正其行。是以，洞悉人性的《韓非子》教導君王「故明主不窮烏獲，以其不能自舉；不困離朱以其不能自見[732]」，要求國君不強人所難，同時亦避免過度膨脹自身之能，而失去自見之明。

（二）以道正己

　　人君擁有自見之明方得「以道正己」，黃紹梅先生稱此為韓非要求國君修養能端正己身之德性，其云：

> 韓非對國君德性之要求，是介於仁暴之間，而仁暴之間的德行要件為何？……三是要求國君能端正己

---

[731] 《增訂韓非子校釋・觀行》，頁718。
[732] 同上注，頁719。

　　身：他說：古之人目短於自見，故以鏡觀面；智短
　　於自知，故以道正己。……故「以有餘補不足，以
　　長續短，以謂明主。」即說明君主以道正己，如同
　　以鏡觀面般刻不容緩。[733]

由於《韓非子》並不期待君王為生而聖賢者，因此，強調中
主而治[734]的他反而勸諫國君應該懂得「以有餘補不足，以長
續短之謂明主」之理。是以，凡有自知之明並懂得以長續短
者，即符合明主德性要件之一。

　　深究《韓非子》的這個觀念，此乃緣於其非常清楚地瞭
解世間無人能「乘天地之資，而載一人之身」，若要強求「以
一人力，則后稷不足」。因此，國君治世要懂得「隨道理之
數」而行才是，其乃所謂：

　　不乘天地之資，而載一人之身；不隨道理之數，而
　　學一人之智；此皆一葉之行也。故冬耕之稼，后稷
　　不能美也；豐年大禾，臧獲不能惡也。以一人力，

---

[733] 黃紹梅：〈韓非學說「法術勢」均衡運作的困難—以漢代「尚書尊隆」「酷吏專橫」為例的考察〉，《國立僑生大學先修班學報》第 9 期（2001 年 7 月），頁 171-172。

[734] 《增訂韓非子校釋·難勢》云：「中者，上不及堯、舜，而下亦不為桀、紂。抱法處勢則治，背法去勢則亂。」〈用人篇〉亦云：「使中主守法術，拙匠執規矩尺寸，則萬不失矣」。王靜芝云：「法治主義原本是不主張人治的；但韓非雖不主張人治，卻相當注意到人的因素。韓非肯承認，堯舜是治世的賢者，求治者，應該以堯舜為目標。但他指出，堯舜是千世一出的，等待堯舜之出，如『待越人之善海浮者，以救中國之溺人。』這在〈難勢〉一篇中已有詳盡論述。因此韓非主張抱法處勢，則『中』人就可以為堯舜。」見王靜芝：《韓非思想體系》（台北：輔仁大學文學院，1988 年 10 月），頁 217。

則后稷不足；隨自然，則臧獲有餘。[735]

是以，《韓非子》強調國君執事應有「隨自然」之心，才能有「順自然」之道，進而收「御自然」之功，其即明主應巧妙運用於心的用人之道。然而，這種自知、自見與自明的修養功夫，正是其所謂的「自見之謂明」也。

二、上君盡人之智

（一）力不敵眾　智不盡物

大凡人之才學能力均有其限度，所以《韓非子》認為「智有所不能立」、「力有所不能舉」、「彊有所不能勝」是天下不變的三大信數。準此而言，君王在有了自知之明後，亦即必須瞭解到治國務必藉助眾人之力，此即「無眾人之助，大功不立」之謂，其云：

> 天下有信數三：一曰，智有所不能立，二曰，力有所不能舉，三曰，強有所不能勝。故雖有堯之智，而無眾人之助，大功不立。有烏獲之勁，而不得人助，不能自舉。有賁育之強，而無法術，不得長勝。故勢有不可得，事有不可成。故烏獲輕千鈞而重其身，非其身重於千鈞也，勢不便也；離朱易百步而難眉睫，非百步近，而眉睫遠也，道不可也。[736]

---

[735] 《增訂韓非子校釋・喻老》，頁 778。

[736] 《增訂韓非子校釋・觀行》，頁 719。

目不見睫是人類的通病，既使是人中龍鳳的國君亦難免其失，所以「離朱易百步而難眉睫」是人皆所然；但是，這種普遍缺失並非無術可治，《韓非子》即針對此弊而提出「上君盡人之智」的用人之道，藉以補強君王在治國時面對千頭萬緒的國政所必須付出之勞心、勞力所不及之憾，其曰：

> 力不敵眾，智不盡物，與其用一人，不如用一國。故智力敵，而群物勝，揣中則私勞，不中則任過。下君，盡己之能；中君，盡人之力；上君，盡人之智。是以事至而結智，一聽而公會。……故其用人也，不取同；同則君怒。使人相用則君神，君神則下盡。下盡則臣不因君，而主道畢矣。[737]

「力不敵眾，智不盡物」是點醒國君避免過於自信而剛愎自用，實因「很剛而不和，愎諫而好勝，不顧社稷，而輕為自信者，可亡也[738]」。所以，《韓非子》建議國君「與其用一人，不如用一國」如此才能建立「事至而結智，一聽而公會」的行政慣例。

雖說在法家的專制主義裡，其政務的執行權與裁判權均落在國君之手，但是《韓非子》此般討論制度的設計，在某種程度上已經類似於當今先進社會中的「合議制」，確有其可取之處。

再則，其用人不取同之建議，與本書第四章的修身修家之修養所述，頗有前後呼應之理，強調了君王應極力避免因

---

[737] 《增訂韓非子校釋·八經》，頁 152-153。
[738] 《增訂韓非子校釋·亡徵》，頁 116。

為接受讒言而耗事，或因為用人不當而誤國之情事，以確實讓舉國之人盡其才、才盡其能，此方可謂：「下盡則臣不因君，而主道畢矣」，這即是「物者有所宜，材者有所施」之謂，《韓非子》乃云之：

> 夫物者有所宜，材者有所施，各處其宜，故上下無為。使雞司夜，令狸執鼠，皆用其能，上乃無事。上有所長，事乃不方。矜而好能，下之所欺。辯惠好生，下因其材。上下易用，國故不治。[739]

講究分工辦事的《韓非子》，設計了這套讓國君足以「皆用其能，上乃無事」的行政體制，目標即是指向君逸臣勞的無為而無不為之政局；但是，國君在此必須配合的則是避免事必躬親地「上有所長」與「矜而好能」，如此方可實際發揮群臣之惠。

（二）人不兼官　官不兼事

讓人才「各處其宜，故上下無為」是《韓非子》在用人治事上的一貫主張；雖說「無為」，然事實上，其主張君王在用人上還是有其「循天」、「順人」、「明賞罰」的若干主要原則，其曰：

> 聞古之善用人者，必循天、順人、而明賞罰。循天則用力寡而功立，順人則刑罰省而令行，明賞罰則伯夷、盜跖不亂。如此則白黑分矣。……明君使事

---

[739] 《增訂韓非子校釋·揚權》，頁 697。

> 不相干，故莫訟；使士不兼官，故技長；使人不同
> 功，故莫爭。爭訟止，技長立，則彊弱不觳力，冰
> 炭不合形，天下莫得相傷，治之至也。[740]

《韓非子》具體主張明君應當「使事不相干」、「使士不兼官」及「使人不同功」，俾能使行政績效彰顯在「爭訟止」及「技長立」之表現上，此說堪為國君提綱挈領的用人細則。接著，《韓非子》延申守虛靜及無為的論述，強調明君在用人為事之時應該要修養「去智」、「去賢」與「去勇」之態度，故曰：

> 是故去智而有明，去賢而有功，去勇而有強。群臣
> 守職，百官有常，因能而使之，是謂習常。故曰：
> 寂乎其無位而處，漻乎莫得其所。明君無為於上，
> 群臣竦懼乎下。[741]

「明君無為於上，群臣竦懼乎下」是《韓非子》術論當中甚為重要的論述；從消極面來看，此說是營造群臣治事不敢不盡力的氣氛；而從積極面來看，此說則是為君王打造了「事在四方，要在中央，聖人執要，四方來效[742]」的強大行政體制。在此種治國理念當中，包含了「一人不兼官，一官不兼事」的「任有專攻」之官職設立原則，其云：

---

[740] 《增訂韓非子校釋・用人》，頁 791。
[741] 《增訂韓非子校釋・主道》，頁 686。
[742] 《增訂韓非子校釋・揚權》，頁 697。

> 明主之道，一人不兼官，一官不兼事。卑賤不待尊
> 貴而進，大臣不因左右而見。百官修通，群臣輻湊。
> 有賞者君見其功，有罰者君知其罪。見知不悖於前，
> 賞罰不弊於後。[743]

在《韓非子》所設計的行政機器當中，「百官修通，群臣輻
湊」是一個完美的政府體制，但是還得有賴於「明主」的貫
徹方得為之；於是，「有賞者君見其功，有罰者君知其罪」
都成了國君的職責[744]。

　　當然，《韓非子》力主的這部國家大機器，必須依靠廣
大人才群的層層節制與監督始得實施，而國君則應極力成為
創造「使天下為己視」與「使天下為己聽」之勢者，故云：

> 明主者，使天下不得不為己視，天下不得不為己聽。
> 故身在深宮之中，而明照四海之內，而天下弗能蔽、
> 弗能欺者，何也？闇亂之道廢，而聰明之勢興也。
> 故善任勢者國安，不知因其勢者國危。[745]

君王有招撫天下才俊之君勢，如能善加利用，其神通之處即
猶如「身在深宮之中，而明照四海之內」，亦可言為「善任
勢者國安」。是以，藉自見之明來開闊為國舉材的胸襟，方
能達到聖人執要之境，這是《韓非子》建議君王應修養的治
國態度，落實在執政技巧上便是無為政治的展現。

---

[743] 《增訂韓非子校釋‧難一》，頁 320。
[744] 關於《韓非子》公正賞罰的國君職責與君德論述，詳見本書第六章第
四節所言。
[745] 《增訂韓非子校釋‧姦劫弑臣》，頁 216。

三、明君畜臣之德

（一）君臣良善關係

雖說《韓非子》在君臣關係上揭示了「上下一日百戰[746]」的緊張關係，然以，詳究其文，吾人還是可以找到許多君臣之間得以擁有良善關係的論述。《韓非子》認為「能畜其臣者」就是明君，而「能明法辟者」就是賢臣，兩者之間若以法度來建立互動基礎，則必是天下大治也，是云：

> 天下皆以孝悌忠順之道為是也，而莫知察孝悌忠順之道而審行之，是以天下亂。……夫所謂明君者，能畜其臣者也；所謂賢臣者，能明法辟、治官職，以戴其君者也……臣之所聞曰：「臣事君，子事父，妻事夫，三者順則天下治，三者逆則天下亂。」此天下之常道也。明王賢臣而弗易也，則人主雖不肖，臣不敢侵也。[747]

引文所言「臣事君，子事父，妻事夫，三者順則天下治」，這是《韓非子》所認同的孝悌忠順之關係，並首揭而稱之為「天下之常道」；然在他口中「能明法辟、治官職，以戴其君者」的賢臣，其實也是明君所亟求的。

至於其所謂的「上法而不上賢[748]」，筆者認為該論實則重點在於「法」優於「賢」的順序，居於前（上）位的是「法」

---

[746] 《增訂韓非子校釋・揚權》，頁 709。
[747] 《增訂韓非子校釋・忠孝》，頁 818-819。
[748] 同前注，頁 819。

不是「賢」，然賢者仍為明君所求，並非僅留「法」而去「賢」之意[749]。是以，如果賢臣能夠符合《韓非子》所謂的忠臣之要求，則君臣關係便可以是良善而順遂的了。

（二）禮義修養得忠臣

然則，符合《韓非子》「賢臣」與「忠臣」之條件為何？籠統地說，凡能使「外無敵國之患，內無亂臣之憂，長安於天下，而名垂後世，所謂忠臣也[750]」；較具體說，則「盡力守法，專心於事主者為忠臣[751]」。是以，如果藉實例來剖析，則操法術之數的伊尹、管仲及商鞅，都是《韓非子》所推崇的忠臣模型，其乃云之：

> 操法術之數，行重罰嚴誅，則可以致霸王之功。……
> 伊尹得之，湯以王，管仲得之，齊以霸，商君得之，
> 秦以強。此三人者，皆明於霸王之術，察於治強之
> 數，而不以牽於世俗之言……湯得伊尹，以百里之
> 地，立為天子；桓公得管仲，為五霸主，九合諸侯，
> 一匡天下；孝公得商君，地以廣，兵以強。故有忠
> 臣者，外無敵國之患，內無亂臣之憂，長安於天下，
> 而名垂後世，所謂忠臣也。[752]

---

[749] 若深究「不上賢」之語，筆者認為韓非在此應類似於同慎子所論之「尚勢不尚賢」，實乃專為人君所設項，言人君有勢即可，不必具有賢德之能。此論點詳見本書第二章第四節之詳述。

[750] 《增訂韓非子校釋・姦劫弒臣》，頁 225。

[751] 《增訂韓非子校釋・忠孝》，頁 821。

[752] 《增訂韓非子校釋・姦劫弒臣》，頁 224-225。

「操法術之數，行重罰嚴誅」就是忠臣必須具備輔佐君王的治國之術，而其品格上則必須擁有絕對「戴其君」的情操；國君若能得此忠臣，則「上下一日百戰[753]」之緊繃關係方可免去，代之而起的則是國君應以合於「義者，君臣上下之事[754]」之禮數予之對待。

是以，倘歸納《韓非子》主張國君對忠臣應有的禮義修養，在其禮數上，《韓非子》認為：「簡侮大臣，無禮父兄，勞苦百姓，殺戮不辜者，可亡也[755]」、「挫辱大臣而狎其身，……可亡也[756]」；在其義務上，《韓非子》也說：「明主除人臣之所苦，而立人主之所樂，上下之利，莫長於此[757]」；在其功名歸屬上，《韓非子》更是認同：「凡五霸所以能成功名於天下者，必君臣俱有力焉[758]」之論。

（三）君若桴 臣若鼓

由是觀之，《韓非子》其實是講究君臣互惠、互敬的，只是在他身處的戰國末年之弱韓等國，因為有太多「重人[759]」把持朝廷而敗壞國政之例，並使得「法術之士[760]」頻遭讒陷，

---

[753] 《增訂韓非子校釋・揚權》，頁709。
[754] 《增訂韓非子校釋・解老》，頁724。
[755] 《增訂韓非子校釋・亡徵》，頁117。
[756] 同前注。
[757] 《增訂韓非子校釋・用人》，頁793。
[758] 《增訂韓非子校釋・難二》，頁336。
[759] 韓非云：「重人也者，無令而擅為，虧法以利私，耗國以便家，力能得其君，此所為重人也。」見《增訂韓非子校釋・孤憤》，頁282。
[760] 韓非云：「知術之士，必遠見而明察，不明察，不能燭私。能法之士，必強毅而勁直，不勁直，不能矯姦。……知術之士明察，聽用，且燭重人之陰情。能法之士，勁直，聽用，且矯重人之姦行。」見《增訂

所以才會讓國君暴露在奸險當中，而必須與群臣一日百戰。否則，《韓非子》在國君與臣子之間的義務關係上，是主張必須相互對等看待的，如云：

> 人主不自刻以堯，而責人臣以子胥，是幸殷人之盡如比干。盡如比干，則上不失，下不亡。不權其力而有田成，而幸其身盡如比干，故國不得一安。[761]

若論君臣間的相對義務與依存關係，於〈功名〉篇亦有此明白論述：

> 人主之患，在莫之應。故曰：「一手獨拍，雖疾無聲。」人臣之憂，在不得一，故曰：「右手畫圓，左手畫方，不能兩成。」故曰：「至治之國，君若桴，臣若鼓，技若車，事若馬。」故人有餘力易於應。[762]

人主不能僅是單向地要求人臣必須盡死效忠，國君如果要「責人臣以子胥」，則自身也應當「自刻以堯」來要求。此外，人主在治國上需要有臣民的輝映，才不至於「莫之應」；而人臣更需要靠人主來創造良好的從政環境，才不至於「不得一」，這又是一個君臣之間相對的要求。所以《韓非子》以「君若桴，臣若鼓」來比擬君臣間的相互依存關係。

　　足見，在其理想之君主關係中，君對臣非僅「權力之取」

　　韓非子校釋‧孤憤》，頁281-282。

[761] 《增訂韓非子校釋‧安危》，頁810-811。

[762] 《增訂韓非子校釋‧功名》，頁806。

而已，亦負有相當「義務之施」，此般論述可視為《韓非子》君臣相處觀點之積極面。

　　至於論及君臣間之仁義關係，《韓非子》也有專屬於他自己的一套仁義論，此即在國家責任的認同上需符合「憂天下之害，趨一國之患，不避卑辱謂之仁義」之定義，同時，在君臣之間的禮儀上還必須是「不失人臣之禮，不敗君臣之位者」方得謂之，其曰：

> 仁義者，憂天下之害，趨一國之患，不避卑辱，謂之仁義。故伊尹以中國為亂，道為宰干湯；百里奚以秦為亂，道為虜干穆公——皆憂天下之害，趨一國之患，不辭卑辱，故謂之仁義。今桓公以萬乘之勢，下匹夫之士，將欲憂齊國，而小臣不行見，是小臣之忘民也，忘民不可謂仁義。仁義者，不失人臣之禮，不敗君臣之位者也。[763]

是以，在引文中，伊尹與百里奚既為合乎仁義之忠臣，商湯與秦穆公及應以仁義之禮事之；而小臣稷未合乎仁義之禮，齊桓公乃不應以仁義之禮事之。是以，過去我們雖然知道《韓非子》幾番建議國君，對於普遍的眾臣們應以「術」控御，但是，經由本節之論證，顯見在《韓非子》之價值觀裡，則致力於建議君王，凡對於能夠輔佐其名垂後世之忠臣，實應另修養此般合乎禮義的事臣節度以待之。

---

[763]　《增訂韓非子校釋・難一》，頁 325。

第四節　明君之道在智者盡其慮

　　上節提到為忠臣提供一個良善的從政環境，是國君責無旁貸的工作，此乃緣於君臣之間的相對義務而言。蓋在良好從政環境下，有才智之忠臣方能盡其所能地適時發揮「臣有其勞，君有其成功」之績效，此即「明君之道，使智者盡其慮」之謂，是云：

> 明君之道，使智者盡其慮，而君因以斷事，故君不窮於智；賢者敕其材，君因而任之，故君不窮於能；有功則君有其賢，有過則臣任其罪，故君不窮於名。是故不賢而為賢者師，不智而為智者正。臣有其勞，君有其成功，此之謂賢主之經也。[764]

　　《韓非子》所謂「智者」，必須能讓國君「不窮於智」、「不窮於能」、「不窮於名」者，所以是廣泛指稱得為國君所用之人臣，其包括「忠臣[765]」、「知術之士[766]」、「能法之士[767]」、「法術之士[768]」以及「有術數者[769]」等。然，如何才能在君

---

[764] 《增訂韓非子校釋·主道》，頁 686。
[765] 韓非云：「盡力守法，專心於事主者為忠臣。」見《增訂韓非子校釋·忠孝》，頁 821。忠臣一詞尚見於《韓非子》〈守道〉、〈功名〉、〈南面〉、〈飾邪〉、〈姦劫弒臣〉、〈有度〉、〈難一〉、〈難三〉、〈內儲說下〉及〈十過〉等諸篇。
[766] 韓非云：「知術之士，必遠見而明察，不明察，不能燭私。」見《增訂韓非子校釋·孤憤》，頁 281。
[767] 韓非云：「能法之士，必強毅而勁直，不勁直，不能矯姦。」見《增訂韓非子校釋·孤憤》，頁 281。
[768] 韓非云：「法術之士，操五不勝之勢，以歲數而又不得見；當塗之人，乘五勝之資，而旦暮獨說於前；故法術之士，奚道得進，而人主奚時得悟乎？故資必不勝而勢不兩存，法術之士焉得不危？其可以罪過誣

主得以達成的限度內，使渠等均願意「盡其慮」呢？此謂之
「賢主之經」，亦即本節所討論者。

一、虛靜以容術治之用

（一）思慮靜則故德不去

在《韓非子》的君德設計當中，「虛靜」不但是養身之
道[770]，同時亦是國君培養主德以蓄其臣的修身之術。其云：
「所以貴無為無思為虛者，謂其意無所制也[771]」且「不離位
曰靜。重則能使輕，靜則能使躁[772]」。是故，他建議君王用
人治事時必須嚴守「思慮靜」及「孔竅虛」的境界，這是《韓
非子》主張君主治國時，應讓己身意無所制地除去偏執之主
觀意識，致使澈底澄淨胸懷，並且謹守地位與份際的掌握，
乃留「虛靜」之態以容法術之行，則其積德治世之功效將益
形顯著，是謂：

> 知治人者，其思慮靜，知事天者，其孔竅虛。思慮
> 靜，則故德不去。孔竅虛，則和氣日入。故曰：「重

者，以公法而誅之；其不可被以罪過者，以私劍而窮之。是明法術而
逆主上者，不僇於吏誅，必死於私劍矣。」見《增訂韓非子校釋·孤
憤》，頁 281。法術之士一詞尚見於《韓非子》〈人主〉及〈和氏〉
等篇。

[769] 韓非云：「凡人臣者，有罪固不欲誅，無功者皆欲尊顯。而聖人之治
國也，賞不加於無功，而誅必行於有罪者也。然則有術數者之為人也，
固左右姦臣之所害，非明主弗能聽也。」見《增訂韓非子校釋·姦劫
弒臣》，頁 222。

[770] 該論點詳見本書第四章第一節所述。

[771] 《增訂韓非子校釋·解老》，頁 723。

[772] 《增訂韓非子校釋·喻老》，頁 767。

積德。」夫能令故德不去，新和氣日至者，蚤服者
也。故曰：「蚤服是謂重積德。」[773]

重積德是君王主要的修身標的之一[774]，其在用人治事上之成
效亦有所發揮，所以說「知治人者，其思慮靜，知事天者，
其孔竅虛」是君王必須「蚤服」的課題。守了虛靜之道後，
才漸知用人進退之準則，如此，便不必事必躬親地行下君之
道，《韓非子》曰：

> 故虛靜以待之，令名自命也，令事自定也。虛則知
> 實之情，靜則知動者正。有言者自為名，有事者自
> 為形，形名參同，君乃無事焉，歸之其情。……人
> 主之道，靜退以為寶。不自操事，而知拙與巧，不
> 自計慮，而知福與咎。是以不言而善應，不約而善
> 會。言已應，則執其契，事已會，則操其符。符契
> 之所合，賞罰之所生也。[775]

《韓非子》的虛靜用人之術必須配合形名參同之責；「不自
操事，而知拙與巧，不自計慮，而知福與咎」類似於當今分
層授權與負責的概念，如此方可「君乃無事焉」。雖說這是
君主以逸治國的方式，不過，若從忠臣的立場來看，則反而
是國君委以重任的信任感，有其雙方面的相互良性效益。然
而，國君務需留意人臣之「言必應」，以及「事必會」之督
則，如此方能為公正實施賞罰之據。

---

[773] 《增訂韓非子校釋・解老》，頁 738。
[774] 關於此論點，詳如本書第一章第一節所述。
[775] 《增訂韓非子校釋・主道》，頁 686，693。

（二）治人事天莫如嗇

　　針對以虛靜之道行分層授權之論，《韓非子》藉著《老子》的話來引證、旁徵其有益於國君的事半功倍之效，是所謂「因道全法，君子樂而大姦止[776]」，如此，居上者則可盡享「愛其精神，嗇其智識」之安逸；這是《韓非子》「治人」與「事天」的最高境界，其曰：

> 書之所謂「治人」者，適動靜之節，省思慮之費也。所謂「事天」者，不極聰明之力，不盡智識之任。苟極盡，則費神多，費神多，則盲聾悖狂之禍至，是以嗇之。嗇之者，愛其精神，嗇其智識也。故曰：「治人事天莫如嗇。」[777]

雖然《韓非子》認為施行他的法術是可以存在於「中主而治」的政治體制，不過深究而論，其實要能妥善運用法、術、勢而又符合君德之道的君王，實則不易產生，甚至可說「百不得一」，此即盧瑞鍾先生所謂：

> 法之為功固大矣，術之為用亦妙矣，然而韓非子所設計之政治機器，欲得理想國君或大臣行之，百不得一，必待有知人之明主配合賢能之「霸王之佐」，方能成功，有王佐之才，無知人之君，或有知人之君，而無王佐之才，均不易成事。[778]

---

[776] 《增訂韓非子校釋·大體》，頁 715。
[777] 《增訂韓非子校釋·解老》，頁 736。
[778] 盧瑞鍾：《韓非子政治思想新探》（台北：盧瑞鍾出版，1989 年 4 月），

當然，吾人可推測韓非即自詡為此賢能的「法術之士」，然則，終其一生卻並未尋得「知人之君」，所以在他有生之年，也難以見到他的法、術、勢與君德思想學說之施行，此即顯為其「中主而治」理論之限制所在。

要明察文武百官的忠奸與巧詐，其實還是得靠君王自身的明智與否，即所謂「臣之忠詐，在君所行也」，其云：

> 臣之忠詐，在君所行也。君明而嚴，則群臣忠；君懦而闇，則群臣詐。知微之謂明，無赦之謂嚴。[779]

《韓非子》在此點明了君主其實還是必須要具有聰明之德性的，所以，為了駕馭百官，國君還必須要修養具有明辨是非的德行方足敷運用；是云：「君明而嚴，則群臣忠，君懦而闇，則群臣詐」即為此理。

（三）守要而獨制四海

國君具有了守「虛靜」之涵養以為操控法術之用，又修養了聰明之德行以為明辨是非之備，則才有能力掌握「守要」之關鍵點，並致「獨制四海之內」的境界，《韓非子》謂之：

> 先王之所守要，故法省而不侵。獨制四海之內，聰智不得用其詐，險躁不得關其佞，姦邪無所依。遠在千里外，不敢易其辭；勢在郎中，不敢蔽善飾非。朝廷群下，直湊單微，不敢相踰越。故治不足，而

頁 202。
[779] 《增訂韓非子校釋・難四》，頁 368。

　　　　日有餘，上之任勢使然也。[780]

雖然有了如同先王「守要」的能力之後，君王若要親身處理
「用其詐」、「關其佞」及「遠在千里」的姦邪情事，則恐
仍是力有未逮。所以強調分層授權負責的《韓非子》，在此
便引導君王應如引文所述的「處勢」而「操權」，如此，人
主方得臻於「治不足，而日有餘」的君逸臣勞之無為政局。

二、明主所用必有能

（一）廣泛招募能才

　　君逸成勞是《韓非子》為君王設計的無為政體，其在用
人修養上的原則是「守虛」，是以《韓非子》云：「虛則德
盛，德盛之謂上德，故曰：上德無為而無不為也[781]」。人君
在守虛的心態下動靜不離本位，即是本節前段所謂的謹守虛
靜之道。不過，吾人應知，欲「守虛靜」而致「無不為」，
必須建立在所用為人的基礎上，蓋因「治人者，適動靜之節，
省思慮之費也[782]」；國君既要所用為人，則必當力圖「所用
者必有能」也，《韓非子》於此之主張為：

> 明主者，推功而爵祿，稱能而官事，所舉者必有賢，
> 所用者必有能，賢能之士進，則私門之請止矣。夫
> 有功者受重祿，有能者處大官，則私劍之士，安得

---

[780] 《增訂韓非子校釋・有度》，頁 260。
[781] 《增訂韓非子校釋・解老》，頁 722。
[782] 《增訂韓非子校釋・解老》，頁 736。

296

> 無離於私勇而疾距敵，游宦之士，焉得無撓於私門
> 而務於清潔矣？此所以聚賢能之士，而散私門之屬
> 也。[783]

以爵祿及才能來吸引賢能之士進用，這是《韓非子》基於人性論的角度來看待用人之道，實也無可厚非，因此，在此力論之下，政府便得以「聚賢能之士，而散私門之屬」。

　　然若論及任賢使能的範圍，韓非雖貴為韓國王族之身，卻不至於私心自用，反而對於廣招天下才俊之選用態度極為寬容；其間不但「外舉不避讎」甚或「山林藪澤巖穴之間」、「囹圄縲紲纆索之中」，以及「割烹芻牧飯牛之事」之屬，皆能者不拒；《韓非子》謂之：

> 聖王明君則不然，內舉不避親，外舉不避讎。是在
> 焉從而舉之，非在焉從而罰之。是以賢良遂進，而
> 姦邪并退，故一舉而能服諸侯。……觀其所舉，或
> 在山林藪澤巖穴之閒，或在囹圄縲紲纆索之中，或
> 在割烹芻牧飯牛之事。然明主不羞其卑賤也，以其
> 能為可以明法便國利民，從而舉之，身安名尊。[784]

英明君主之用人乃不論賢才之出身，是以凡「能為可以明法便國利民」，便應該「從而舉之，身安名尊」；這是《韓非子》明示國君在舉材上必須修練的愛才之心，並以寬闊的心胸廣泛地接納天下，就如同「上不天，則下不遍覆；心不地，

---

[783] 《增訂韓非子校釋‧人主》，頁 789。
[784] 《增訂韓非子校釋‧說疑》，頁 240。

則物不畢載」般的達觀，亦即以君德治國之表現，如云：

> 上不天，則下不遍覆；心不地，則物不畢載。太山
> 不立好惡，故能成其高；江海不擇小助，故能成其
> 富。故大人寄形於天地，而萬物備；措心於山海，
> 而國家富。[785]

引文即為《韓非子》所稱舉之用人的大格局度量。君王在治
國上不自我設限的廣泛選用能才，便可達到所言「太山不立
好惡，故能成其高；江海不擇小助，故能成其富」的功成名
就之願景。

《韓非子》對天下賢才能人的肯定其來有自，可以說是
法家人物一貫愛才的治國立場；而這種「愛才」、「惜才」
而「用才」的用人原則，擴大了身為知識份子的「士」階層
在政治上的地位與影響力，最終乃完成了國家元首與整個知
識階層之解放。針對此點，牟宗三先生特地標舉成為法家學
派對中國政治傳統上的重大貢獻，牟先生云：

> 在此之前，各國的政治權大都掌握在貴族手裡，因
> 此是貴族政治。……「士」階級的興起是中國社會
> 的一大轉觀，在貴族社會中原已有士，但士只是公
> 卿大夫的家臣，並不掌有政治權。士介於貴族與平
> 民之間，而且有知識，是「知識份子」，到秦漢以
> 後形成宰相系統。……由於「士」階級的興起並參
> 與政治，中國的政治才有了客觀的意義……法家廢

---

[785] 《增訂韓非子校釋・大體》，頁716。

除封建而壓抑了貴族，使元首得到解放，另方面士
興起而參與政治，這就含有將政治客觀化的意義。[786]

根據許倬雲先生《求古篇》之統計，所作成戰國時期各國宰
相出身之列表[787]來觀察，吾人得知，《韓非子》極力鼓吹國
君舉用天下能士，誠乃有其來自現實環境影響之深慮，蓋君
王廣泛用賢與否，實深刻關係到國家之興亡。

統計數字＼國別	趙	齊	秦	楚	韓	魏	燕
宰相總數	13	9	18	7	12	18	4
出身於公子者	3	2	3	1	0	0	0
出身與王室有關者	2	4	2	2	6	0	0
出身於寒庶者	8	1	13	2	1	9	0
出身不明者	0	2	0	2	5	9	4

由上表觀之，在戰國時期國勢最為強盛之秦國，其輔國
重臣——宰相來自寒庶者佔 13/18，超過全部總數之七成，
而出身王室或與王室有關者則僅佔不到三成。在長平之役前
亦曾稱霸一方的趙國，其宰相來自寒庶者亦超過全部數量之

---

[786] 牟宗三：《中國哲學十九講》（台北：台灣學生出版社，1983 年 10
月），頁 179-180。

[787] 本資料轉引自許倬雲：《求古篇》（台北：聯經出版社，1989 年），
頁 319-352。

六成；反觀韓非之祖國，其宰相已知來自寒庶者則僅為一成不到，而大半出身均來自王室。

由此間數據與國勢強弱之推論可言，凡國君願意廣泛向天下能士舉材者，其邦國多為國富兵強；如秦、趙等國即是。然若視宰相之職為王室禁臠，因而少自民間薦用才俊者，其國勢則顯積弱難振，如韓國即是。

韓非生逢戰國末年，由其好研政治學說及熟稔於彼時國際情勢來判斷，自當充分明晰各國舉材之情。然韓非身雖為韓國公子，卻仍願意以上書、著作等方式向韓、秦等國君大力推薦民間能士，實有其高瞻遠矚且大公無私之用心，其情操誠然令人感佩不已。

（二）選用法術之士

既然已經擴大了舉材的範圍，亦言明了能力上足以「明法便國利民[788]」者即為良才之屬，那麼，明確地為國君列舉國中「能士」與「重人」之條件區分，便是《韓非子》所具體提出的，其曰：

> 知術之士，必遠見而明察；不明察，不能燭私。能法之士，必強毅而勁直；不勁直，不能矯姦。人臣循令而從事，案法而治官，非謂重人也。重人也者，無令而擅為，虧法以利私，耗國以便家，力能得其君，此所謂重人也。[789]

---

788 《增訂韓非子校釋・說疑》，頁 240。
789 《增訂韓非子校釋・孤憤》，頁 281-282。

「必遠見而明察」的知術之士與「必強毅而勁直」的能法之士皆是《韓非子》所謂的法術之士，他認為渠等是君王治國時最重要的輔佐大臣；然而「重人」也是國之大臣，不過由於其在政壇上「無令而擅為，虧法以利私，耗國以便家，力能得其君」，因此反倒成為國之大患。

此外，由於「重人不能忠主而進其仇，人主不能越四助而燭察其臣，故人主愈蔽，而大臣愈重[790]」，此即阻塞了君王進用賢才的管道，使得法術之士有志難申，而且處境險惡[791]，所以《韓非子》強烈認為「故知術能法之士用，則貴重之臣必在繩之外矣。是知術能法之士與當塗之人，不可兩存之仇也[792]」。在此，國君即必須發揮其知人、用人的能力，在朝政上防止重人之干涉，而接受法術之士的治國方略。

為了客觀辨識法術之士與重人之差異，國君在進用官署時是有許多課題必須修養的。從言行觀察方面，務必要求「功當其事，事當其言」，在論功行賞方面，則必須「曖乎如時雨，百姓利其澤」，此謂明君之道，《韓非子》道：

故群臣陳其言，君以其言授其事，事以責其功。功當其事，事當其言，則賞；功不當其事，事不當其言，則誅。明君之道，臣不陳言而不當。是故明君之行賞也，曖乎如時雨，百姓利其澤；其行罰也，畏乎如雷霆，神聖不能解也。[793]

---

[790] 《增訂韓非子校釋・孤憤》，頁283。
[791] 韓非云：「然則有術數者之為人也，固左右姦臣之所害，非明主弗能聽也。」見《增訂韓非子校釋・姦劫弒臣》，頁222。
[792] 《增訂韓非子校釋・孤憤》，頁282。
[793] 《增訂韓非子校釋・主道》，頁694。

　　法術之士在能力上的要求大致上如上所述，而在德行上的要求，《韓非子》也為君王一一作了建議。

　　關於《韓非子》對法術之士之德行的具體要求；於服從性上，人臣應「群臣居則修身，動則任力，非上之令，不敢擅作疾言誣事，此聖王之所以牧臣下也[794]」；於品操上，則應「堅中則足以為表，廉外則可以大任，少欲則能臨其眾，多信則能親鄰國，此霸者之佐也，君其用之[795]」。《韓非子》認為能同時符合前述才能與此間德行上之條件者，定當成為君王所能夠親信的王佐之才，足證其仍是注重人才之德行品操修養的。

三、信用法術以為君德

（一）循法度量以蓄臣

　　賞罰是國君選拔人才最大的誘因，而其標準就在「依法」二字；所謂「聖人之治國也，賞不加於無功，而誅必行於有罪者也[796]」即是在法律的範圍內依法行政而已[797]；此亦即「事遇於法則行，不遇於法則止；功當其言則賞，不當則誅；以刑名收臣，以度量準下[798]」之謂也。關於國君對臣子之選拔與任用應落實「依法行政、循法而為」之理念，徐漢昌先生有此申義：

---

[794] 《增訂韓非子校釋・說疑》，頁 246。
[795] 《增訂韓非子校釋・十過》，頁 677。
[796] 《增訂韓非子校釋・姦劫弒臣》，頁 222。
[797] 關於國君應培養公正賞罰之修養的論述，詳見本書第六章第四節所述。
[798] 《增訂韓非子校釋・難二》，頁 338。

> 明君要使臣民瞭解，只要依法行政、循法而為，就
> 可以得利而無害，何愁臣民不守法……韓非認為明
> 主蓄臣，應「令臣不得不利君之祿，不得無服上之
> 名。夫利君之祿，服上之名，焉得不服」？[799]

國家的行政實力是帶著強制意味的，是以，《韓非子》建議
君王對群臣的管理也應該恩威並重，乃云之「不得不利君之
祿，不得無服上之名[800]」；然其「恩」與「威」的的標準亦
均需依法而行。

　　此外，《韓非子》認為依法實施適當的賞罰，能致使「明
主之國，遷官襲級，官爵受功，故有貴臣。言不度行，而有
偽必誅，故無重臣也。[801]」，如此，必能暢通官爵之路，清
明政治之途。

（二）信任法術之士

　　至於國君在選用了合適的人才並懂得依法賞罰之外，還
有哪些用人時的君德義務是必須實踐的呢？在這方面，《韓
非子》還具體而緊密地提出了建議，彼即為「信任的堅持」。

　　雖然《韓非子》也提出「人主之患，在於信人，信人則
制於人[802]」的論點，不過，那是在〈備內〉篇中，專門針對
善於巧詐操弄王室成員與國君情感的左右近習與重人們所

---

[799] 徐漢昌：〈從《韓非子》看法家論「明君」〉，《文與哲》第 3 期（2003
　　　年 10 月），頁 148。

[800] 《增訂韓非子校釋・外儲說右上》，頁 569。

[801] 《增訂韓非子校釋・八說》，頁 147。

[802] 《增訂韓非子校釋・備內》，頁 195。

提出[803]，渠等均為劫君弒主之屬，自不同於此處所言，經過國君層層選拔而出之法術之士。

於此，《韓非子》提出國君應信任法術之士，對其任用不應採「以臣備臣」之術，以免造成「人主之過」，徒生「主惑亂」之窘，如云：

> 人主之過、在己任臣矣，又必反與其所不任者備之。此其說必與其所任者為讎，而主反制於其所不任者。今所與備人者，且囊之所備也。人主不能明法以制大臣之威，無道得小人之信矣。人主釋法，而以臣備臣，則相愛者比周而相譽，相憎者朋黨而相非，非譽交爭，則主惑亂矣。[804]

國君應信任法術之士，獨排浮議而採用其治國方略，並確保其「蒙死亡之危而進說」之行[805]，《韓非子》曰：

> 其當途之臣，得勢擅事，以環其私；左右近習，朋黨比周，以制疏遠，則法術之士奚時得進用，人主奚時得論裁？故有術不必用，而勢不兩立，法術之士焉得無危？故君人者，非能退大臣之議，而背左右之訟，獨合乎道言也；則法術之士安能蒙死亡之危而進說乎[806]

---

[803] 關於國君善治左右近習之論述，詳見本書第四章第三節所述。
[804] 《增訂韓非子校釋・南面》，頁 126。
[805] 關於國君應廣納進諫忠言之論述，詳見本書第四章第四節所述。
[806] 《增訂韓非子校釋・人主》，頁 789。

304

國君應信任法術之士上陳「有議當塗之失」的言論，切勿洩
漏予「近習」，以確保其安危，其云：

> 人臣有議當塗之失，用事之過，舉臣之情，人主不
> 心藏，而漏之近習能人，使人臣之欲有言者，不敢
> 不下適近習能人之心，而乃上以聞人主，然則端言
> 直道之人不得見，而忠直日疏。[807]

　　國家的行政機制龐大，黎民百姓的數量眾多，國君非舉
天下賢才盡其能無以為治；是以，《韓非子》建議國君「聖
人不親細民，明主不躬小事[808]」；而且應在法度的範圍內，
以直接治吏方式間接治民，此即「人主者，守法責成以立功
者也。聞有吏雖亂，而有獨善之民；不聞有亂民，而有獨治
之吏，故明主治吏不治民[809]」之謂也。

　　此外，由於《韓非子》主張「明主之吏，宰相必起於州部，
猛將必發於卒伍[810]」之說，所以朝廷大臣必須是來自各級官吏
的選拔；是以，官吏的任用實可謂君王治國之基礎大業。《韓
非子》強調，國君必當廣徠天下人才，以賢能的法術之士方得
為舉用，並堅持「所舉者必有賢，所用者必有能[811]」之用人原
則，此即為本節「明君之道，使智者盡其慮[812]」之謂。

　　反之，若國君放縱左右近習與當塗重人之屬恣意朋黨比

807　《增訂韓非子校釋・三守》，頁801。
808　《增訂韓非子校釋・外儲說右下》，頁607。
809　《增訂韓非子校釋・外儲說右下》，頁590。
810　《增訂韓非子校釋・顯學》，頁13。
811　《增訂韓非子校釋・人主》，頁789。
812　《增訂韓非子校釋・主道》，頁686。

周、禍亂國政，並以「所養者非所用，所用者非所養[813]」的
頹勢致生「人主五壅[814]」之窘，則國家敗亡之患必在當前，
君王不得不慎。

　　然而，由於賢才難得，譬如「伊尹為宰，百里奚為虜，
皆所以干其上也。此二人者，皆聖人也，然猶不能無役身以
進，如此其汙也[815]」之歷史例證，更讓《韓非子》幾番強烈
地建議君王，必須以謙卑的立場「不羞其卑賤也，以其能為
可以明法便國利民，從而舉之[816]」來舉用人才，並以依法賞
罰及堅持信任法術之士的態度，來創造優質政治以善待賢良
忠臣，此皆主政者在用人上應善盡之責任，亦為君王護民為
國責無旁貸的君德義務。

---

[813] 《增訂韓非子校釋‧顯學》，頁 10。
[814] 韓非云：「人主有五壅：臣閉其主曰壅，臣制財利曰壅，臣擅行令曰
　　壅，臣得行義曰壅，臣得樹人曰壅。臣閉其主則主失位，臣制財利則
　　主失德，臣擅行令則主失制，臣得行義則主失明，臣得樹人則主失黨。
　　此人主之所以獨擅也，非人臣之所以得操也。」見《增訂韓非子校釋‧
　　主道》，頁 690。
[815] 《增訂韓非子校釋‧說難》，頁 273。
[816] 《增訂韓非子校釋‧說疑》，頁 240。

第六章　抱法以為君德

　　綜觀《韓非子》一書，其著力最深者概以「法」為是；觀其所云，上至君王大臣，下至黎民百姓，凡統國御民、安身立命之道皆以法為基準。若論法之作用客體，則尤以執治國大權之君王為最切身，其云：「法者，王之本也[817]」以及「人主之大物，非法則術也[818]」即奉法為首一，彼乃「帝王之具也[819]」，其義甚明。

　　《韓非子》論法與君王之關係，概可分為三部分；其一，為務必訂出足以勸善、勝暴之完美「立法」；是以「先王盡力於親民，加事於明法[820]」與「明主之法必詳事[821]」即為君王立法之原則。其二，為絕對履行足以垂德於萬世之「守法」；是以，落實「明主之道忠法，其法忠心[822]」、「不急法之外，不緩法之內；守成理，因自然[823]」之規定，並避免「人主離法失人[824]」之困窘，乃為君王守法之要務。

　　其三，為推行任法治而不任心治之「用法」；是以，「言

---

[817] 陳啟天：《增訂韓非子校釋・心度》（台北：臺灣商務印書館，1969年6月），頁813。本書所引《韓非子》均採此版本。
[818] 《增訂韓非子校釋・難三》，頁351。
[819] 《增訂韓非子校釋・定法》，頁77。
[820] 《增訂韓非子校釋・飾邪》，頁204。
[821] 《增訂韓非子校釋・八說》，頁146。
[822] 《增訂韓非子校釋・安危》，頁812。
[823] 《增訂韓非子校釋・大體》，頁715。
[824] 《增訂韓非子校釋・守道》，頁798。

行而不軌於法者必禁[825]」、「賞罰必於民心[826]」與「不辟親貴，法行所愛[827]」即屬國君用法之目標。夫實踐《韓非子》所律訂的立法、守法與用法三者之建議，則即便中主亦得安居於法律地位上而萬無不失，此誠乃君王永矢咸遵之君德修養科目矣。

[825] 《增訂韓非子校釋・問辯》，頁 84。
[826] 《增訂韓非子校釋・定法》，頁 76。
[827] 《增訂韓非子校釋・外儲說右上》，頁 584。

第一節　完法待聖王而立

一、先王親民而加事於明法

　　法既為治國之大物，則其於邦於民影響之深不言可喻；然法終究不能自生，論及法從而來？又作用為何？當是重點所在。

（一）立法為國君之權力與責任

　　對於法之所生者何？法家先進管仲曰：「生法者君也，守法者臣也，法於法者民也[828]」；又云：「聖人能生法，不能廢法而治國；故雖有明智高行，倍法而治，是廢規矩而正方圓也[829]」，實將立法權直指國君。

　　商君在國家之立法權歸屬上，主張「聖人之為國也，觀俗立法則治，察國事本則宜[830]」以及「聖人之立法化俗，而使民朝夕從事於農也，不可不知也[831]」之說，亦是名是國君為法律之創制者。

　　由前述推知，足見君王為國家立法權之所在，此乃法家人物之通識。《韓非子》為明確規範法之來源，乃言「聖王之立法」一語，而將立法之權力歸屬於「聖王」之君，並賦

---

[828] 《管子校正‧任法》，頁 257。
[829] 《管子校正‧法法》，頁 92。
[830] 《商君書校正‧算地》，頁 4。
[831] 《商君書校正‧壹言》，頁 18。

予「其備足以完法」為其責任；是以，立法權與責任權即獲
得明確釐清，其曰：

> 聖王之立法也，其賞足以勸善，其威足以勝暴，其
> 備足以完法……善之生如春，惡之死如秋，故民勸，
> 極力，而樂盡情，此之謂上下相得。上下相得，故
> 能使用力者自極於權衡，而務至於任鄙；戰士出死，
> 而願為賁育；守道者皆懷金石之心，以死子胥之節。
> 用力者為任鄙，戰如賁育，中為金石，則君人者高
> 枕而守已完矣。[832]

由引文而論，《韓非子》在賦予了國君立法權之後，即刻將
立法者的義務也一併提及。雖然就政治的實際操作面來看，
政府必當有一群專屬的幕僚人員實際來為君王處理法制事
項，但是，因為法制實施的良善，直接關係到國家的興滅與
君王的盛衰。如果立法完善致使法制健全，則「守道者皆懷
金石之心」，那麼便得以「君人者高枕而守已完矣」。因而，
吾人可以說，國君才是立法責任的最終負擔者。

至於在君王立法義務上的首要原則為何？《韓非子》明
言「其賞足以勸善，其威足以勝暴，其備足以必完法」即是。
此處便回到了其肯定人性趨利避害的本質上，務求讓舉國上
下從善去惡，以致「善之生如春，惡之死如秋」，如此方得
「民勸，極力，而樂盡情」；是以，《韓非子》才強調「凡
治天下，必因人情。……賞罰可用，則禁令可立，而治道具

---

[832] 《增訂韓非子校釋·守道》，頁797。

矣833」。《韓非子》稱美舉國盡守良法的政治現象為「上下相得」，那是一個「使用力者自極於權衡」的法家理想境界，自是政治之極致表現。

關於前述《韓非子》在立法權上的歸屬，趙海金先生亦有相同看法：

> 法之制定權，在君主政治下，自應屬於國君。韓非對此雖未明言，但由下列二者推之，自當如此：（一）韓非主任勢，既君有統治權，立法權為統治權之一種，自應屬於君主無疑。（二）韓非以賞罰權必須操之在君，而法為賞罰權行使之依據，其制定權自亦必操之於君。834

此項立法權力與義務既歸屬君王，自應視之為君王謀求國家利益而必須謹守的君德作為。為此，《韓非子》為勸說君王致力於訂立「完法」，乃舉先王盡力於親民之行，並全心於修明律法的例證，乃云：

> 古者，先王盡力於親民，加事於明法。彼法明則忠臣勸，罰必則邪臣止。忠勸邪止而地廣主尊者，秦是也。835

不論從當今或遠古的角度來看，在複雜的人類社會裡定立明確的法度還是主流思想，是以「法明則忠臣勸，罰必則邪臣

833　《增訂韓非子校釋·八經》，頁150。
834　趙海金：《韓非子研究》（台北：正中書局，1970年5月），頁78-79。
835　《增訂韓非子校釋·飾邪》，頁204。

止」之說毫無可議。此處,《韓非子》舉出心目中最傾慕的秦國體制,以作為「忠勸邪止而地廣主尊者」之表率,其「加事於明法」之說實直指商鞅之功,顯證商君思想影響《韓非子》甚鉅。

（二）國君應立公開、公平之法

「明法」勢必以將法普遍「公布」為重要過程,然有識者對於成文法必須公佈的堅持,在春秋時期卻曾為當時攻訐之所在;例如當子產在鄭國闡揚法治,並公開鑄刑書時,晉大夫叔向即曾對此創舉表示了堅決反對之意:

> 民知有辟,則不忌於上,並有爭心,以徵於書,而
> 徼幸以成之,弗可為矣。……民知爭端矣,將棄禮
> 而徵於書,錐刀之末,將盡爭之,亂獄滋豐,賄賂
> 並行。終子之世,鄭其敗乎![836]

針對法令的是否公佈,甚至連至聖孔子也曾對晉國人鑄刑鼎乙事公開發表反對之語。他認為貴族們知法、用法,才能讓「貴是以能守其業」,如果法令一公布,則將造成「民在鼎矣!何以尊貴,貴何業之守」之情勢,期藉以此說來主張隔絕人民對法律的認識,孔子是云:

> 仲尼曰:「晉其亡乎!失其度矣。夫晉國將守唐叔
> 之所受法度,以經緯其民,卿大夫以序守之,民是

---

[836] （周）左丘明:《左傳·昭公六年》（台北:藝文印書館,1969 年 8 月《十三經注疏本 6》影印《清江西南昌府學開雕重刊宋本》）,頁 750-751。

以能尊其貴，貴是以能守其業，貴賤不愆，所謂度
也。……今棄是度也，而為刑鼎，民在鼎矣！何以
尊貴，貴何業之守，貴賤無序，何以為國？[837]

將法律對人民公開，在彼時是要遭到「終子之世，鄭其敗
乎」，以及「貴賤無序，何以國為」之批評的。是以，吾人
可知法令的公佈與否曾經遭到統治階層的強烈質疑，這對法
家的法治理念來說則顯有相背。因此，《韓非子》勢必要對
國君做極為明確的建議，以期君王之恪遵。

　　《韓非子》主張的法必須是公佈法，所以他為國君設定
了法的基本性格為「編著之圖籍，設之於官府，而布之於百
姓者也[838]」。從當時眼光視之，此舉僅為「公布」之必要性
而已，然從現今的認知來評論，則此觀點已兼具了「罪刑法
定主義」之理念，實為一進步之法理思想，張素貞先生因而
稱曰：

兩千多年前的韓非子，難能可貴的，已具有現代各
國刑法採行的罪刑法定的理念。他對郤子分謗一事
的辯駁，論點集中在所斬的軍士是否有罪，有罪是
一種情形，無罪又是另一種情形，郤子總是理虧。[839]

在此般先進思想中，其實亦藉著法之明示於眾，而導引出了
國君應依法行事，不得妄法自斷的原則；其具體規範就是在

---

[837] 同上注，《左傳‧昭公二十九年》，頁 920。

[838] 《增訂韓非子校釋‧難三》，頁 364。

[839] 張素貞：《韓非子難篇研究》（台北：台灣學生書局，1987 年 3 月），
頁 283。

社稷萬務的往來中，無論國家政策或是民、刑訴訟，都應以法律所定為準。蓋有法律者依法律，無法律者依習慣，無習慣者依法理之律法順位原則於彼時即以逐漸顯現。在該原則下，便導引出國君亦需絕對守法的君德思想[840]，如《韓非子》云：

> 人主之大物，非法則術也。法者，編著之圖籍，設之於官府，而布之於百姓者也。術者，藏之於胸中，以偶眾端，而潛御群臣者也。故法莫如顯，而術不欲見。是以明主言法，則境內卑賤莫不聞知也，不獨滿於室；用術，則親愛近習，莫之得聞也，不得滿室。[841]

「法莫如顯」再度言明了法的公開性，所以要做到「境內卑賤莫不聞知也」的程度，其相對於「術」的「藏之於胸中」與「術不欲見」之主張，就是要達到「不獨滿於室」的明顯公開效果，方得以成其「人主之大物」的重要地位。

君主在立法、度量的過程當中必須自我要求做到法制分明，是云：「法分明則賢不得奪不肖，強不得侵弱，眾不得暴寡」，這是《韓非子》考慮到平衡弱勢族群之發展，並講求社會公平正義的重要發言，其曰：

> 今天下無一伯夷，而姦人不絕世，故立法、度量。度量信，則伯夷不失是，而盜跖不得非。法分明，

---

[840] 有關於《韓非子》言明國君應守法之論述，詳見本章第二節所書。
[841] 《增訂韓非子校釋·難三》，頁364。

> 則賢不得奪不肖，強不得侵弱，眾不得暴寡。託天
> 下於堯之法，則貞士不失分，姦人不徼幸。[842]

雖然《韓非子》在〈顯學〉篇提到「徵斂於富人，以布施於
貧家，是奪力儉而與侈惰也[843]」的亂象，因而極力反對之；
但是他針對的是「無饑饉疾疚禍罪之殃獨以貧窮者[844]」的「非
侈則惰[845]」之貧窮，然由前引文中可知，其該所指並不包含
社會中天生的「不肖」、「弱」或後天的「寡」。

　　由此得以推衍，其實《韓非子》還是提示了君王在立法
時不得忽略「不肖」、「弱」與「寡」的劣勢地位之保護，
畢竟社會的普遍安定、弱寡的均衡照顧才能減少族群間對立
的怨恨發生，此亦為《韓非子》強調「人君兼照一國[846]」的
全民之君所應展現的德澤。

　　國君所立的法除了是社會規範的最後界線外，同時也是
利益衝突的裁判依據。因此，在立法之時，國君便要妥善衡
量各利益團體的均衡性，並且抉擇於「權其害而功多則為
之」，《韓非子》道：

> 法立而有難，權其難而事成，則立之。事成而有害，
> 權其害而功多，則為之。無難之法，無害之功，天
> 下無有也。[847]

---

[842] 《增訂韓非子校釋·守道》，頁 798。
[843] 《增訂韓非子校釋·顯學》，頁 9。
[844] 同上注。
[845] 同上注。
[846] 《增訂韓非子校釋·難四》，頁 373。
[847] 《增訂韓非子校釋·八說》，頁 139。

利用具有公開性、公平性與統一性的法來調和團體間的利益衝突，顯然是法的一大功能，其調和績效之高低，則端賴於國君所立之法的品質優劣與否；王曉波先生稱韓非建議君王立法時，應該「取其多利少害者而立之」：

> 韓非講「自為」，是講利的……但是在客觀上，利害總是非絕對的，而是相對的，故於立法之時，必取其多利少害者而立之。……所以，法亦需要有多利性。[848]

立法是國君之權利，立「完法」則是國君之義務；《韓非子》認為法律的本身要兼顧人情，並且還要能公平對待強弱眾寡，同時亦需調和利害衝突，此皆考驗著君主之智慧，無怪乎《韓非子》勸諫君王必須「加事於明法」也。

（三）國君應具先進立法思想

對人民來說，法治與法制精神的廣披皆屬國民教育的一種方式，所以《韓非子》認為「明主之國，無書簡之文，以法為教[849]」，並且還要「設法度以齊民，信賞罰以盡民能[850]」。從實用的意義來看，人民在習法、知法、守法的過程當中，除了可收齊民之效外，其實也多少累積了文字與知識的修養；就像中古世紀的歐洲世界，教徒們經由新約聖經傳教的

---

[848] 王曉波、張純合撰：《韓非思想的歷史研究》（台北：聯經出版公司，1994 年 12 月），頁 112-113。

[849] 《增訂韓非子校釋・五蠹》，頁 50。

[850] 《增訂韓非子校釋・八經》，頁 176。

學習過程當中，逐漸習得了文字而使得知識加速傳播，這兩者之間的意義與效能是相類似的。如此，稱「以法為教」是法律教育在民間的另一豐收，實不為過。

　　《韓非子》瞭解不論官吏或人民在守法過程難中免皆有陣痛期，蓋因法律的內容可能是「同於義而異於俗」，因而對其產生排斥之心。但是如何逆世順道並堅持法治，卻是君王所亟須修養的，此即所謂「聖人為法於國者，必逆於世，而順於道德」，於是，國君理當身先士卒地立法、施法、守法，故云：

> 聖人為法於國者，必逆於世，而順於道德。知之者，同於義而異於俗；弗知之者，異於義而同於俗。天下知之者少，則義非矣。[851]

畢竟實施法治一旦成為舉國共識，終究是可收前苦後樂之效的；於是，有為君王就要看出這種往後之大利，是云「故法之為道，前苦而長利；……聖人權其輕重，出其大利，故用法之相忍[852]」，如此，俾便盡力施法教民。

　　國君既為法之作用的最主要客體，那麼，本身對法律內容便要有充分瞭解，尤其面對群臣裡意圖玩法於體制內，或對法之信任與忠誠度不足者，更要「簡令謹誅，必盡其罰[853]」，務使渠等無法「遊意於法之外」，其云：

[851]　《增訂韓非子校釋‧姦劫弒臣》，頁219。
[852]　《增訂韓非子校釋‧六反》，頁95-96。
[853]　《增訂韓非子校釋‧揚権》，頁710。

> 故明主使其群臣不遊意於法之外，不為惠於法之
> 內，動無非法。峻法，所以禁過外私也；嚴刑，所
> 以遂令懲下也。[854]

經由《韓非子》的論述此可知，他將官吏設計為法治國家裡的法律教育的種子教官，所以明示君王「故明主之國……無先王之語，以吏為師[855]」，再配合上「聖人不親細民，明主不躬小事[856]」的原則，如此「一政而國治[857]」則整個國家的法制雛形即可逐步完成。

強調中主而治的《韓非子》思想，深知「堯、舜、桀、紂千世而一出[858]」，因此，設立國家法制的最主要目的，即是為了充分面對「中主」普遍存在的政治事實，俾利「使庸主能止盜跖」，而有助於政府之持續運作。倘能以法制化的政體，讓既使是才能普通的中主或庸主亦可「抱法處勢」以治國，則《韓非子》稱此為「庸主之所易守」之道：

> 立法，非所以備曾、史也，所以使庸主能止盜跖也；為符，非所以豫尾生也，所以使眾人不相謾也。不恃比干之死節，不幸亂臣之無詐也，恃怯之所能服，握庸主之所易守。[859]

---

[854] 《增訂韓非子校釋‧有度》，頁 261。
[855] 《增訂韓非子校釋‧五蠹》，頁 50-51。
[856] 《增訂韓非子校釋‧外儲說右下》，頁 607。
[857] 《增訂韓非子校釋‧心度》，頁 813。
[858] 《增訂韓非子校釋‧難勢》，頁 70。
[859] 《增訂韓非子校釋‧守道》，頁 799。

在法家的觀點裡，法治是國家強盛的唯一途徑，《韓非子》更明確把嚴刑峻罰的實踐角色放在國君身上，此即「夫凡國博君尊者，未嘗非法重而可以至乎令行禁止於天下者也。是以君人者，分爵制祿，則法必嚴以重之[860]」之謂也。

因而，倘欲以君王的法治理念來勸臣以忠、勸民以力，其重點乃在申明法令，蓋法不加於無知，賞不施於無功是法治精神的要件之一；此皆須憑恃「先王盡力於親民，加事於明法」的君德要求，其理甚明矣。

二、明主之法必詳事

（一）國君應立詳盡易知之法

立法是國君的權力與責任，而法律內容優劣所影響的施行成效便是治國良窳，是故，法的品質在這推論當中即分外顯得重要。為了避免「書約而弟子辯，法省而民萌訟」的爭論發生，《韓非子》主張法律的訂立要則是「明主之法必詳事」，並歸諸為君主之責，是云：

> 書約而弟子辯，法省而民萌訟。是以聖人之書必著論，明主之法必詳事。盡思慮，揣得失，智者之所難也。無思無慮，挈前言而責後功，愚者之所易也。明主操愚者之所易，不責智者之所難，故智慮不用而國治也。[861]

---

[860] 《增訂韓非子校釋・制分》，頁 831。
[861] 《增訂韓非子校釋・八說》，頁 146-147。

法律必須簡明易懂，萬不得落入必須「盡思慮，揣得失」才
能知悉之艱澀；使用「無思無慮，挈前言而責後功」的簡而
詳之用語，並促使「愚者之所易」者方為明主之法。

對此，《商君書》亦曰：「聖人為法，必使之明白易知。……
法令明白易知，為置法官吏為之師以道之知。萬民皆知所避
就862」，即是要法令易知並使人民有所警惕。

此外，法律用語的難易度還有一標準，彼即《韓非子》
所揭示：「微妙之言，上智之所難知也。今為眾人法，而以
上智之所難知，則民無從識之矣863」，以及「察士然後能知
之，不可以為令，夫民不盡察。賢者然後能行之，不可以為
法，夫民不盡賢864」之則。

總而言之，去除「微妙之言」，訂定出智者不需多加思
慮，而愚者盡皆明白可知，甚至連「不盡察」與「不盡賢」
者都易知易行的法令，並且讓該法令普遍施行，這才是可行
可用的「國治」之法。

在當今的民主法治國家當中，法的制訂必須調和各種勢
力與利益的衝突，這種政治上的折衝技術的古今皆然。所
以，《韓非子》建議君王當遇到立法的難處時，就應「權其
難而事成則立之」、「權其害而功多則為之」，國君不得因
為折衝上的困難就停止立法之事，蓋「無難之法，無害之功，
天下無有也」，是以云之：

---

862 《商君書校正・定分》，頁 43。
863 《增訂韓非子校釋・五蠹》，頁 48。
864 《增訂韓非子校釋・八說》，頁 136。

> 法，所以制事，事，所以名功也。法有立而有難，
> 權其難而事成則立之；事成而有害，權其害而功多
> 則為之。無難之法，無害之功，天下無有也。是以
> 拔千丈之都，敗十萬之眾，死傷者軍之乘，甲兵折
> 挫，士卒死傷，而賀戰勝得地者，出其小害計其大
> 利也。[865]

法律可以推進強國事業，法律也可以成就君王功名，是以，
舉國都應拳拳服膺於法。至於國君如何讓法律符合國家的實
際需求，在質量的計較上必然有得有失，《韓非子》所稱「出
其小害計其大利」顯然是一個合理的考慮點。

（二）國君應立普遍而可行之法

　　國君在實踐立法之責任時，還必須注意到法令的內容應
注重其普遍的適用性，所以切莫因為「太上之士」與「太下
之士」的特例，而作為「不設賞」與「不設刑」的理由；蓋
治國係「治也者，治常者也；道也者，道常者也」之原則也，
《韓非子》曰：

> 治也者，治常者也；道也者，道常者也。……天下
> 太上之士，不可以賞勸也；天下太下之士，不可以
> 刑禁也。然為太上士不設賞，為太下士不設刑，則
> 治國用民之道失矣。[866]

---

[865]　《增訂韓非子校釋·八說》，頁 139。
[866]　《增訂韓非子校釋·忠孝》，頁 821。

訂立可行之法當然是立法的重點，否則，徒設法以飾，於治國何用？為此，《韓非子》在兩千年前即提出「重者不來，此謂以刑去刑。……刑輕則事生，此謂以刑致刑[867]」的「以刑去刑」之刑罰觀，此與今世的刑法主流概念不謀而合，實令人佩服。所以說，法之可行與否，便在其賞罰的適當性，是謂：

> 明主立可為之賞，設可避之罰。故賢者勸賞，而不見子胥之禍，不肖者少罪，而不見傴剖背，盲者處平而不遇深谿，愚者守靜而不陷險危。如此，則上下之恩結矣。[868]

在乎國家法制的「上下之恩結」與否，可視為《韓非子》強調君王立法應利國利民之證，「立可為之賞，設可避之罰」就是設立賞罰時應兼顧的原則。同時，在「易見」、「易知」與「易為」的法令規章下，還需展現出「上無私心」的法治主義，故云：

> 明主之表易見，故約立；其教易知，故言用；其法易為，故令行。三者立，而上無私心，則下得循法而治，望表而動，隨繩而斲，因攢而縫。如此，則上無私威之毒，而下無愚拙之誅。故上君明而少怒，下盡忠而少罪。[869]

---

[867] 《增訂韓非子校釋・飭令》，頁 830。
[868] 《增訂韓非子校釋・用人》，頁 792。
[869] 《增訂韓非子校釋・用人》，頁 792。

「上無私心，則下得循法而治」、「上無私威之毒，而下無愚拙之誅」二語都是《韓非子》要求君王在設立法度時應有的自我節制，切莫因為私心與私威而壞法亂紀，這證明《韓非子》暗示國君也屬於法律所規範的當事人之一，非但立法時不得存有私心，完法後亦不得置身於法制之外。

反之，若君王未考慮上述之立法原則，而立了難為之法，則恐有「私怨生」、「伏怨結」以及「臣有叛主」等危害國家存亡之憂患發生，是曰：

人主立難為，而罪不及，則私怨生。人臣失所長，而奉難給，則伏怨結。勞苦不撫循，憂悲不哀憐。喜則譽小人，賢不肖俱賞；怒則毀君子，使伯夷與盜跖俱辱；故臣有叛主。[870]

立法技術在當今政治領域裡是一項極為複雜的法制工程，每每成為舉國焦點所在，足見其影響政局與民生之鉅。《韓非子》在當時即提出這些立法的見解，斯誠為先進之思想。其中，尤以建議國君應注重擴大民利及強調公私之分的觀點，更堪為高瞻遠矚之言，頗令人感佩。

（三）國君應尊重法的固定性與時宜性

法律一旦在《韓非子》的千叮萬囑之下，慎重地制訂完成，國君就應該遵循法的固定性，以保持法律作用的正常發揮，正所謂：「故鏡執清而無事，美惡從而比焉；衡執正而無事，輕重從而載焉。夫搖鏡則不得為明，搖衡則不得為正，法之謂也[871]」。具有穩定性的完整法令是實施法治的重要基

---

[870] 《增訂韓非子校釋・用人》，頁 794。
[871] 《增訂韓非子校釋・飾邪》，頁 209。

礎，尤其切莫因一己之私而任意更法，蓋因「法令更則利害易」，其申之：

> 凡法令更則利害易，利害易則民務變，民務變之謂
> 變業。故以理觀之，事大眾而數搖之，則少成功，
> 藏大器而數徒之，則多敗傷，烹小鮮而數撓之，則
> 賊其澤，治大國而數變法，則民苦之。是以有道之
> 君，貴虛靜而重變法。[872]

法的固定性也是當今法律界所強調的法學原理之一，《韓非子》認為法律的易變會造成人民的變業，這是從民性開啟的民本思想，所以他說「治大國而數變法，則民苦之」。如果再配合本書前述國君應守虛靜之論述[873]，則有道之君應重視民情安定之說乃昭然可見。

國君在主導政府進行立法作業時所應考慮的事務萬千，誠非容易之事，所以聖王應依時局訂立「完法」，這的確是《韓非子》所念茲在茲。由此推衍，吾人須知法律的固定性是其常態，但為了讓法令的適應性能夠符合時事變化的需求，因此，適時地隨著潮流而修法亦有其必要，蓋因其云：

> 聖人不期循古，不法常行，論世之事，因為之備。……
> 世異則事異……世異則備變……夫古今異俗，新故
> 異備。如以寬緩之，治急世之民，猶無轡策而御悍
> 馬，此不知之患也。[874]

---

[872] 《增訂韓非子校釋·解老》，頁 740。
[873] 該論點詳見本書第四章第一節及第五章第四節所言。
[874] 《增訂韓非子校釋·五蠹》，頁 26，33，36。

「世異則事異」、「事異則備變」是《韓非子》討論到人類社會進化的歷史觀，由於「古今異俗，新故異備」，所以，規範當世的法律有其因時制宜而修訂的要求。此即其云「法與時轉則治，治與世宜則有功」之謂：

> 故治民無常，唯治為法。法與時轉則治，治與世宜則有功。故民樸而禁之以名則治，世智而維之以刑則從。時移而法不易者亂，世變而禁不變者削。故聖人之治民也，法與時移，而禁與世變。[875]

時空的移轉會在社會現況上發生漸進式的變異，然這些變異現象雖非劇烈，但長期累積之後就促使了整個風俗習慣與民情事理的轉型，隨即對法律的適用形成衝擊；此際，法律如不隨著修正、調整，則將與社會脫節，此即「時移而治不易者亂，能治眾而禁不變者削」之謂也。

　　為考慮到法律的時局周延性，因時因地修法乃成為君王治國的義務之一；蓋瞭解「聖人之治民也，法與時移而禁與能變」之理，並進而著重法律的時宜幸而修法以應之，確有其絕對必要，有識者自應有所體會。

　　然則，雖立法技術繁複，一言以蔽之，其根本之道乃在合乎人情之理而已，此即所謂「法重者得人情」與「法通乎人情，關乎治理」，《韓非子》云：

---

[875] 《增訂韓非子校釋・心度》，頁 814-815。

> 法重者得人情，禁輕者失事實。且夫死力者，民之
> 所有者也，人情莫不出其死力以致其所欲。而好惡
> 者，上之所制也，民者好利祿而惡刑罰。……是故
> 夫至治之國，善以止姦為務，是何也？其法通乎人
> 情，關乎治理也。[876]

《韓非子》的法是因人情而重客觀的，因此在先秦末期發揮
了促進社會前進之巨大影響力，甚至漸進地摧毀了封建井田
制度，王曉波先生乃明白稱之：

> 韓非子剝去了統治者的偽飾而言「不仁」，且主張
> 「必因人情」以立法，雖然這是一套君權思想，而
> 不是近代的民主理論。但是，在當時卻強而有力的
> 摧毀了擁護井田制的封建思想，而促進了社會的前
> 進，並代表新興的私田主掌握了時代的客觀精神，
> 建立了私田制的法制的基本理論。[877]

《韓非子》雖強調人性的控制，但絕不忽視人情的考量；雖
主張重刑的立法，亦絕不抵觸社會的客觀性；雖造成法治與
傳統的衝突，卻仍促進了社會的前進。

　　準此而論，此種因時因地變革的觀點，在對於國君立法
之道的主張上，其呈現出的意義乃是君王應勇於改革與為國
創制、為民牟利的君德思想，本節之討論足可明證矣。

---

[876] 《增訂韓非子校釋・制分》，頁 831，832。
[877] 王曉波　張純合撰：《韓非思想的歷史研究》（台北：聯經出版有限
　　公司，1994 年 12 月），頁 107。

第二節　明主之道忠法

一、立道垂德之謂明主

　　國君在法制的地位上，既是法律的創制者，也是法律的服膺者，此即所謂立法者亦需守法，這是法治主義的精神所在，也才具有建置出真正法治國家的可能。《管子》即云：「君臣上下貴賤皆從法，此之謂大治[878]」；《商君書》亦曰：「人主失守，則危；君臣釋法任私，必亂。故立法明分，而不以私害法，則治[879]」。

　　不過，由於《韓非子》的治國之道畢竟需以說服人主採用為目標，因而在說詞與行文用語之間上，實不宜有太多限制國君行為之言，以免為國君所拒，此即是〈說難〉篇中所謂：「彊以其所不能為，止以其所不能已，如此者身危。……故諫說談論之士，不可不察愛憎之主而後說焉[880]」之主張。

　　是以，《韓非子》除建議國君應以法為治國之本外，仍於多處篇章中或明或暗地提及國君自身亦應守法之語，其即名為「忠法」，其曰：

> 明主之道，忠法，其法忠心，故臨之而治，去之而思。堯無膠漆之約於當世而道行，舜無置錐之地於後世而德結。能立道於往古，而垂德於萬世者之謂明主。[881]

---

[878] 《管子校正・任法》，頁 257。
[879] 《商君書校正・修權》，頁 24。
[880] 《增訂韓非子校釋・說難》，頁 270，279。
[881] 《增訂韓非子校釋・安危》，頁 812。

《韓非子》明示國君的「忠法」之道是「其法忠心」，以及「臨之而治，去之而思」，而忠法之美好願景則為「立道於往古，而垂德於萬世」，並引了堯與舜二位立道、垂德之聖王以證之，足見其認定以「忠法」來「守法」即是明君實踐君德理念之重要途徑。

（一）忠法即守法

「忠法」是明主治術上的基本規範，所謂「忠法」就是國君不離法、守法之謂；針對此意，首創《韓非子》君德論的王靜芝先生有此解釋：

> 所以韓非在〈安危〉篇說：「明主之道忠法。」忠法就是不離法，一切行為都在法之中；自國君自己，到臣下、眾民，都在法之中，才是託天下於堯之法。當然，國君自己先守法是第一條件。[882]

法家主張普天之眾都應該是法律規範的客體，所以國君自不能置身於外。綜觀《韓非子》全書，盡在言明如何以法、術、勢與君德之道治國，則「明主忠法」之作用何在？猶亦為治國而已。

然而，由於《韓非子》所亟求的「法治」並非一時之治，其法之創立就在為君主與家國之「千世治[883]」而設。所以他

---

[882] 王靜芝：《韓非思想體系》（台北：輔仁大學文學院，1988 年 10 月），頁 220。

[883] 韓非云：「今廢勢背法而待堯、舜，堯、舜至乃治，是千世亂而一治也。抱法處勢而待桀、紂，桀、紂至乃亂，是千世治而一亂也。」見《增訂韓非子校釋・難勢》，頁 70。

認為忠法之君勢將得以完成「當世而道行」以及「後世而德結」之業，這是君王德澤萬世的偉大功績，足可成就其「能立道於往古，而垂德於萬世者之謂明主」之謂。

從消極面來看，國君自身未能忠法的害處是很多的；例如，會造成亡國徵兆的「辭辯而不法，心智而無術，主多能，而不以法度從事者，可亡也[884]」；致使上君臣皆失其份的「人主釋法用私，則上下不別矣[885]」；將招來君王失勢而大臣用私的「人主無法術以御其臣，雖長年而美材，大臣猶將得勢擅事主斷，而各為其私急[886]」……等等都是國君不忠法之害。

然整體而言，君王未能忠法的最大弊病就是「離法失人」，此將嚴重影響到立法度量的法治體制，《韓非子》是云：

> 人主離法失人，則危於伯夷不妄取，而不免於田成、盜跖之耳可也。今天下無一伯夷，而姦人不絕世，故立法度量。……託天下於堯之法，則貞士不失分，姦人不徼幸。寄千金於羿之矢，則伯夷不得亡，而盜跖不敢取。[887]

《韓非子》藉由堯帝的聖王形象以及「堯之法」的明確可靠來說服國君與之效法，這其實是運用了他在〈說難〉篇

---

[884] 《增訂韓非子校釋・亡徵》，頁118。
[885] 《增訂韓非子校釋・有度》，頁262。
[886] 《增訂韓非子校釋・姦劫弒臣》，頁228。
[887] 《增訂韓非子校釋・守道》，頁798。

所提出「譽異人與同行者，規異事與同計者[888]」的遊說謀略。不過，該言也證明了《韓非子》非但贊同堯帝之行，並且願意引導國君朝著堯帝的聖王之道邁進；然堯帝既為千古有德聖君之楷模，則此舉便可謂《韓非子》君德理想的實踐之一。

（二）明主隨法治不隨心治

對法律的忠誠信仰必須堅實地存在人主之心，千萬不能隨著主事者之好惡而妄加誤用，所以《韓非子》照例以聖王堯帝為標舉，指出「釋法術而任心治，堯不能正一國[889]」之說，其重點就在明陳足以宰制法治大權的國君，切切不能任由「心治」而「釋法」；同時他舉出明君與亂君皆有政權，然治與亂之差別僅在「所以立異」而已，其曰：

> 故明君有權有政，亂君亦有權有政，積而不同，其所以立，異也。故明君操權而上重，一政而國治。故法者，王之本也；刑者，愛之自也。[890]

同時擁有「權」與「政」的明君與亂君之差別，是在於「積而不同，其所以立異也」；關於《韓非子》在此處所提及的「積」與「立」所指為何？陳奇猷先生有此註釋：

> 說文：「積，聚也。」明君俱全於一身，亂君散權

---

888 《增訂韓非子校釋・說難》，頁 273。
889 《增訂韓非子校釋・用人》，頁 791。
890 《增訂韓非子校釋・心度》，頁 813。

330

於臣，下。明君立政以法，亂君立政以意。〈用人
篇〉云：「釋法術而任心治，堯不能政一國。」[891]

由陳奇猷先生之註釋吾人可得知，《韓非子》揭示造成君王「治」
與「亂」的基準點在於「明君立政以法，亂君立政以意」；換
言之，明君治理國政皆緣「法」而行則大治，若是緣「意」而
行則必當違法亂紀，此亦「明主在上，則人臣去私心，行公義；
亂主在上，則人臣去公義，行私心[892]」之謂也。

　　《韓非子》對君王說以「忠法」之言是用了不少心思的，
除了前述林林總總的守法之益與違法之害外，還引用了自然
之道來強調其正當性；例如「聖人盡隨於萬物之規矩[893]」，
以及「因道全法，君子樂而大姦止；澹然閒靜，因天命，持
大體。故使人無離法之罪，魚無失水之禍。[894]」等言皆是。

　　此外，為了說明自然與法治的巧妙關係，《韓非子》更
以「守成理，因自然」來提升君人守法的天命，如云：

　　古之全大體者：望天地，觀江海，因山谷，日月所
　　照，四時所行，雲布風動；不以智累心，不以私累
　　己；寄治亂於法術，託是非於賞罰，屬輕重於權衡；
　　不逆天理，不傷情性；不吹毛而求小疵，不洗垢而
　　察難知；不引繩之外，不推繩之內；不急法之外，

---

[891] 陳奇猷：《韓非子集釋》（高雄：復文圖書出版社，1991 年 7 月），
　　頁 1136。
[892] 《增訂韓非子校釋・飾邪》，頁 212。
[893] 《增訂韓非子校釋・解老》，頁 756。
[894] 《增訂韓非子校釋・大體》，頁 715。

> 不緩法之內；守成理，因自然；禍福生乎道法，而
> 不出乎愛惡，榮辱之責在乎己，而不在乎人。[895]

「寄治亂於法術，託是非於賞罰」是讓國君「不以智累心，
不以私累己」的良好途徑，而且《韓非子》還認為在「完法」
的範圍內，施行法治就可以「不逆天理，不傷情性」，這便
讓「法治」一語提升到愛民與符合民性的境界了。

此外，「不引繩之外，不推繩之內；不急法之外，不緩
法之內」以及「禍福生乎道法，而不出乎愛惡」都是符合《韓
非子》要求君王「隨法治而不隨心治」之治道；而凡人皆守
法理、守自然，則可獲致「榮辱之責在乎己，而不在乎人」
的反求諸己之修養。在此推論下，國君的忠法之行便消融於
常道之規範內，同時兼得以修己與治國，此誠然為明主立道
垂德之說矣。

（三）國君守法從民之肯定

詳觀《韓非子》諸多強調國君應守法創制之論述，以及
從利害觀點出發，並建議君王應從民所欲之說法，歷來卻非
學者所詳察；例如蔡仁厚先生對於《韓非子》的法治觀，即
評以「君主用術而不必守法」、「民之守法，只是迫於利害
賞罰，而不是通過理性之自覺」等語，則似有所遺，其云：

> 君主用術而不必守法⋯⋯「嚴法」方面：法之本，
> 是本於功利與事便，而不是本於理性。法之立，乃

為確保君國之利，而不在於保護萬民之權益。法之
用，是以賞罰二柄繩治人民。結果，民之守法，只
是迫於利害賞罰，而不是通過理性之自覺。[896]

　　本節所述「明主之道忠法」、「人主不應離法失人」、
「明君立政以法，亂君立政以意」、「釋法術而任心治，堯
不能正一國」以及「人主者，守法責成以立功者也[897]」……
等諸言，均明示國君守法為《韓非子》念茲在茲之意念，何
出「君主用術而不必守法」之語？

　　再則，「利」與「害」之抉擇，原本即為人民依據理性
思考所判斷而來，好利惡害之天性亦為人生經驗理智所牽
引，《韓非子》主張明主之道乃是「設民所欲，以求其功，
故為爵祿以勸之；設民所惡，以禁其姦，故為刑賞以威之
[898]」，即謂一切法律之訂定與賞罰之標準，均來自人類理性
的「欲」和「惡」之判斷與考量所創制，何來「法之本，不
是本於理性」與「不是通過理性之自覺」之說？

　　三則，筆者不否認，韓非在彼時的背景環境下，其說人
主之語難免以「利君」、「為國」為尚，然卻並非完全不顧
人民之益。例如《韓非子》云「群臣百姓之所善，則君善之，
非群臣百姓之所善，則君不善之[899]」、「其治國也，正明法，
陳嚴刑，將以救群生之亂，去天下之禍，使強不陵弱，眾不

896　蔡仁厚：〈韓非子論「法」與「術」─〈定法篇〉之思想解析〉，《東
　　海哲學研究集刊》第3輯（1996年10月），頁60，64。
897　《增訂韓非子校釋・外儲說右下》，頁590。
898　《增訂韓非子校釋・難一》，頁319。
899　《增訂韓非子校釋・八姦》，頁187。

暴寡，耆老得遂，幼孤得長[900]」以及「聖人之治民，度於本，不從其欲，期於利民而已[901]」……等諸語，均以強調人民福利為主[902]，何言「不在於保護萬民之權益」之論？

關於《韓非子》所言國君守法、設民所欲之主張，實為其學說中不廢君德之重要論述，足敷於君王治國之際，為國家與人民創制不少良善施政措施，誠可視為《韓非子》治論之積極面，吾人應予以適當肯定方是。

二、明法者強慢法者弱

（一）治強生於君王守法

國家的強弱興亡是國君最大的責任，因而選擇治國之道乃君王之天職；《韓非子》所道：「舍必不亡之術，而道必滅之事，治國者之過也[903]」即此謂也。此外，其云：「國無常強，無常弱。奉法者強，則國強，奉法者弱，則國弱[904]」，又道：「治強生於法，弱亂生於阿[905]」，便是強烈主張法治為強國唯一之道。

是以，君王既已選擇以法治國，就當以明法為強國之術，正所謂「明法者強，慢法者弱」之理。為此，〈飾邪〉

---

[900] 《增訂韓非子校釋‧姦劫弒臣》，頁 219。
[901] 《增訂韓非子校釋‧心度》，頁 813。
[902] 關於韓非提出設民所欲以為國君功名，以及強調人民福利之論述與說明，詳見本書第五章第二節所舉。
[903] 《增訂韓非子校釋‧五蠹》，頁 54。
[904] 《增訂韓非子校釋‧有度》，頁 249。
[905] 《增訂韓非子校釋‧外儲說右下》，頁 589。

篇舉了魏、趙、燕三國在「明法」與「慢法」間的國勢消長，
其曰：

> 當魏之方明立辟、從憲令行之時，有功者必賞，有
> 罪者必誅，強匡天下，威行四鄰；及法慢，妄予，
> 而國日削矣。當趙之方明國律、從大軍之時，人眾
> 兵強，辟地齊、燕；及國律慢，用者弱，而國日削
> 矣。當燕之方明奉法、審官斷之時，東縣齊國，南
> 盡中山之地；及奉法已亡，官斷不用，左右交爭，
> 論從其下，則兵弱而地削，國制於鄰敵矣。故曰：
> 明法者強，慢法者弱。[906]

圖強存亡是國君的義務，也是國君對全國人民應負的責任。
在法治的概念下，國君一旦由自身之忠法、守法做起，其影
響所及必是舉國之崇法、遵法。是以，對於國君的守法影響
所及，黃紹梅先生亦有申義：

> 韓非對於君主德性之要求，……一是期許國君要有
> 明辨是非的能力……二是要求國君具備守法修養：
> 他說「明主之道忠法」，忠法及依法為據，一切行
> 事不離法。……故立法度量，不僅伯夷不失是，更
> 重要的是盜跖不得為非。換言之，國君守法可能影
> 響全國之價值觀。其言：「託天下於堯之法，則貞
> 士不失分，姦人不徼幸」即突顯國君守法之重要。[907]

---

[906] 《增訂韓非子校釋·飾邪》，頁208。

[907] 黃紹梅：〈韓非學說「法術勢」均衡運作的困難—以漢代「尚書尊隆」

　　君王忠於法令對舉國造成的影響力不容置疑，其中，官吏任用所產生的輻射效果最為巨大。對於任官派職講究守法責成之規範，是《韓非子》即為重視的施政策略，是以，其乃具體建議君王曰：

> 明主之吏，宰相必起於州部，猛將必發於卒伍。夫有功者必賞，則爵祿厚而愈勸；遷官襲級，則官職大而愈治。夫爵祿大而官職治，王之道也。[908]

官吏的提拔必須是「宰相必起於州部，猛將必發於卒伍」；功爵的賞勸則應「有功者必賞」，這是明主之道，也是「王之道也」。是以，吾人便可看出，國君在任官派職上必須摒除一己好惡，亦即「明主使法擇人，不自舉也；使法量功，不自度也[909]」，這是《韓非子》在治國建言上對君權之具體限制，也是君主必須履行的自律修養。

（二）雖有智能不得背法

　　接著，國君在依法任用了官吏之後，猶不得「背法而專制」、「踰功而先勞」和「釋法而不禁」，一切均以法度為基準；而遵守了用人以法的原則，即符合《韓非子》所謂的「明法」，其曰：

　　「酷吏專橫」為例的考察〉，《國立僑生大學先修班學報》第 9 期（2001年 7 月），頁 171-172。
[908] 《增訂韓非子校釋・顯學》，頁 13。
[909] 《增訂韓非子校釋・有度》，頁 253。

> 人主使人臣雖有智能不得背法而專制，雖有賢行不
> 得踰功而先勞，雖有忠信不得釋法而不禁，此之謂
> 明法。[910]

人有七情六欲之性，性有喜怒哀樂之徵，然身在上位的國君
若落入喜怒無常的情緒中，則其決策判斷難免有失去準據之
嫌。為避免發生「釋法制而妄怒，雖殺戮而姦人不恐[911]」的
亂法之害，《韓非子》仍舊提出君王應謹守法治之建議，蓋
普天之下，惟法能公正而客觀地發揮「矯上之失」之功能，
是云：

> 法之所加，智者弗能辭，勇者弗敢爭。刑過不避大
> 臣，賞善不遺匹夫。故矯上之失，詰下之邪，治亂
> 決繆，絀羨齊非，一民之軌，莫如法。[912]

君王面對的是普天之萬民，是以，「一民之軌，莫如法」即
提供了所有守法客體較為公正的選擇；也因此，《韓非子》
強調「國法不可失，而所治者非一人也。故有術之君，不隨
適然之善，而行必然之道[913]」，此處所謂必然之道，則非「法」
莫屬。《韓非子》認為君王為國家做了法治的選擇之後，有
此國法之設計便可使舉國持盈保泰，遇有危難亦不致滅亡，
故曰：

910　《增訂韓非子校釋·南面》，頁 126。
911　《增訂韓非子校釋·用人》，頁 795。
912　《增訂韓非子校釋·有度》，頁 262。
913　《增訂韓非子校釋·顯學》，頁 16。

> 家有常業，雖饑不餓。國有常法，雖危不亡。夫舍常
> 法而從私意，則臣下飾於智能，臣下飾於智能，則法
> 禁不立矣。是妄意之道行，治國之道廢也。治國之道，
> 去害法者，則不惑於智能，不矯於名譽矣。[914]

於強調法律使國不亡之同時，《韓非子》又再次地告誡了君
王「舍常法而從私意」必衍生「治國之道廢也」的危機，可
見韓非是非常擔心主政者以私害公之情節發生；是云「治國
之道，去害法者」一語，則說明了如果君王本身成為了「害
法者」之屬，那麼在《韓非子》的論述中，國君即成為必須
被「去」除之客體，此含意不可不知。

（三）立法令以廢私

國君違法而行私是韓非最不樂見之行徑，蓋其乃「上有
私惠，下有私欲」，然法家之流所鍾情的立法治國之道，其
意就在「法令行，而私道廢矣」：

> 夫立法令者，所以廢私也；法令行，而私道廢矣。
> 私者，所以亂法也。……故曰：道私者亂，道法者
> 治。上無其道，則智者有私詞，賢者有私意。上有
> 私惠，下有私欲，聖智成群，造言作辭，以非法措
> 於上。上不禁塞，又從而尊之，是教下不聽上，不
> 從法也。[915]

---

[914] 《增訂韓非子校釋・飾邪》，頁208。
[915] 《增訂韓非子校釋・詭使》，頁113-114。

《韓非子》在此處的經驗論證是，假若國君廢法徇私，其最後結果則為「教下不聽上，不從法也」，這是一個危險的害國現象，然其起因顯為「上無其道，則智者有私詞，賢者有私意」。因此，國君施行法治要從自身守法、明法做起，這是一個身教大於言教的說法，也是國君務需崇法修身的例證。

國君忠法足以推行成全國上下的守法，法治理想方得以施行；反之，則「其治民不秉法為善也，如是則是無法也[916]」。《韓非子》認為法治是強國與安民的唯一途徑，所以再三強調「當今之時，能去私曲，就公法者，民安而國治；能去私行，行公法者，則兵強而敵弱[917]」，此亦「明法者強，慢法者弱」之謂，凡居上者如能明知、修之、行之，則足可謂為明主矣。

《韓非子》主張法治是治亂之良藥，但非即表示選擇法治之君王將欠缺德性之治道；為此，高柏園先生乃藉著評論勞思光先生對《韓非子》「德性論」之否定而直言，法治的裁判「乃是為了避免國內價值觀之不一致及其衝突」而作的選擇，其曰：

> 勞先生認為韓非以治亂為價值標準，而將一切德性否定。其實韓非在〈顯學〉、〈詭使〉、〈六反〉等諸篇對價值觀之統一，乃是為了避免國內價值觀之不一致及其衝突……而韓非對此種反社會、反法治之價值觀之否定，未必即是對「德性」之否定也。

---

[916] 《增訂韓非子校釋・制分》，頁 831。
[917] 《增訂韓非子校釋・有度》，頁 253。

> 觀孟子批評楊朱、墨翟之行乃無君無父之舉，則安
> 可謂孟子亦否定「德性」乎？值得說明的是，當德
> 性不幸與法治衝突時，韓非仍會依功利主義立場，
> 而取法治捨德性，以求國家國力之集中為最大利
> 也，此則與孟子有別。[918]

在戰國末年「爭於氣力[919]」的險苛環境下，《韓非子》認定
法治主義是治亂的必要選擇，而法律規定則是衝突解決的齊
一式的判決標準，韓非就是在這種抉擇下，強調了明主應忠
法為國以為臣民標竿的主張。從前引文的說明裡，吾人得以
知曉，《韓非子》的法治主義並不排除德性修養之存在，二
者實僅為先後順序之差異而已。然由此觀點推論，國君忠法
亦得視為德性積極表現之一，且實為法家式的君德修養之典
型論述，確有其存在之必要也。

第三節　明主之道一法

一、法者王之本

（一）一法而不求智

　　法治主義為法家在政治規範上之基本主張，《韓非子》
既集其大成，自視法為君王建設國家之根本基礎；所以他

---

[918] 高柏園：〈論勞思光先生對韓非哲學之詮釋〉，《淡江人會社會學刊》
　　第 4 期（1999 年 11 月），頁 30。
[919] 《增訂韓非子校釋‧五蠹》，頁 33。

說：「故法者，王之本也[920]」即可明示。然而法既為王者之本，若君王已全然守法之後，如何「用法」才能夠讓法的功能揮灑極致，並藉以發揚君主對國家與百姓之德澤呢？《韓非子》認為，明主之道即在「一法而不求智」，國之萬綱一切均憑恃法律的規範，並輔以「君術」佐之，則法便可立於不敗之地，且「群官無姦詐矣」，其云：

> 明主之道，一法而不求智，固術而不慕信，故法不敗，而群官無姦詐矣。……是故無事則國富，有事則兵強，此之謂王資。既畜王資而承敵國之釁，超五帝，侔三王者，必此法也。[921]

《韓非子》所云「一[922]法而不求智」，有著專任法律而不慕賢智的強調；其中雖然涉及了君術之運用，不過，對君王而言，其首要仍應以熟諳法性為主。此蓋知法而後用術，術方有所依憑，法之功能亦可藉此放大；是故謂之「超五帝，侔三王者，必此法也」。

　　《韓非子》云：「人主之大物，非法則術也[923]」，足見國君為整個政府體制當中用法最甚之人，而法律也因此成為輔佐君王治國的大物。雖說法術之士能夠協助君王操作法律，但是，國君勢必亦應相當程度地瞭解法之性質；瞭解法性，方得以善用法性，自無可議。

---

[920]　《增訂韓非子校釋·心度》，頁813。
[921]　《增訂韓非子校釋·五蠹》，頁50-51。
[922]　王先慎云：「『一』當為『壹』。壹法，專壹任法。」見王先慎：《韓非子集解》（台北：藝文印書館，1983年6月），頁481。
[923]　《增訂韓非子校釋·難三》，頁363。

聖王訂立法律是為了統一國家制度的標準，並為天下萬民的行為提供強制性的規範。從法治的觀點來看，「法統」不但教化臣民，也同時規範君主，即《韓非子》所謂「矯上之失，詰下之邪」之效，此無異是從為民謀利的君德思想之出發點著眼。

（二）先王貴法而傳之

法律最大的特質是「客觀」與「公正」，此即聖王立法以為制度準繩之濫觴；是以，「法不阿貴，繩不撓曲」為法律最明顯的客觀性質，其稱：

> 法不阿貴，繩不撓曲。法之所加，智者弗能辭，勇者弗敢爭。刑過不避大臣，賞善不遺匹夫。故矯上之失，詰下之邪，治亂決繆，絀羨齊非，一民之軌，莫如法。……故先王貴之而傳之。[924]

在法律的公正性質上，《韓非子》舉出「法之所加，智者弗能辭，勇者弗敢爭」的說法，這觀點即可排除在法律之前客體殊異的差別；於此，無論是智、愚、勇、弱等，都不容以其各自的實力來改變法律的內容或本質。沒有客體能改變法律，表示法律對每一客體所施加的強度均相等，此即是取得萬民普遍信任的公正價值，無怪乎《韓非子》譽其為：「先王貴之而傳之」。

在先秦時期，關於法律的研究不似今日法學之發達，然《韓非子》實已綜合了彼時整個政壇與學術界對法律作用的瞭解，並融為法家學說中極為先進的法學原理概念，以提供君王對法律的熟諳；譬如，《韓非子》提到法律的優越性即是一例：

> 明主之國，令者，言最貴者也，法者，事最適者也。言無二貴，法不兩適，故言行而不軌於法者必禁。[925]

《韓非子》明示君王，法與令，是明主之國所有行事、言論當中最適當與最尊貴的文字，人人都應熟知與遵行。是以，凡「言行而不軌於法者必禁」就是法的優越性表現。由現今的法學概念來看，它在學說裡提升了法令的絕對尊位性，目的就是在為君王治國時排除一切與「法」發生競合現象的可能；這是法的優位性保障，也是創造國家一致標準的政治性設計，即便在當今仍是相當先進的普世觀點。

於是，法的作用在優越的位階上得到強化，便可以使國家「飭令則治不遷，法平則吏無姦。法已定矣，不以善言害法[926]」，這在前文所論及君王於立法時應強化法之固定性之說[927]有相近之意，蓋因：「所凡法令更則利害易，利害易則民務變，民務變之謂變業……治大國而數變法，則民苦之[928]」此即《韓非子》在法的固定性上所為之說明。

---

[925] 《增訂韓非子校釋・問辯》，頁 84。
[926] 《增訂韓非子校釋・飭令》，頁 826。
[927] 該論點詳見本章第一節所述。
[928] 《增訂韓非子校釋・解老》，頁 740。

（三）賞罰在於民心

再言法的操作性，吾人則可從法令所訂定之賞、罰作用上來理解，即所謂「存乎慎法，而罰加乎姦令者」之云：

> 法者，憲令著於官府，刑罰必於民心，賞存乎慎法，而罰加乎姦令者也，此臣之所師也。君無術則弊於上，臣無法則亂於下，此不可一無，皆帝王之具也。[929]

《韓非子》的法具有公開實施的普遍性，因此，國君在操作法律時，其賞罰最大的在乎就是得於「民心」與否，故其特地明示「刑罰必於民心」，此即為《韓非子》經常論及的得民之說[930]，國君對於法之操作目的亦然如此。

《韓非子》主張國君用「法」可獲得臣、得民、得國之廣大功效，即在於法具有客觀性、普遍性與公正性之特質；對此，曾春海先生有此評論：

> 《管子》與《韓非子》皆肯定「法」在治國上，其消極功能在絕姦去私，其積極功能則在樹立公正之道以興功成事，二書亦認為法的客觀性、超越性、普遍性與公正性之依據在於形上的「道」。[931]

人主希冀治國得民理應先御臣，所以在此處法成為「臣之所師」的對象，具有齊一臣民標準之功能，並大幅減少君王治

---

[929] 《增訂韓非子校釋‧定法》，頁 77。
[930] 該論點詳見本書第五章第二節所述。
[931] 曾春海：〈《管子》四篇與《韓非子》的道法論及對比研究〉，《輔仁學誌》第 31 期（2004 年 7 月），頁 226。

國之繁瑣雜務，是以，法者，誠可視為「王之本」，並得譽為「帝王之具」無疑。

二、君不善其法則姦多害民

（一）不一其憲令則姦多

法令之治國作用宏大概如上所云，是以，法治自當成為法家人物所鼓吹之制。然若君主不知用其法，則無所擅用其法；徒有其法，而不擅其法則姦險之事必多。是以，《韓非子》為強調君王應擅法的建議，不惜舉出法家巨匠之一申不害的徒術而無法之害，以引為不擅法之告誡，其語之：

> 晉之故法未息，而韓之新法又生；先君之令未收，而後君之令又下。申不害不擅其法，不一其憲令，則姦多。……則申不害雖十使韓昭侯用術，而姦臣猶有所譎其辭也。故託萬乘之勁韓，十七年而不至於霸王者，雖用術於上，法不勤飾於官之患也。[932]

由《韓非子》的文字看來，尚術思想濃厚的申不害，其未能實質擅用法令之最大關鍵在於「不一其憲令」，這就同時違反了法令的固定性與客觀性。於是，在「晉之故法未息，而韓之新法又生」的情況下，造成法律的競合現象，使得臣民對法的標準無所適從，必當影響社會之實際運作。因此，在申不害輔佐韓昭侯主政的長時間中仍舊「託萬乘之勁韓，十七年而不至於霸王」，此即為君不擅法所衍生之害。

---

[932] 《增訂韓非子校釋・定法》，頁78。

法令的曲解及矯用，經常是造成法治不彰的重要因素，所以《韓非子》云：「好以智矯法，時以行集公，法禁變易，號令數下者，可亡也[933]」。以智矯法易生法令適用上的不固定，徒增用法人與守法人之困擾，這也是違反了吾人上述的法律性質，當不足取。

（二）明主應除亂法犯禁之行

在《韓非子》的經驗論中，儒生時以文采矯用法令而亂，俠士皆以武力干擾禁制而犯，概皆「法」之忤逆者，假若「人主兼禮之」，即屬不擅法之流，當統稱為亂之源，國君切宜戒之，其曰：

> 儒以文亂法，俠以武犯禁，而人主兼禮之，此所以亂也。夫離法者罪，而諸先生以文學取；犯罪者誅，而群俠以私劍養。故法之所非，君之所取；吏之所誅，上之所養也。法、取、上、下，四相反也，而無所定，雖有十黃帝，不能治也。[934]

以文亂法的儒生與以武犯禁的俠士，皆為《韓非子》去之而後快的「邦之蠹也」，君王卻煞有其事地禮遇其徒，正所謂：「法之所非，君之所取；吏之所誅，上之所養也」，當然屬於法所難容的非法之行，理應儘快去除，乃未免落入不擅法之害。

---

[933] 《增訂韓非子校釋・亡徵》，頁 117。
[934] 《增訂韓非子校釋・五蠹》，頁 43。

　　以智巧之慧行矯法之私者最常研鑽法之疏漏，並以此揩取國家與人民的福利，此般行跡古今皆然。是以，《韓非子》乃大舉抨擊以智巧害法之徒。而人君如妄圖以智巧治國，則恐為私慧所限，並勢將因此遺害社稷，亦為其所不許。

　　例如：「聖人之道，去智與巧，智巧不去，難以為常。民人用之，其身多殃，主上用之，其國危亡[935]」、「以一人之力，禁一國者，少能勝之[936]」以及「釋規而任巧，釋法而任智，惑亂之道也。亂主使民飾於智，不知道之故，故勞而無功[937]」等，這些都是在《韓非子》行文間，或暗或明地反對君王以智妨法的害國之行。

　　此外，法度之實施是為了讓國君與官吏有裁奪事務的標準，有了法度，官吏與人民對各類事務的糾紛與爭訟之判決，便有了放諸四海皆準之依據，而毋須勞心勞智卻無功，所以《韓非子》稱「不明度量」而「恃盡聰明」者，即如「不亦無術乎」，其曰：

> 不明度量，恃盡聰明，勞智慮，而以知姦，不亦無術乎？……夫知姦亦有大羅，不失其一而已矣。不修其羅，而以己之胸察為之弓矢，則子產誣矣。《老子》曰：「以智治國，國之賊也。」其子產之謂矣。[938]

---

[935] 《增訂韓非子校釋・揚榷》，頁699。
[936] 《增訂韓非子校釋・難三》，頁351。
[937] 《增訂韓非子校釋・飾邪》，頁209。
[938] 《增訂韓非子校釋・難三》，頁358。

君王知姦的大羅[939]，應該是一張像天一樣大的法，可以藉著法令的普及而仔細地察覺天下姦情；但是，如果要任由個人智巧「勞智慮，而以知姦」，則猶似於夸父追日般的不自量力。《韓非子》於此還引用《老子》「以智治國，國之賊也[940]」之言，來論說國君未能以法治國之危害甚鉅，實有可證也。

在〈安危〉篇中，《韓非子》總結了國君不知用法察姦而敗壞法紀之害，是危害國家與人民存亡的危道，其首危即「一曰、斲削於繩之內，二曰、斷割於法之外」，是曰：

> 危道：一曰斲削於繩之內，二曰斷割於法之外，三曰利人之所害，四曰樂人之所禍，五曰危人於所安，六曰所愛不親，所惡不疏。如此，則人失其所以樂生，而忘其所以重死。人不樂生，則人主不尊，不重死，則令不行也。[941]

國君徒法而無用，將導致人民「人失其所以樂生，而忘其所以重死」，如此則衍生國家「令不行」之窘，賞罰亦將無所實施，社會之各項機制恐也大舉失怙；此般脫序現象妨害君王治國至甚，猶為《韓非子》學說之大忌也。

---

[939] 羅，舊本在第二個「羅」字做「理」。王先慎曰：「『理』為『大理』之『理』。理，治獄官也。」見王先慎：《韓非子集解》（台北：藝文印書館，1983 年 6 月），頁 377。

[940] 《老子校正‧第六十五章》，頁 121。

[941] 《增訂韓非子校釋‧安危》，頁 808。

三、先王守要而不侵

雖說法治主義在前期法家學派的鼓吹下，於先秦後期已經有了不少諸侯國運用成功的驗證；但是，對國君而言，傳統人治主義的便利與隨性，畢竟讓渠等在施行上感覺較為親近、容易；不過，國君此種「自利」之想法，卻足以令國家法治的充分運作帶來不確定性。

為使君主瞭解法治在君德思想下的運作方式為何，《韓非子》乃簡明地舉出用法之原則，以提供君主實施法治之重要參考。

（一）道法萬全

為此，《韓非子》著墨了不少篇幅以告誡君王關於法律的訂定、性質、位階與操作之要則，務期人主能在瞭解法律的情況下接受法治，並在熟諳法治的環境中操作法律，以帶領整個國家走向法治體制。是以，韓非為使君王能在傳統的根基上適應法治理念，於是多次主述聖王與先王之治績，強調法治原本即為先聖的萬全選擇，是云「王以道為常，以法為本」，其曰：

> 故先王以道為常，以法為本，本治者名尊，本亂者名絕。凡智能明通，有以則行，無以則止。故智能單，道不可傳於人。而道法萬全，智能多失。夫懸衡而知平，設規而知圓，萬全之道也。[942]

---

[942] 《增訂韓非子校釋・飾邪》，頁 209。

先王治國以法為本，就可排除「智能單道，不可傳於人」的矛盾，此因法已成為了行事依循的基礎之故，這也是「道法萬全」的理論根據。《韓非子》認為法既已成萬全之理，則以其為規矩，自是國君的萬全之道。

（二）用法不辟親貴

具體而論，「道法萬全」說的僅是法律具有高效能作用的籠統概念，而心思縝密且務實的韓非，當然也為法的實施提出了用法的原則，其主要原則即是「不辟尊貴，不就卑賤」。此原則高居用法之首，因此，凡違此原則者，即使是佐王之功高如管仲者，亦為《韓非子》所非議之對象，其評之：

> 當世之行事，都丞之下徵令者，不辟尊貴，不就卑賤。故行之而法者，雖巷伯信乎卿相；行之而非法者，雖大吏詘乎民萌。今管仲不務尊主明法，而事增寵益爵，是非管仲貪欲富貴，必闇而不知術也。故曰：管仲有失行。[943]

管仲因為增寵益爵過當而致非法譖越，就是違反了法律「不辟尊貴」之則，國君面對「行之而非法者」，亦應行「雖大吏詘乎民萌」之罰，這是《韓非子》在論及法的適用性上，強調應該絕對一視同仁之主張。

---

[943] 《增訂韓非子校釋·難一》，頁329。

因此，即便所賞罰之對象是國君親愛的王室貴族或朝廷重臣等亦然。甚至，基於國家安定的考量，更須「法行所愛」，《韓非子》即曰：

> 「不辟親貴，法行所愛」……今人主之於治亦然，非不知有苦則安；欲治其國，非如是不能聽聖知而誅亂臣。亂臣者，必重人。重人者，必人主所甚親愛也。[944]

《韓非子》為了強化國君施法「不辟親貴」的決心，乃舉出上古傳言和史書所記，「犯法為逆以成大姦者，未嘗不從尊貴之臣」之語來告誡：

> 上古之傳言，春秋所記，犯法為逆以成大姦者，未嘗不從尊貴之臣也。而法令之所以備，刑罰之所以誅，常於卑賤，是以其民絕望，無所告愬。[945]

如果法律刑罰只專對人民而設，對貴族重臣們卻置之不御，則勢將形成「其民絕望，無所告愬」的民怨現象，此無疑嚴重違反了《韓非子》的君德思想。是以，「不辟尊貴，不就卑賤」當是法治主義下的唯一選擇。反之，如果君王能落實「法律之前，人人平等」的原則，結人心於法度之用，反倒可收「官行法，則浮萌趨於耕農，而游士危於戰陳[946]」的舉國效力之功，其間差異著實天壤。

---

[944] 《增訂韓非子校釋・外儲說右上》，頁 584。
[945] 《增訂韓非子校釋・備內》，頁 198。
[946] 《增訂韓非子校釋・和氏》，頁 295。

此外，《韓非子》具體提及「刑過不避大臣，賞善不遺匹夫[947]」的賞罰平準觀點，由今日通識之見而言，其相對於儒家「禮不下庶人，刑不上大夫[948]」的階級性概念，顯然是較為先進而公平的理念。在此法治觀下，《韓非子》所建立的君主政體將有利於打破貴族攬權的封建制度，並創造了平民參政的政治格局，是法家學說的重要貢獻[949]，亦堪稱為君主德澤之建樹。

（三）明主使法擇人

法的主要作用客體是人，其間至少包括了賞罰與用人等方面；關於人主必須如何於公正性的品格上實施勸賞行罰之權，以發揮《韓非子》所謂的君德思想，本書將於下一節當中詳細論述。至於以法用人的論述，此處亦將就如何發揮君主德行的角度出發論之。

《揚權》篇引黃帝之言曰：「上下一日百戰[950]」，此乃關於君臣關係上消極面的陳述。由於《韓非子》必須教導國君如何保有王位，並維持國家政局之穩定，然而又務需使國之群臣各司其職地為君治世、為民興利；是以，國君在面對

---

[947] 《增訂韓非子校釋·有度》，頁 262。

[948] （漢）戴聖：《禮記·曲禮上》（台北：藝文印書館，1969 年 8 月《十三經注疏本 5》影印《清江西南昌府學開雕重刊宋本》），頁 55。原文為：「故君子戒慎，不失色於人。國君撫式，大夫下之。大夫撫式，士下之。禮不下庶人，刑不上大夫。刑人不在君側。」

[949] 本觀點參考自牟宗三先生所撰〈法家所開出的政治格局之意義〉；見牟宗三：《中國哲學十九講》（台北：台灣學生出版社，1983 年 10 月），頁 177 起。

[950] 《增訂韓非子校釋·揚權》，頁 709。

臣屬權力的一放一收之間，便蘊含了複雜的平衡理論。關於這部分，《韓非子》強調除了必須藉助「藏之於胸中，以偶眾端，而潛御群臣者[951]」的君術技巧外，其實在「設之於官府，而布之於百姓[952]」的法律中亦多有論及，其關鍵點仍在「主施其法」，其道之：

> 主施其法，大虎將怯；主施其刑，大虎自寧。法刑苟信，虎化為人，復反其真。[953]

《韓非子》將結黨成群、大攬國政的重臣們比之為「大虎」，蓋因渠等覬覦君王利益與剝削人民福利就像猛虎一樣貪婪。然則，國君如果能於完好的法律制度當中妥善施法，定能收「大虎將怯」及「大虎自寧」之成效。是以，讓法度與刑罰澈底實施，結論必是「虎化為人，復反其真」。

在駕馭群臣的技術上，人主施法與用術之最大差別在於法是公布而開放的「公物」，人皆可用、事皆可循；所以在國君守法而用法的基礎上，能夠給予群臣百姓極大的信服力，蓋法為人所必遵，自無可喙言。因此國君依法御臣，即是盡於公正的立場上執行法度，其正當性極為強烈。若相對於「君術」是在鮮為人知的「聖意」當中施行，其說服力是較為完整且強化的，且其作用在君臣關係上平衡感亦較佳。由此推論，國君在用人、擇人上，倘能以法為度，則「明主使法擇人」乃具備相同之優點，《韓非子》云：

---

951 《增訂韓非子校釋‧難三》，頁 364。
952 同前注。
953 《增訂韓非子校釋‧揚權》，頁 707。

> 故明主使法擇人，不自舉也；使法量功，不自度也。
> 能者不能弊，敗者不能飾，譽者不能進，非者弗能
> 退，則君臣之間明辨而易治，故主讎法則可也。[954]

「自舉」與「自度」都是「釋法術而任心治[955]」的非當情節，自屬不予鼓勵之行而務以去之；是以，「主讎法」則「君臣之間明辨而易治」即可謂為事半功倍之用也。若呼應起前文提及不以智巧治國之論述，法律在用人的裁量上，可避免「人主而身察百官，則日不足，力不給」之窘，《韓非子》曰：

> 夫為人主而身察百官，則日不足，力不給。且上用
> 目，則下飾觀；上用耳，則下飾聲；上用慮，則下
> 繁辭。先王以三者為不足，故舍己能，而因法數，
> 審賞罰。[956]

人主日理萬機，百官聰慧各有，若以「上用目」、「上用耳」以及「上用慮」的方式御臣治國，則君王縱有三頭六臂之能亦猶恐不足。故《韓非子》建議君王應當「舍己能，而因法數，審賞罰」，亦即依法擇人、用人、察人，並且以法度為己目、為己耳、為己慮，此方得為明主之用也。

（四）中主守法萬不失

　　《韓非子》所謂的聖王訂立之法必須具有「其賞足以勸

---

[954] 《增訂韓非子校釋‧有度》，頁253。
[955] 《增訂韓非子校釋‧用人》，頁791。
[956] 《增訂韓非子校釋‧有度》，頁259。

善，其威足以勝暴，其備足以必完法[957]」的全面性思考，而
立法之後則仍需致力於「盡力於親民，加事於明法[958]」的德
行[959]，此皆為完備法治體制之功能所必遵，亦即所謂先王守
要之德性：

> 先王之所守要，故法省而不侵。獨制四海之內，聰智
> 不得用其詐，險躁不得關其佞，姦邪無所依。遠在千
> 里外，不敢易其辭；勢在郎中，不敢蔽善飾非。[960]

「先王之所守要，故法省而不侵」，其所守者，即「法」是
也。於此，在法律的規範下，臣屬無以攬權犯上，國家政局
方得以安定穩健；百姓無以貪婪侵權，人民生活亦不致流離
失所，安居樂業之境方有可期之能。此即《韓非子》所云：
「有道之主，遠仁義，去智能，服之以法。是以譽廣而名威，
民治而國安，知用民之法也[961]」。此盡為人主使法擇人、依
法治民之功，有德之君理應服膺之行也。

　　然聖王究竟千世方得一出，是以「聖王立法」即為《韓
非子》為千世政局中佔絕大部分比率的「中主」所設想。蓋
立法者一，而用法者千，有完法之應，則千世得安也。但是，
為了讓完法得以萬古流傳、適用，《韓非子》乃極力強調千
世君王皆應依法行政，令「中主守法術」，國家大政定當「萬

---

[957] 《增訂韓非子校釋·守道》，頁 797。
[958] 《增訂韓非子校釋·飾邪》，頁 204。
[959] 有關君王立法親民之論述，詳如本章第一節。
[960] 《增訂韓非子校釋·有度》，頁 259-260。
[961] 《增訂韓非子校釋·說疑》，頁 232。

不失矣」。對此，其強調曰：

> 釋法術而任心治，堯不能正一國。去規矩而妄意度，
> 奚仲不能成一輪。廢尺寸而差長短，王爾不能半中。
> 使中主守法術，拙匠執規矩尺寸，則萬不失矣。君
> 人者能去賢巧之所不能守，中拙之所萬不失，則人
> 力盡而功名立。[962]

縱使《韓非子》認為國君可以在法治主義下「去賢巧之所不能，守中拙之所萬不失，則人力盡而功名立」，但是，平心而論，在這套法治體制的設計當中，仍舊隱含了完法不易設立、中主恐無能因世修法，以及闇主違法亂世等可能發生之危機。然則，也正因如此，《韓非子》才提出法家式的「君德」思想予以救濟；畢竟法理之施猶需輔以人德之用，深化君主在治國上的德性修養，方能施完法於普世，開太平於萬古。

第四節　聖人之治必於賞罰

欲建立法家的政治體制，務需以法治主義為基；欲施行法治主義，應先完備實體法令；實體法令的內容，即務以賞罰之行為本。是以，極力主張法治政治的法家學說，無不強調法為君權作用之重要主體，並認為賞罰是伸張君勢之主要工具。對此，高柏園先生即對法與賞罰之作用有此申義：

---

[962] 《增訂韓非子校釋‧用人》，頁 792-793。

　　　　韓非的法論主要是以人性論為基礎。易言之，韓非
　　　　由人性之趨利避害之為一普遍事實，証成其信賞必
　　　　罰而能治國之法治信念，並由此普遍而必然地伸張
　　　　其君勢於其所統治之對象上。[963]

誠如上引所言，《韓非子》對於賞罰的運用，是建立在人性
趨利避害的基礎上的，是云：「好利惡害，夫人之所有也。……
喜利畏罪，人莫不然[964]」；又說：「凡治天下，必因人情。
人情者，有好惡，故賞罰可用；賞罰可用，則禁令可立，而
治道具矣[965]」。因此，藉由對人性欲望的控制[966]，而立定、
實施了賞罰之法的國君便具備治道的基礎，此即「聖人之治
也，審於法禁，法禁明著則官治；必於賞罰[967]」之謂也。

一、明主必明於公私之分

（一）公私兩相背

　　在建議國君如何行賞罰之權的同時，《韓非子》也對賞
罰觀念作了陳述；其間，尤以讓君臣萬民瞭解如何分辨公、
私最為切要。首先，他憑藉蒼頡造字原理之推論來作解釋：

---

[963] 高柏園：〈韓非哲學的主要內容〉，《淡江學報》第 33 期（1994 年 3
　　　月），頁 48-49。
[964] 《增訂韓非子校釋·難二》，頁 344。
[965] 《增訂韓非子校釋·八經》，頁 150。
[966] 關於韓非子對於人性、欲望以及除欲的觀點，詳見本書第四章第二節
　　　所述。
[967] 《增訂韓非子校釋·六反》，頁 92。

> 古者，蒼頡之作書也，自環者謂之私，背私謂之公。
> 公私之相背也，乃蒼頡固已知之矣。[968]

利用「自環者謂之私，背私謂之公」之推論，《韓非子》認為「公」與「私」二者是相互背馳的；然而基於人性自利的原則剖析，凡人者又不可能完全無欲無私。是以，「明主之道，必明於公私之分，明法制，去私恩」即是君王理應於實行賞罰之前所為之修養，其曰：

> 明主之道，必明於公私之分，明法制，去私恩。夫令必行，禁必止，人主之公義也。必行其私，信於朋友，不可為賞勸，不可為罰沮，人臣之私義也。……。明主在上，則人臣去私心，行公義；亂主在上，則人臣去公義，行私心。……故曰：公私不可不明。[969]

由於「令必行，禁必止」被視為是「人主之公義」，且不得以私惠宥恕，故據此判定「公私不可不明」不但為臣下所必知[970]，亦為君上所必守，這是在《韓非子》全書中所給予君王的強烈建議。

《韓非子》明示君王實踐公、私利之分的論點頗多，諸如：「人主不察社稷之利害，而用匹夫之私譽，索國之無危

---

[968] 《增訂韓非子校釋·五蠹》，頁 44。

[969] 《增訂韓非子校釋·飾邪》，頁 211-212。

[970] 韓非云：「人臣有私心，有公義。修身潔白，而行公行正，居官無私，人臣之公義也。汙行從欲，安身利家，人臣之私心也。」見《增訂韓非子校釋·飾邪》，頁 212。

亂，不可得矣[971]」、「夫立法令者、所以廢私也；法令行，而私道廢矣。私者、所以亂法也[972]」、「匹夫有私便，人主有公利。不作而養足，不仕而名顯，此私便也。息文學而明法度，塞私便而一功勞，此公利也[973]」……等等說法均是，其無異勸諫君王須以「明君使人無私[974]」為己任。

　　尤其，韓非面對戰國末期之際縱橫虛偽之說充斥，唯恐國君深受游士說客之浮說蒙蔽，乃以「破國亡主」之稱為戒，諄諄告誡君王應審慎明辨公私之利，乃因而云之：

> 故破國亡主，以聽言談者之浮說。此其故，何也？是人君不明乎公私之利，不察當否之言，而誅罰不必其後也。[975]

（二）法立則莫得為私

　　雖明辨公私之利是君王之責，不過，公利與私利並非完全無法並存；蓋因如本書第四章所言[976]，《韓非子》所謂之無私並非無私欲，而是私欲需合於法度，並且對於獲取公利與私利的幅度必須合乎比例[977]。然則，假若公利與私立之間

---

[971] 《增訂韓非子校釋‧八說》，頁 133。
[972] 《增訂韓非子校釋‧詭使》，頁 113。
[973] 《增訂韓非子校釋‧八說》，頁 133。
[974] 《增訂韓非子校釋‧難三》，頁 354。
[975] 《增訂韓非子校釋‧五蠹》，頁 54。
[976] 關於韓非針對人性私欲及除欲之論述，詳見本書第四章第二節所述。
[977] 韓非云：「齊國方三千里，而桓公以其半自養，是侈於桀紂也，然而能為五霸冠者，知侈儉之施也。」見《增訂韓非子校釋‧難三》，頁 353；又云：「明主者，通於富強，則可以得欲矣」見《增訂韓非子校釋‧八說》，頁 144。該二言即說明只要合於侈儉之比例，則私欲、

發生了衝突時，則主張需以公利為先，林俊宏先生乃謂之：

> 從一個國家主義的前提來看，韓非的終極關懷必然
> 在於國家的強盛壯大，也就是說，在「私利」與「公
> 利」之間，韓非政治思想的取捨是清楚地落在後者
> 之上，不過，為了遂行他的政治理念，從權地將公
> 利與君主之利等而視之。……如果從「自為心」的
> 角度出發來看，韓非的政治思想核心當在「利」的
> 擴大與公共化。[978]

君主之利幾等同於國家之公利，這是《韓非子》學說中較
為特殊之論述。然換個角度來看，則無非亦藉著君德之修
養，期許君王昇華自身之利，俾符合國家大利之需，此即
「『利』的擴大與公共化」之謂也。這是《韓非子》針對
控制人性趨利避害之天性所發揮的論點，亦是坦然面對人類
私欲之表現。

　　《韓非子》認為對人性欲望的控制是施行賞罰之最大利
基；是以，「其賞罰無私，使士民明焉盡力致死[979]」便是建
議君王以合於法度的無私之心，鼓勵士民盡死力以求個人私
欲的說法。既然私欲要合於法度，那麼由已經建立的法度為
標準來判定公、私之分，即為其所倡議，如云：

> 故本言曰：「所以治者，法也，所以亂者，私也；

私利亦可就矣。
[978] 林俊宏：〈從「自為心」論韓非政治思想中的「法」「術」「勢」〉，
　　《孔孟月刊》第 37 卷第 10 期（1999 年 7 月），頁 24，26。
[979] 《增訂韓非子校釋·六反》，頁 92。

> 法立，則莫得為私矣。」故曰：「道私者亂，道法
> 者治。」上無其道，則智者有私詞，賢者有私意。
> 上有私惠，下有私欲，聖智成群，造言作辭，以非
> 法措於上。上不禁塞，又從而尊之，是教下不聽上、
> 不從法也[980]

在《韓非子》「抱法以為君德」的中心思想下，「法」無可
置疑地成為君主衡量一切政務之標準，臣民應以法為模範，
君主亦需以法為度量。所以說，如果君上的私欲不符合法
度，則將「上有私惠，下有私欲」，此乃「教下不聽上，不
從法」之法家學說大忌也。

歸結而論，《韓非子》要求君臣百姓以務必去除違法的
「私」，而成就合法的「公」，最終目的其實還是為了人民
的安定與國家的治強；是故，他認為：「能去私曲，就公法
者，民安而國治；能去私行，行公法者，則兵強而敵弱[981]」。
這樣的說法，即讓《韓非子》將強調公、私之分的主張，仍
舊提升到了建議君主為國為民而守法的論點之上了。

二、有賞罰則德極萬世

（一）人主自用刑德二柄

依法行賞罰之道，是《韓非子》在君權上給予人主最實
質的權力，所以他稱「賞」與「罰」為國君之「二柄」，是

---

[980] 《增訂韓非子校釋・詭使》，頁114。
[981] 《增訂韓非子校釋・有度》，頁164。

刑與德之權，其曰：

> 明主之所道制其臣者，二柄而已矣。二柄者，刑德
> 也。何謂刑德？曰殺戮之謂刑，慶賞之謂德。為人
> 臣者，畏誅罰而利慶賞，故人主自用其刑德，則群
> 臣畏其威而歸其利矣。[982]

依法行使殺戮之「刑權」與慶賞之「德權」，創造了君臨
天下的主威之勢，這是君王治理邦國的生殺利器，是云：
「四封之內，所以聽從者，信與德也，……上握度量，所
以擅生殺之柄也[983]」。《老子》有言：「邦利器不可以示
人[984]」；而《韓非子》亦云：「賞罰者，邦之利器也，在
君則制臣，在臣則勝君[985]」；是言皆在說明賞罰之權對於
國君之重要程度，並且強調國君必須持之以手，絕不得假
以他人之用。

由於賞罰生殺之權作用的巨大，所以《韓非子》雖然在
該權力的運用上展示了它的能量，卻也同時闡明了它的不易
掌握，必須由「有道之君」才得以充分駕馭；是以，「慶賞
信而刑罰必」即是其行使要點，乃言之：

> 慶賞信而刑罰必，故君舉功於臣，而姦不用於上，
> 雖有豎刁，其奈君何！且臣盡死力以與君市，君垂
> 爵祿以與臣市，君臣之際，非父子之親也，計數之

---

[982] 《增訂韓非子校釋・二柄》，頁 179。
[983] 《增訂韓非子校釋・詭使》，頁 108。
[984] 《老子校正・第三十六章》，頁 277。
[985] 《增訂韓非子校釋・喻老》，頁 768。

所出也。君有道，則臣盡力，而姦不生；無道，則
臣上塞主明，而下成私。[986]

「君有道，則臣盡力，而姦不生；無道，則臣上塞主明，而
下成私」，此數語提示了君王必須以合宜的君術駕馭二柄，
蓋因「賞不加於無功，罰不加於無罪」即屬善賞罰之謂也，
如云：

> 夫善賞罰者，百官不敢侵職，群臣不敢失禮。上設
> 其法，而下無姦詐之心，如此則可謂善賞罰矣。……
> 明主賞不加於無功，罰不加於無罪。[987]

賞罰必須適時地緣法而行，才能收立即而宏大之效；假若君
王未能依法而擅自實施寬惠之道，將落入「緩刑罰，行寬惠，
是利姦邪而害善人也，此非所以為治也[988]」之境，則難為公
正之議也。因此，《韓非子》告誡君王切勿偷賞赦罰，方為
明君之道，如曰：

> 故明君無偷賞，無赦罰。賞偷則功臣墮其業，赦罰
> 則姦臣易為非。是故誠有功，則雖疏賤必賞；誠有
> 過，則雖近愛必誅。近愛必誅，則疏賤者不怠，而
> 近愛者不驕也。[989]

國君最可能發生偷賞赦罰的對象就是親近的血脈親屬與近

---

[986] 《增訂韓非子校釋·難一》，頁319。
[987] 《增訂韓非子校釋·難一》，頁322。
[988] 《增訂韓非子校釋·難二》，頁332。
[989] 《增訂韓非子校釋·主道》，頁694。

習寵臣，然而，這卻是敗法亂紀的淵源所在[990]；是以，《韓非子》特別舉出「誠有過，則雖近愛必誅。近愛必誅，則疏賤者不怠，而近愛者不驕也」之論，此即為教人主罰不避親的主張。

（二）君主賞罰不隨喜怒

除此之外，國君行賞罰時也切忌任隨喜怒，《韓非子》是云：「喜則譽小人，賢不肖俱賞；怒則毀君子，使伯夷與盜跖俱辱；故臣有叛主[991]」；亦勿任聽毀譽而施賞罰：「愛人，不獨利也，待譽而後利之；憎人不獨害也，待非而後害之。然則人主無威，而重在左右矣[992]」，此般舉止皆亂賞罰之則，壞法紀之規，非明君所行也。

《韓非子》論述刑罰所及的範疇，指出明君之行應該是「盡之以法，質之以備。故不赦死，不宥刑[993]」，遇臣下有過錯時，需具有必刑之心，乃可確實善盡刑罰之威。不過，由於對君主而言，賞之德與罰之刑在群臣的作用上是較為明顯而常見的；基於「聖人不親細民，明主不躬小事[994]」的原則，所以君主對百官的賞罰之道，乃成為群臣對人民執法的楷模。

然則，《韓非子》深怕國君在對群臣譽賞和毀罰的判準上有錯誤之示範，因而間接干擾、誤導了賞罰之生殺與萬民

---

[990] 關於韓非所主張的國君治內之道，詳見本書第四章第三節所述。
[991] 《增訂韓非子校釋・用人》，頁 794。
[992] 《增訂韓非子校釋・三守》，頁 801。
[993] 《增訂韓非子校釋・愛臣》，頁 839。
[994] 《增訂韓非子校釋・外儲說右下》，頁 607。

之行誼，以致造成「賞所以勸之，而毀存焉，罰所以禁之，而譽加焉，民中立而不知所由，此亦聖人之所為泣也[995]」之錯亂局面；是以，《韓非子》乃特別強調國君應履行「士無幸賞，賞無踰行，殺必當，罪不赦，則姦邪無所容其私[996]」之重要概念，以期達到君王在執法上推己及人的施政目標。

此外，從國君得以修養的君德角度來看待賞罰之道，《韓非子》仍有其希冀君王落實的厚道之處，此即從「有賞罰，而無喜怒」與「無螫毒，故姦人服」的積極面來實行此刑、德二柄，其曰：

> 故至治之國，有賞罰，而無喜怒，故聖人極；有刑法而死，無螫毒，故姦人服。發矢中的，賞罰當符，故堯復生，羿復立。如此，則上無殷、夏之患，下無比干之禍，君高枕而臣樂業，道蔽天地，德極萬世矣。[997]

如果賞罰都合於法度，而不是隨君主一時好惡或親近遠疏來實施，則足堪稱為堯帝的聖人之治。這對君主言當然是「君高枕而臣樂業」之良政；對社稷萬民言則亦當可謂為「道蔽天地，德極萬世」之盛世矣。

---

[995] 同前注。
[996] 《增訂韓非子校釋·備內》，頁 196。
[997] 《增訂韓非子校釋·用人》，頁 795。

三、鄉國天下皆以民為德

（一）賞厚而信使民利之

　　《韓非子》的賞罰之道是君王治國的主要手段，也是得乎民心與否的關鍵之一；是以，他明示國君「身以積精為德，家以資財為德，鄉國天下皆以民為德[998]」，意即足以蓄積民心者，乃為君王之德也。

　　人性皆有好惡之心，尤其在廣大的百姓階層，其樸質性更形明顯，此即所謂：「夫民之性，惡勞而樂佚，佚則荒，荒則不治，不治則亂，而賞刑不行於下者必塞[999]」。欲使賞罰得於民心，作用點乃為「有功者必賞」與「有罪者必誅」；是以，其即針對此點而言：

> 今有功者必賞，賞者不德君，力之所致也；有罪者必誅，誅者不怨上，罪之所生也。民知誅賞之皆起於身也，故疾功利於業，而不受賜於君。[1000]

此處，《韓非子》提到一個較為特殊的理念，彼即「賞者不德君」與「誅者不怨上」之說；那麼，其「德」與「怨」之出應為何故？原因無他，「誅賞之皆起於身也」。這是《韓非子》教導人民自愛的說法，假若人民清楚地瞭解一切行為涉及賞與罰時，都是自身所造成，人民將會因此而更加地斟酌於言行，藉以趨近於賞利而避免於罰害，便無須感念或怨恨於君上之處斷。

---

[998] 《增訂韓非子校釋・解老》，頁 761。
[999] 《增訂韓非子校釋・心度》，頁 814。
[1000] 《增訂韓非子校釋・難三》，頁 353。

366

　　於是，在國家與社會中普遍地建立了這個觀念之後，人主即可施行賞厚罰重之道：

> 是以賞莫如厚而信，使民利之；罰莫如重而必，使民畏之。法莫如一而固，使民知之；故主施賞不遷，行誅無赦。譽輔其賞，毀隨其罰，則賢不肖具盡其力矣。[1001]

賞厚還務需「信」，罰重還務需「必」，這是教民「利」與「畏」的必要條件，如是方可收「賢不肖具盡其力」之效；然其原理就建立在「凡賞罰之必者，勸、禁也。賞厚、則所欲之得也疾；罰重、則所惡之禁也急。[1002]」的人性基礎上，所以《韓非子》認為這是可行而必行的賞罰原則。

　　其實，君王賞罰的作用不必真正施行在每一個人民身上，蓋國家的資源有限，賞，不足以賞全國，罰，亦毋須罰全民，只要掌握了厚、信、重、必的幾項原則，便足以產生惕勵全國的示範效果，亦達到「又勸一國」和「勸境內之眾」的立竿見影之治績，此為國君事半功倍之途徑，此即《韓非子》所明陳：

> 重罰者盜賊也；而悼懼者良民也；欲治者奚疑於重刑？若夫厚賞者，非獨賞功也，又勸一國。受賞者甘利，未賞者慕業，是報一人之功，而勸境內之眾

[1001] 《增訂韓非子校釋‧五蠹》，頁 40。
[1002] 《增訂韓非子校釋‧六反》，頁 96。

　　也，欲治者何疑於厚賞？[1003]

若依照《韓非子》的設計而言，人民在明白了賞罰的絕對性之後，其實賞罰的作用點還是在於人民自身，因為趨賞而避罰是可以由自身的行為做決定的。

（二）賞罰不阿則民用國強

　　誠如上言，運用賞罰以圖國富兵強的技巧還是完全掌握在君王手上，如能落實「賞罰不阿」與「賞罰無私」之法，則國君霸王之業可成，臣民爵祿富貴可致，《韓非子》乃云：

> 賞罰不阿則民用，民用官治則國富，國富則兵強，而霸王之業成矣……其賞罰無私，使士民明焉盡力致死，則功伐可立而爵祿可致，爵祿致而富貴之業成矣。[1004]

法家在民萌教育上強調「愚者闇於成事，知者見於未萌。民不可與慮始，而可與樂成[1005]」，足見人民的想法需要教育，人民的行為需要規範，這亦是《韓非子》經常建議國君必行的治國方略[1006]。

　　倘若在政治與教育上未能達到使民知之，或「輕刑罰」致使「民必易之」，則無非是「為民設陷」；由是觀之，「則可謂傷民矣」，這是《韓非子》站在人民的角度所提出的見解：

[1003] 同前注。
[1004] 同前注。
[1005] 《商君書校正・更法》，頁1。
[1006] 該論點詳見本書第五章第二節所述。

故先聖有諺曰：「不蹶於山，而蹶於垤。」山者大、故人順之，垤微小、故人易之也。今輕刑罰，民必易之。犯而不誅，是驅國而棄之也；犯而誅之，是為民設陷也。是故輕罪者，民之垤也。是以輕罪之為民道也，非亂國也則設民陷也，此則可謂傷民矣！[1007]

《韓非子》強調使人民澈底明白賞罰之法，是君王必須實施齊民萌之度的法治教育；關於此等治國之道，孔子曾以「尊五美，屏四惡，斯可以從政矣[1008]」的觀點做過闡釋。是以，曾受業於戰國末年大儒荀卿的韓非，則明顯地也接受了該論點。

剖析《韓非子》除私欲與去威怒的建議，猶類似於孔子所言之尊五美：「君子惠而不費；勞而不怨；欲而不貪；泰而不驕；威而不猛」；其齊民萌與行厚賞的主張，又頗類屏四惡之謂：「不教而殺謂之虐；不戒視成謂之暴；慢令致期謂之賊；猶之與人也，出納之吝，謂之有司」。此般闡述君子德行之概念，顯為《韓非子》縱貫於儒、法二家學說之間的論述，應可視為其重視君德思想的理論之一。

[1007] 《增訂韓非子校釋・六反》，頁96。

[1008] 其原文為：子張問於孔子曰：「何如，斯可以從政矣？」子曰：「尊五美，屏四惡，斯可以從政矣。」子張曰：「何謂五美？」子曰：「君子惠而不費；勞而不怨；欲而不貪；泰而不驕；威而不猛。」子張曰：「何謂惠而不費？」子曰：「因民之所利而利之，斯不亦惠而不費乎？擇可勞而勞之，又誰怨？欲仁而得仁，又焉貪！君子無眾寡，無小大，無敢慢，斯不亦泰而不驕乎？君子正其衣冠，尊其瞻視，儼然人望而畏之，斯不亦威而不猛乎？」子張曰：「何謂四惡？」子曰：「不教而殺謂之虐；不戒視成謂之暴；慢令致期謂之賊；猶之與人也，出納之吝，謂之有司。」語見《四書章句集注・論語・堯曰》，頁272。

專制君王的德行論

第七章　結論

第一節　《韓非子》思想之特徵與影響

　　韓非生時，諸子之學已然發展數百年，時局條件之殊異性，乃促其巧妙融合各家派學問於一身，並為中土之統一奠定了政治性的學術基礎。其中，最特別的是，因得力於商鞅法治強國後的西秦獨大局勢，使韓非深慕法家之學，是以，催化了他棄儒從法之學術性向的改變，甚而集結了在他之前法家學派的重要學說，終畢其集法家大成之學術功績。

一、法術勢之綜論

　　重法、用術、尚勢，是《韓非子》思想之最重要特徵。《韓非子》幾番闡述抱法處勢則治，以及主術潛御群臣的法術之言，使得法、術、勢三者成為兩千餘年來，法家學者爭相論述之主題，影響所及，更顯為歷朝君王陽儒陰法之胸中大術，足見《韓非子》學說之威力所向披靡，流傳萬古。究其三者之學理及作用分論，已然如本書緒論第三節之概說，此處則簡要述其彼此關係及運用。

　　「法治」、「術治」與「勢治」同為《韓非子》思想之基礎，三者雖然各自有其領域以及性能，但是彼此之間絕非各自分離孤立，獨自運行，而是相互補足，且彼此助長其間

之統合與應用，以形成其平衡互補之關連性，並創造出多邊
的理論效能。而這三者的疊和，就是架構成法家政治思想大
廈的最主要元素，韓非稱渠等為帝王之具，缺一不可1009。

　　例如「法治」之功，於經由「君勢」強制力之執行下，
固可建立其權威，然若要求法之絕對貫徹執行，關鍵仍落在
上承君命行事的臣吏身上，而非君主之自身，所以《韓非子》
才說明主之道要懂得治吏不治民。因此，在法治與勢治之間
必然需兼有一套御臣之「君術」可資運用，方得以賞罰得當，
是非分明。

　　倘非若此，則法治之利尚未圖成，而私鬥之態猶又將
至，即恐落入利在權臣，而君為所制之窘，此即「抱法處勢
則治1010」與「君無術則弊於上，臣無法則亂於下1011」之謂
也。是故，雖說「法治」是《韓非子》子與法家所鍾情之理
想境界，但是術與勢，同時都是行法之必要條件。對此，王
邦雄先生分別就無勢、無術及無法做了推論，可謂言簡意
賅，其云：

> 無勢則法失威，形同虛文；無術則法不行，利在權
> 臣。無法則勢掛空，流為專斷；無勢則術虛懸，無
> 以自固。無法則術失根，流為權詐；無勢則術失用，

1009 朱自清云：「他（指韓非）說勢、術、法三者都是帝王之具，缺一不
　　可。勢的表現是賞罰，賞罰嚴，才可以推行法和術。」見朱自清：《經
　　典常談・諸子第十》（台北：漢京文化事業公司，1983 年 1 月）頁 80。
1010 陳啟天：《增訂韓非子校釋・難勢》（台北：臺灣商務印書館，1969
　　年 6 月），頁 70。本書所引《韓非子》均採此版本。
1011 《增訂韓非子校釋・定法》，頁 77。

> 無以自行。反之，有法則術勢之發用，始有其根據
> 之標準；有術，則法術之執行，始有其推動之力量；
> 有術，則法術之固立，始有其運用之方法。三者和，
> 則具三角多邊之政治效能，三者離，則失去其三角
> 平衡之功能。……也就是說，法術勢，三者分則不
> 足，合則助長。[1012]

此論對於《韓非子》所論法、術、勢三者之關連性，作了十
分恰當之比喻。論中不但說明了三者彼此靈活交用之利，也
提示了三者失於偏廢之害；並以「離」與「合」來表達其間
互相柔和運用之旨趣，其「法術勢，三者分則不足，合則助
長」之言，著實得其精髓。

言而總之，法、術、勢是《韓非子》思想中最具體的操
作論述，它們完整地交代了韓非對於理國治世的君主專制理
論，並經由歷史的具體實踐，使之成為中國自先秦時期以
降，曠世矚目的政治思想焦點。

二、《韓非子》思想之哲學基礎

吾人應知，《韓非子》法術勢論之所以建立，實有其極
具特色之哲學理論基礎；一則為進化性之歷史觀，另一則為
國家性之社會觀。

[1012] 王邦雄：《韓非子的哲學》（台北：東大圖書公司，1993 年 3 月），
頁 215。

　　《韓非子》所倡進化性之歷史觀，實是繼承了法家學派一脈相成的歷史進化論。先秦諸子之學，均為針對周文疲憊所發明的治世之論，然其對於歷史的演進觀點卻可分為兩大類屬；一類主張歷史是退化的，因而認為治世必須法古，此說法以儒家為代表；另一類則強調歷史是進化的，是以認為治道必須隨之改革，此說法則以法家為代表[1013]。

　　而《韓非子》即是在法家的這套進化觀中發出「不期循古，不法常可，論世之事，因為之備……世異則事異……事異則備變[1014]」之言，可視為其進化性之歷史觀點的代表語。

　　法家的歷史進化論在商鞅所主導的秦國變法中，得到極為成功之示範，因此《韓非子》乃從而順之，使得其變古主張益加明顯；是以，此般古今世異之說，乃因此成為其歷史哲學之主要論述。此種進化精神，在《韓非子》的立法原則當中表現的最為淋漓盡致；其強調國家之法律立訂，必須依據社會現況來增修，俾以符合世事之用；對此，本書第六章第一節乃有詳述，此不贅言。

　　法家之一切論述，皆是在強調國家利益的前提下展開；而《韓非子》所認定國家性之社會觀，亦實結合了當時軍國主義下之現實環境所建立。他強調人民在社會中的努力是來自於人性趨利避害的選擇，亦即「自為心」之謂也。此項人性特徵除了是社會進步與改變的原動力之外，同時也可成為

[1013] 此觀點參考自陳啟天：《增訂韓非子校釋・韓非及其政治學》（台北：臺灣商務印書館，1969 年 6 月）頁 942。
[1014] 《增訂韓非子校釋・五蠹》，頁 26，33。

國家行使賞罰控制權的基礎[1015]；基於這個定論的穩固，於是提供了《韓非子》建立國家模型的控制誘因。

　　《韓非子》認為社會各族群的一切努力均是為了延續生存，而延續生存的最大屏障則是國家機制之完善，此即為「力多則人朝，力寡則朝於人[1016]」之謂。雖然在彼時普遍意識裡，「君主」在某種程度上等同於「國家」，甚至於認為君主是國家的擁有者，但無論如何，國家勢必為保存社會的唯一依靠則無庸置疑。

　　是以，《韓非子》要求所有社會力皆應致力於強國之途，當然，其間內容則至少包含了務力、農戰以及富民等重要手段。經由社會力全面灌輸於國家之後，國家的立場是對內以君主權力統治，對外則以軍國實力稱雄[1017]。這樣的務實觀點，使得《韓非子》學說能立足於戰國末期的物競天擇之殘酷現實環境，並深得秦王之心，實有其兼顧國際事實與富國理想之周延性。

　　《韓非子》既然認為社會目的僅在於成全國家理想，那麼，國家機制便有絕對之實力與立場來支配舉國資源；在這種立論下，自然限制了社會多元能量之發展，亦輕忽了個體存在之價值。

　　是以，在韓非追求國家性之社會觀裡，公利的優越性絕對高於私利，並且治國之道亦需以「公利之法」來矯正「私利之行」。然論其如何完備「尊公卑私」之目的，其手段則

[1015] 此般論述詳如本書第四章第二節及第五章第二節所論。
[1016] 《增訂韓非子校釋・顯學》，頁16。
[1017] 此間論述詳如本書第五章第一節所論。

不外乎「依法」、「用術」與「擅勢」一途。如此，法術勢之論便能基於進化性之歷史觀的原則下，而具體、真實地著力於國家性之社會觀中，此乃構成《韓非子》思想之理論基礎精義也。

三、《韓非子》思想之影響

由韓非的生平及事跡看來，雖終其一生未為君王所倚重，然其哲學思想及政治理念對當代及後世之影響則實在是無可計量。以秦而言，秦王政即深受《韓非子》影響，而李斯雖排斥韓非，甚至視其為敵，然其施政理念與方向則和《韓非子》如出一轍。秦國之政治先是受到商君之教化，最終則是明顯地受到韓非與李斯的影響。

例如秦國廢封建、立郡縣之制度，誠然是《韓非子》學說裡君主集權之展現；再者，法令是代表著國家權威，也是國君專制的工具，若國家法令不能統一，則國君之威望勢將分矣。故《韓非子》所主述之「依其憲令」，以及不斷強調的「法莫如統一而固定」與「法不兩適」等崇法理論，亦均落實在秦朝治國策略裡；而其眾多齊一式制度等重要政績，亦均來自於《韓非子》「揚法重令」之概念所衍生實施。

《韓非子》學說實乃秦國政權之最高指導原則，此一思想，不但促成了秦朝之統一中國，而且也決定了秦國在大一統帝國下的治國施政原則。是以，吾人得言，法家學術在思想階段是由《韓非子》將其具體完成理論化、系統化、建構化之工作；而在實際的施行上，則是經由秦王政之統籌採

納，並交由李斯等秦國重臣殷實執行，從而確切地運用在彼時中國。對此，勞司光先生乃稱其所成就的法家思想為「先秦思想中唯一曾實化者」，其云：

> 先秦諸家之政治思想，皆僅為一學說；無實現者。甚至儒學雖宗周文，孔孟又喜道先王之事；終竟周文以及上古之傳說，均非由儒學之影響而出生。反之，儒學此乃解釋此等文制之理論。而法家思想則確為先秦思想中唯一曾實化者。秦政權即此實化之結果。[1018]

據上所言，《韓非子》所綜成之法家思想，成為了先秦諸子的政治理念中，唯一得到具體實現的政治思想。尤其，其所實施以及驗證的，是一個成功統一了封建諸國而曠世無敵的龐大帝國。

　　除了秦王朝的統一之外，漢初以後中國政壇的陽儒陰法其實亦是《韓非子》思想深化後的結果。於此，吾人姑且不論秦國在運用韓非學說時，曾經濫於擴張，亦暫不提及《韓非子》所建構之專制君主體制，可能直接或間接地加速了秦王朝的覆滅，畢竟，彼端之間尚有著太多的遠故近因。然則，一個思想學說能夠在古今中外得到如此多的關注與沿襲，其間成就絕非偶遇，此般功績更是值得重視研究的。

[1018] 勞思光：《新編中國哲學史（一）》（台北：三民書局，2002 年 10月三版），頁 339。

第二節　君德思想之評價與限制

一、《韓非子》發揚法家型君德思想

　　以往學者先進對於《韓非子》思想之研究，大多僅限於法、術、勢三大學說綱領之討論，尤其在「陽儒陰法」之傳統概念下，《韓非子》的「法」被定型為國家統治人民之工具，「術」被形容成君王駕馭人臣之陰暗技巧，「勢」則亦被歸納為法統階級之權位思想；三者所指，乃在於專制主義而已。然則，渠等均忽略了，所有的人文發展均離不開對「人」之思考，倘使《韓非子》只是機械化地把所有政治技巧分割為三，其間毫無橫向之聯繫與制衡網絡，將何以運作於人類社會？

　　為了完善法治主義下的經國大業，《韓非子》於是設計了君德機制；此一君德非但是前述三者之溝通管道，更以能予節制君權之膨脹與濫用為宗。然而，為了不讓國君為其法家式君主「德性觀」所卻步，《韓非子》乃將君德論述巧妙融合於法、術、勢之間，務使君王跟隨著其鋪陳而潛移默化，一方面施展君道，一方面亦修養君德。

　　《韓非子》云：「使中主守法術，拙匠執規矩尺寸，則萬不失矣[1019]」；因此，強調「中主而治」的《韓非子》學說，要如何引導聖王完法及中主治國，是其學說之重要論點，而

其間所言「君德」思想則可謂為其理念之最積極面。

　　人之思想理念絕不會憑空而起，所有想法的開端與延續，必然有相當程度之承繼與遞演，方足以成就其學說之創造與發揚，《韓非子》君德思想之濫觴亦復如此。

　　法家學說講求用專制手段以擴大君權之能量，因此，過去先進之研究重點，均在於揭發法家人物的法術理論之極致化表現；或者，則盡可能地企圖在法家學說中找到最快速治國之技巧。於是，在此般偏執的討論主題中，自然會拘泥於法、術、勢分論之刻板研究，而忽略了蘊含於三者操作時所應顧慮之人性深層考量。然本書之立論，便在致力於發掘《韓非子》為其治國理念所設計之人性考慮，亦即其潛藏於法、術、勢論當中的君德論述之實證與還原也。

二、君德思想源自法家及荀老學說

　　本書第二章之討論，即在藉由法家人物之學說，以發掘早期君德思想之雛形。首先，筆者採取較為客觀之方式，捨去以傳統概念將法家人物以「尚法」、「尚術」、「尚勢」三派作分立，而接受姚蒸民先生等人另立一「尚實」派之說法，乃將之區分為四學派。過去，會有這樣的學派區分法，係乃為了對照《韓非子》所具體提出之法、術、勢論而勉強類屬。然吾等卻發現，對於管仲、子產、李悝與吳起等早期法家人物，其學說並無該三派之分別特徵，實在無法據之區分。於是，針對渠等務實崇法之特性，乃有尚實派之另立，甚是有理。

　　是以，在尚實派的觀察中，由德法兼備的管仲開始，其所強調的人主「四位」之一，即明言「德」為人主之所處也；而其建議桓公對魯臣曹沫的以德報怨，以服天下之主張，和「服義順禮」、「置法以自制」與「正德蒞民」之治國理念，更得見其講究君主德性培養之思想，實可謂德法兼備之法家第一人。

　　此外，為政「以寬服民」的子產，與在制度上講究「劾盜賊並興民利」的李悝，以及極力推崇「長上之德」的吳起等法家先期人物，均在務實的法治理念當中，相當程度地加入了以德治民之理想。該舉除了反映出中國早期刑德兼用之法治概念，更可視為崇法之外不廢德治的治國觀點。

　　法家學說在戰國時期遞演至尚法、尚術與尚勢的中期法家人物；本書經由對商鞅之「尚法論」、申不害之「尚術論」以及慎到之「尚勢論」的論證，則筆者乃清楚發現其輔君治國之策略中，雖大抵專言其所崇尚者，然皆或隱或顯地主張君王應以「慎重法制」、「不因循苟且」、「任法去私」、「消除一己好惡」以及「從道全法」等法家式的君德觀來推行國政。

　　於是吾人得證，在法家學說之內，明顯出現了強調君王德性修養、守法守義與為國舉能之主張，此般論述皆可視為法家式君德思想之闡揚，亦為《韓非子》君德思想之重要淵源也。

　　《韓非子》在人性論上對於業師荀子之遞承雖不盡相同，然荀子經由經驗論之觀點所提出的性惡學說，卻直接地影響其在人性觀點所歸納出之趨利避害論。這個定論，使得

韓非避免了荀子對人類社會主張因「爭」而「亂」之見解，卻提供了《韓非子》在法治及用術時「賞罰可用」而「治道具矣」之操作基礎，從而建立其治吏與治民準則。

　　荀子「以德定次」及「因能授官」之主張，深刻地影響了《韓非子》在建議君王選用法術之士時，應加入品德的考量，此即「忠臣」之謂也。然面對忠臣之禮遇，《韓非子》則擷取了荀子強調國君必須「修身謙德」、「以德兼人」和「以禮相待」之美德，這是一種帝王胸襟的培養，也是心性的修練；當然，此亦為《韓非子》吸收了最多儒家涵養之所在。

　　法家學說原是少有論及保身之道的，於是老子的修身「尚德論」，即成為《韓非子》在「保身」與「積精」理念上的直接淵源。是以，「修身則德真」與「寡欲恒足」之論述，充實了它在君主「修之身」的論見；而「清靜」、「欲無欲」、「無為」之觀點，則又完備了《韓非子》要求君王「因道全法」之理論依據，其證甚明也。

　　此外，老子鼓吹「以百姓之心為心」之論述，提供了《韓非子》教導國君建立「以民為本」信念的淵源之一。強調重農思想的韓非，認為藏富於民則國強，是故，他比商鞅、申不害與慎到等法家巨擘們更在乎人民的生活狀況。同時，雖韓非以彊國為終身志業，但縱覽《韓非子》一書，始終未見侵略他國之言論，並明列「好戰」、「讎敵」為國家可亡之原因，可見得老子以「愛民治邦」的「玄德之道」亦落實在《韓非子》的務實觀點中，並足引以為君王德澤之一也。

　　綜上所言，於經由本書第二章及第三章之論證，吾人得言《韓非子》之君德思想其來有自，大凡存在於法家先賢的「形名法術」，以及荀、老二家的「儒士黃老」等論述，其間所存在之君德理念，皆相當程度地由《韓非子》有所承繼，乃俾利其完備了君德思想之充實。

三、君德思想之內涵

　　《韓非子》主張的君德論是從修身、修家的基礎原則做起。是以，在第四章裡，筆者乃發掘《韓非子》經由「修身則德真」的概念，逐次建立其「保身以保其國」、「重積德」以及「虛靜則德盛」之君王修身論述。然則，由於其修身目的並不同於儒、道二家之道德性願景，而是以「治國圖強」為其標的，於是，筆者乃稱其為《韓非子》的「君主之養成教育」論。

　　在這套君主養成教育中，《韓非子》先是以國君修身為第一步驟，其間內涵除了前述的保身之道外，還逐次加入了君王必須「除欲」以及「去好去惡」個性養成。接著，《韓非子》強調國君必須以符合法度的治家之道來管理王室，以便達成「修之家，其德乃餘」之持家要求。之後，復以國君必須聽納忠言的立場，極力建議政府應廣設進諫管道，並鼓吹人臣為國據理直諫之主張。

　　《韓非子》說明君王聽取諫言之先決條件，是必須修養開明寬廣之胸襟，並輔以聽言之術，如此方得以確實辨忠姦、行治道。

　　法家人物的國家觀念以及現實感特別強烈，因此，在第五章的論述裡，於維護國家利益的前提下，《韓非子》明列了許多君王應實踐之義務；其中最為明顯的即是落實其護民為國之君德理念。

　　在這套理念中，《韓非子》首揭「務力」是國君之重責；而且其務力的作法應以「藏富於民」為手段，甚至連稅收與徭役之經濟政策亦列舉其中。這是強調重農主義的《韓非子》，希望藉著人民富裕以臻於國家強盛的設計。此外，他還依循著人性趨利的本質，要求君王應「設民所欲」，並由法治教育來「齊一民萌」，以及營造安全生存之環境來「收人心以立功名」，俾利達到「民安則德在上」之護民目的。

　　至於國君在執政的具體建議上，《韓非子》希望國君務必養成「自見之明」，並以用臣、愛臣的蓄臣之德來落實「上君盡人之智」的行政技術。雖然，以往學者多將《韓非子》的用人術視為陰暗險詐之君術，不過，在本章之論證中，吾人得以見識到其力倡的御臣術其實有不少正面之運用法則。例如由君德理念的導引而擴大用人視野、為國舉才、改善君臣關係與依法擇人等，盡皆近似於當今之行政技術，實有其值得肯定之處。

　　析論《韓非子》擷取老子無為的虛靜之術，韓非其實是冀望國君以「澄淨胸懷」，不帶任何主觀成見的條件下，來接納「法」與「術」的治國之道；這是《韓非子》「因道從法」的具體建議，亦是要求君王實踐為國護民之君德思想。

　　基於「法者王之本」的強烈意識感，《韓非子》視「抱法以為君德」為其君德論述中之主體訴求，然其最重要之概

念即為「明主忠法」之謂。完備國家法制一向是法家學說之宗旨，《韓非子》亦視其為治國綱領。為此，他具體地提出國君在法制上的地位責任，其第一步驟即是實踐「聖人完法」的立法義務。

務實主義強烈的《韓非子》，在立法技術的論述之後，緊接著以極大的篇幅來要求君主以守法的方式來「立道垂德」，並且由「先王守要而不侵」的例證來說服往後「中主」皆應服膺「抱法處勢」之君德理念。蓋因其認為國君只要依法施行公正之賞罰，不但能夠在行政技術上「不傷民」以得人心，亦可臻至「德極萬世」之美好願景。

綜評《韓非子》之君德論述，其設計目的即是以健全君主之德性修養，來彌補「法治」無法盡於周全的制約性，其次再以德性之約束來節制了「術治」的權謀性；最後，則又希冀以君主德性之號召力來維持「勢治」的正當性。倘以其考慮之周延性來看，此間論述實可蔚為法、術、勢學說之最上綱標準。這套標準，不但足堪在二千年前的戰國時代引為極權國君之道德準繩，即便今日，亦足被標示為民主法治當權者之行為規臬。

四、君德思想之限制

筆者從本書之探討中發現，在《韓非子》所主述之「法論」、「術論」與「勢論」當中，渠等與「君德」論述之交集最為頻繁者乃為「法論」，而「術論」與君德之交集處，則大抵集中於「無為」、「愛臣」及「聽忠言」技巧之約束

部分；至於「勢論」與君德之牽涉，則僅於「賞罰權」之掌握上而已，餘則幾乎毫無言及。究其原因，此即與《韓非子》鍾情於法治主義之思想有極大關連。

　　《韓非子》在君德論的陳述當中，強調國君之所有行為準據均當以法為標準，其中包括了除欲、治家、擇人、行政以及賞罰之道等，均不厭其煩地表明君王應依法辦理。是以，本書在架構上特別立出一整個章節（第六章），用以討論《韓非子》主張「以君德行法」之見地。但是，對於勢論與君德之彼此關連性，則由於具體論述證據之不足，且歷來更難見相關研究資料之佐證，因而難以妥善研議之，此實為本書研究限制之一。至於論及《韓非子》之君德思想，其限制則概如下述。

　　首先，由於《韓非子》的君德觀不同於國人刻板印象中儒家式的君德觀，因此，筆者於此必須再次強調；《韓非子》之君德討論的是君王為了實踐治國理念，而同時修養於內在與外在的德性。這種德性簡單地說，是針對君王「統治國家之能力」而言，絕非泛指君王「統治國家之道德感」總稱。

　　是故，筆者必須澄清，並非君王實踐了《韓非子》之君德思想後，人民或人臣即能企望改變君主專制體制；也就是說，君德論改變的不是政府體制，而是領導者在統御國家上的態度。這種領導態度的改變可以是由「亂法」改變成「忠法」，由「勞民」改變成「愛民」，由「闇主」改變成「明主」。

　　然則，既使君王猶如上述地改變了態度，國力因而提升了，人民因而富裕了，但是政府體制大致上則依舊不變。是

以，中國兩千餘年來在「陽儒陰法」的政體下，雖然符合「明主」條件之統治者時有可見，但專制體制則始終未改1020。是故，如果期待在《韓非子》之君德主義下，意欲實現完整之民主體制或高張之民權思想，恐怕其可能性還是微乎其微，勢必要等到革命性之體制推翻方有可期，此為《韓非子》君德論限制之一。

此外，雖然《韓非子》認為施行其法術為可臻於「中主而治」之政治體制，然深究而論，其實要能妥善運用法、術、勢而又符合君德之道的君王，實則不易產生，甚至可說「百不得一」，此即盧瑞鍾先生所謂「王佐之才」與「知人之君」的難得之處，其云：

> 法之為功固大矣，術之為用亦妙矣，然而韓非子所設計之政治機器，欲得理想國君或大臣行之，百不得一，必待有知人之明主配合賢能之「霸王之佐」，方能成功，有王佐之才，無知人之君，或有知人之君，而無王佐之才，均不易成事。1021

當然，吾人可推測韓非自詡為此賢能的「法術之士」，但是，歷史證明終其一生並未尋得「知人之君」，所以在他有生之年，也難以見到他的法、術、勢與君德思想學說之施行，此

1020 蔡仁厚先生云：「二千年來的政權始終在於皇帝一家，雖屢屢鼎革改姓，亦總是君主專制。……由於對天子沒有一個客觀有效的法制加以安排，所以完全要靠天子自身最高的道德覺醒以自律。」見蔡仁厚：《孔孟荀哲學》（台北：台灣學生書局，1984 年 12 月），頁 504-505。
1021 盧瑞鍾：《韓非子政治思想新探》（台北：盧瑞鍾出版，1989 年 4 月），頁 202。

即其「中主而治」理想之限制所在，亦為《韓非子》君德思想限制之二。

　　面對擁有掌控舉國龐大資源於一身的君主，《韓非子》十分明白其權勢膨脹之不可抑扼，因而，雖已針對制約君權而提出「君德」論予以管束君王，但終究由於「君德」並無任何強制性，倘君王樂於遵循，則國盛民昌；倘君王無意受約，則黎民百官亦只得自求多福。

　　是以吾人得以推論，假使人主對此揭思想視若無睹，則任何君德之要求於彼時即落入空泛無用之境。例如，在修身方面，國君如不願以「積精」、「修禮義」、「除欲」、「治家」及「聽納忠言」之道來保身、修身，則「修之身，其德乃真」以及「修之家，其德乃餘」之君德目標即告失守。

　　上述現象在護國為民之層面亦然；《韓非子》所提示之「明君務力」、「愛民」、「求人心」以及一切「蓄臣之道」等君德要求，仍舊大都是依靠人性之「自律」來實踐，假若國君之自律性差，則君德目標又岌岌可危。

　　至於在「抱法」以為君德之部分，雖然此處可藉由「律法」之規範以行「他律」，不過，因為立法之全掌握在君王手中，倘若君王真要玩法、弄法、亂法，而不願意「完法」、「忠法」「一法」，則普天蒼生勢將莫可奈何，屆時，君德目標自是無以為至。由此可知，雖欲以「君德」約束國君，卻無法有巨大強制性，此誠為實現《韓非子》君德思想論述之最大限制矣。

五、法術勢與君德之鼎鼐

歷來評論《韓非子》思想並駁斥其理論者，大都將重點放在其廢棄仁義並且刻薄無情之制度設計和思想基礎上。但是，若論到《韓非子》集合了法、術、勢三派學說之綜合運用時，則又不得不謂其具有相當之實用價值。此即言它已經注意到了「治世」各方面之重點，此般敏銳之觀察力與超乎常人之統合力，在那個年代來說實已屬曠世奇才了。

在《韓非子》之政治結構佈局當中，處勢以為權，用術以為能，行法以為制，並再輔之「力倡君德」以為君所必守，實是一套完美之政治願景。換言之，《韓非子》除了運用法、術、勢三者來建立政體並推行法治之外，同時他還注意到了「人」的關連性，尤其是操作法、術、勢的君主，其德性亦是施政良窳之重要關鍵。

由《韓非子》的學說來研判其思想，不難發現一個他所隱約體會到的制度難處，就是「君」的德性無法實際掌握。君藉勢用術來操控眾臣，群臣則依法來治理萬民，而所有在這些制度環節裡的個體，都必須切實守法、維法、遵法、行法。這樣的設計，表面上看來已經很完整了，但是所暴露出來的隱憂則是君權的過份擴張。君主可以使臣治民，幾乎無所不能，但是如果君主本身不願守法，不肯去私，將造成沒有任何一種力量可以制衡君權。

其實《韓非子》也承認，堯舜是治世的賢者，並且認為治世者應該以堯舜為榜樣。法家思想雖主張「法治」，並極力地駁斥儒家等學說的「人治」與「倫理」思想，但是，既

然已提出對君德之要求，其實就是一種人治理念的落實。此亦證明，《韓非子》的法家思想必須佐以富有人文精神的倫理學說才有可能暢行無礙。

雖說「中人抱法處勢可以為堯舜」，不過，如果中人處勢卻不肯抱法而硬要行私獨斷呢？那制度又將何去何從？因此，《韓非子》以「君德」來要求君主必須有其「垂得於後世」的「明主之道」，這是它顧慮周到之處。

在法、術、勢與君德的綜合運用裡，藉著「君德」的節制與「術治」之技巧，便能使法律所未盡善之處不再容人玩法；而「勢治」的權威又可用以強化「法治」與「術治」之正當性。然「術治」的權謀性，得以由「君德」給予規範，而且「術治」之運作亦需符合「法治」的律訂與其精神。

然則，經由法、術與君德之充分合作，則可同時拱衛「勢治」之穩固；最後，經由「君德」之君主德性調和，方得使法、術、勢三者免於過度擴張之權力膨脹。由是觀之，其四者之統合運用，著實有其極為高效率與嚴密性之功能，卓然不愧為《韓非子》歷經千年不墜之政治理想。

準此，在《韓非子》的政治格局設計當中，明主修「君德」而與「法」、「術」、「勢」進行綜合性之靈活運用，實可謂為《韓非子》思想中所完整鋪陳之粲然治國理論也。

專制君王的德行論

參考書目

一、專書：

古籍部分（以撰者年代排序）

（韓非子專書）

《韓非子》（周）韓非撰　（元）李瓚注　台北：世界書局《景印摛
　　藻堂欽訂四庫全書薈要 252》　　　　　　　　　1985 年 5 月

《韓非子集解》（清）王先慎撰　台北：藝文印書館　　1983 年 6 月

（經部）

《左傳》（周）左丘明撰　（晉）杜預注　（唐）孔穎達疏　清嘉慶
　　二十年（1815）重刊宋本　台北：藝文印書館影（清）江西南昌
　　府學開雕本《十三經注疏本 6》　　　　　　　　1969 年 8 月

《禮記》（漢）戴聖撰　（漢）鄭玄注　（唐）孔穎達疏　清嘉慶二
　　十年（1815）重刊宋本　台北：藝文印書館影（清）江西南昌府
　　學開雕本《十三經注疏本 5》　　　　　　　　　1969 年 8 月

《尚書注疏及補正》（漢）孔安國傳　（唐）孔穎達疏　台北：世界
　　書局《十三經注疏及補正 2》　　　　　　　　　1985 年 3 月

《四書集注章句》（宋）朱熹撰　台北：世界書局《景印摛藻堂欽訂
　　四庫全書薈要 72》　　　　　　　　　　　　　　1985 年 5 月

《四書章句集注》（宋）朱熹撰　台北：大安出版社　1994 年 11 月

《周易本義》（宋）朱熹撰　台北：大安出版社　　　1999 年 7 月

《論語正義》（清）劉寶楠　劉恭冕撰　台北：世界書局《新編諸子

　　集成一》　　　　　　　　　　　　　　　1991 年 5 月

《孟子正義》（清）焦循　焦琥撰　台北：世界書局《新編諸子集成一》
　　　　　　　　　　　　　　　　　　　　　1991 年 5 月

（史部）

《史記》(漢)司馬遷撰　（南朝宋)裴駰集解　（唐)司馬貞索隱　（唐）
　　張守節正義　北京：中華書局影（清）史記集解索隱正義合刻本
　　《二十四史點校縮印本 1》　　　　　　　　1997 年 9 月

《戰國策》（漢）劉向集錄　台北：九司出版有限公司 1978 年 11 月

《戰國策高氏注》（漢）高誘撰　（宋）姚宏補　台北：世界書局影
　　（清）讀未見書齋重雕剡川姚氏本戰國策　　1975 年 7 月

《漢書》（漢）班固撰　（唐）顏師古注　台北：新文豐出版公司《叢
　　書集成新編 26》　　　　　　　　　　　　1986 年 1 月

《晉書》（唐）唐太宗撰　謝瑞智注　台北：謝瑞智發行 1995 年 11 月

（子部）

《墨子》（周）舊題墨翟撰　台北：世界書局《景印摛藻堂欽訂四庫
　　全書薈要 275》　　　　　　　　　　　　1985 年 5 月

《吳子》（周）吳起撰　（清）孫星衍校　台北：世界書局《新編諸
　　子集成八》　　　　　　　　　　　　　　1978 年 7 月

《申子》（周）申不害撰　清光緒九年（1883）　嬛館補校刊本《玉
　　函山房叢書》　　　　　　　　　　　　　1883 年

《慎子》（周）慎到撰　（清）錢熙祚校　台北：世界書局《新編諸
　　子集成五》　　　　　　　　　　　　　　1978 年 7 月

《尹文子》（周）尹文撰　（清）錢熙祚校　台北：世界書局《新編
　　諸子集成六》　　　　　　　　　　　　　1978 年 7 月

《春秋繁露》（漢）董仲舒撰　台北：世界書局《景印摛藻堂欽訂四
庫全書薈要 246》　　　　　　　　　　　　　　1985 年 5 月

《老子道德經注》（晉）王弼撰　（唐）陸德明釋文　台北：世界書
局《新編諸子集成三》　　　　　　　　　　　　1991 年 5 月

《管子校正》（唐）尹知章注 （清）戴望校正　台北：世界書局《新
編諸子集成五》　　　　　　　　　　　　　　　1978 年 7 月

《荀子集解》（唐）楊倞注　（清）王先謙撰　台北：藝文印書館
　　　　　　　　　　　　　　　　　　　　　　2000 年 5 月

《商君書新校正》（清）嚴萬里撰　台北：世界書局《新編諸子集成五》
　　　　　　　　　　　　　　　　　　　　　　1978 年 7 月

《墨子閒詁》（清）孫詒讓撰　台北：世界書局《新編諸子集成六》
　　　　　　　　　　　　　　　　　　　　　　1978 年 7 月

（集部）
《諸子平議》（清）俞樾撰　台北：世界書局　　　1991 年 9 月
《說文解字注》（清）段玉裁撰 《經韻樓藏版》影本　台北：洪葉文
化事業有限公司　　　　　　　　　　　　　　　2001 年 10 月

近代著作部分（以出版年代排序）

（主要著作）
《增訂韓非子校釋》陳啟天撰　台北：臺灣商務印書館　1969 年 6 月
《韓非子研究》趙海金撰　台北：正中書局　　　　1970 年 5 月
《韓非子考證》容肇祖撰　台北：台聯國風出版社　1972 年 3 月
《韓非子評論》熊十力撰　台北：台灣學生書局　　1978 年 10 月
《韓非子研議》吳秀英撰　台北：文史哲出版社　　1979 年 3 月

《韓非子的法學與文學》 徐漢昌撰 台北：文史哲出版社 1979年 6 月

《韓非子析論》謝雲飛撰 台北：東大圖書公司 1980 年 4 月

《國家的秩序——韓非子》張素貞撰 台北：時報文化出版公司
1982 年 11 月

《韓非子校注》湯敬昭 李仕安撰 江蘇：人民出版社 1982 年 11 月

《韓非子校注》韓非子校注組撰 江蘇：人民出版社 1982 年 11 月

《韓非思想的歷史研究》 王曉波 張純撰 台北：聯經出版公司
1983 年 9 月

《韓非子》王淑妙撰 台南：西北出版社 1983 年 10 月

《國父與韓非哲學思想比較研究》 蕭善章撰 台北：學海出版社
1986 年 7 月

《韓非子難篇研究》張素貞撰 台北：台灣學生書局 1987 年 3 月

《韓非思想體系》王靜芝撰 台北：輔仁大學文學院 1988 年 10 月

《韓非子政治思想新探》盧瑞鍾撰 台北：自行出版 1989 年 4 月

《韓非政治思想之剖析》朱瑞祥撰 台北：黎明文化事業公司
1990 年 7 月

《韓非子集釋》陳奇猷撰 高雄：復文圖書出版社 1991 年 7 月

《韓非子的哲學》王邦雄撰 台北：東大圖書公司 1993 年 3 月

《韓非子知見書目》鄭良樹撰 台北：台灣商務印書館 1993 年 6 月

《韓非之著述及思想》鄭良樹撰 台北：台灣學生書局 1993 年 7 月

《韓非子思想體系》張素貞撰 台北：黎明文化事業公司 1993 年 8 月

《韓非哲學研究》高柏園撰 台北：文津出版社 1994 年 9 月

《韓非子今注今譯》 邵增樺撰 台北：台灣商務印書館 1995 年 9 月

《韓子淺解》梁啟雄撰 台北：台灣學生書局 1997 年 10 月

《韓非子通論》姚蒸民撰　台北：東大圖書公司　　　　1999 年 3 月

《新譯韓非子》賴炎元　傅武光譯注　台北：三民書局　2000 年 4 月

《韓非子》趙曉耕撰　香港：中華書局有限公司　　　　2000 年 12 月

《韓非子答客問》陳偉撰　上海：人民出版社　　　　　2002 年 5 月

《韓非子選評》張覺撰　上海：上海古籍出版社　　　　2004 年 4 月

《韓非子哲學新探》陳蕙娟撰　台北：文史哲出版社　　2004 年 5 月

《韓非子同義詞研究》趙學清撰　北京：中國社會科學出版社

2004 年 6 月

《法儒兼容─韓非子的歷史考察》林緯毅撰　台北：文津出版社

2004 年 11 月

（其他著作）

《六國紀年表考證》陳夢家撰　台北：學海出版社　　　1950 年 4 月

《中國思想通史》侯外廬編　北京：人民出版社　　　　1957 年 6 月

《飲冰室文集》梁啟超撰　台北：台灣中華書局　　　　1960 年 3 月

《商鞅評傳》陳啟天撰　台北：台灣商務印書館　　　　1967 年 5 月

《周秦諸子概論》高維昌撰　台北：台灣商務印書館　　1968 年 7 月

《先秦戰爭哲學》曾國垣撰　台北：台灣商務印書館　　1972 年 8 月

《諸子通誼》陳鐘凡撰　台北：台灣商務印書館　　　　1977 年 1 月

《中國哲學原論原道篇》唐君毅撰　台北：台灣學生書局　1978 年 4 月

《先秦文化之發展》楊亮功撰　台北：台灣商務印書館　1978 年 5 月

《中國哲學史大綱》胡適撰　台北：里仁書局　　　　　1981 年 6 月

《孔孟荀禮學之研究》陳飛龍撰　台北：文史哲出版社　1982 年 3 月

《中國政治思想史》蕭公權撰　台北：中國文化大學出版部

1982 年 9 月

《中國文化新論—思想篇二》黃俊傑編　台北：聯經出版公司

1982 年 10 月

《中國文化新論—思想篇一》黃俊傑編　台北：聯經出版公司

1982 年 10 月

《經典常談》朱自清撰　台北：漢京文化事業公司　　1983 年 1 月

《老子論集》鄭良樹撰　台北：世界書局　　　　　　1983 年 2 月

《法家哲學體系指歸》黃公偉撰　台北：台灣商務印書館　1983 年 8 月

《中國哲學十九講》牟宗三撰　台北：台灣學生出版社　1983 年 10 月

《中國文化概論》黃公偉撰　台北：台灣商務印書館　　1984 年 4 月

《中國哲學史新編》馮友蘭撰　北京：人民出版社　　　1984 年 10 月

《孔孟荀哲學》蔡仁厚撰　台北：台灣學生書局　　　　1984 年 12 月

《中國法家概論》陳啟天撰　台北：台灣中華書局　　　1985 年 9 月

《中國政治國防史》李　震撰　台北：台灣商務印書館　1986 年 5 月

《諸子精華錄》張純一選注　台北：宏業書局有限公司　1986 年 5 月

《董仲舒》韋政通撰　台北：東大圖書公司　　　　　　1986 年 7 月

《荀子思想研究》周群振撰　台北：文津出版社　　　　1987 年 4 月

《孔孟荀哲學》吳康撰　台北：台灣商務印書館　　　　1987 年 10 月

《孟荀道德實踐理論之研究》何淑靜撰　台北：文津出版社

1988 年 1 月

《中國古代社會》許進雄撰　台北：台灣商務印書館　　1988 年 9 月

《中國人性論史—先秦篇》　徐復觀撰　台北：台灣商務印書館

1988 年 11 月

《哲學與思想》王曉波撰　台北：東大圖書公司　　　　1988 年 11 月

《中國思想史》韋政通撰　台北：水牛出版社　　　　　1989 年 6 月

《中國思想通俗講話》錢穆撰　台北：東大圖書公司　　1990 年 1 月

《中國哲學史》任繼愈編　北京：人民出版社　　　　　1990 年 3 月

《管子思想研究》徐漢昌撰　台北：台灣學生書局　　　1990 年 6 月

《先秦諸子繫年》錢穆撰　台北：東大圖書公司　　　　1990 年 9 月

《中國古代行政立法》蒲　堅撰　北京：北京大學出版社 1990 年 10 月

《諸子通考》蔣伯潛撰　台北：正中書局　　　　　　　1991 年 2 月

《中國倫理學史》蔡元培撰　台北：台灣商務印書館　　1991 年 3 月

《戰國時期的黃老思想》陳麗桂撰　台北：聯經出版事業公司

　　　　　　　　　　　　　　　　　　　　　　　　1991 年 4 月

《老子學術思想》張揚明撰　台北：黎明文化事業公司　1991 年 5 月

《哲學概論》鄔昆如撰　台北：五南圖書出版公司　　　1991 年 6 月

《先秦法家思想史論》王曉波撰　台北：聯經出版事業公司

　　　　　　　　　　　　　　　　　　　　　　　　1992 年 8 月

《荀子與古代哲學》韋政通撰　台北：台灣商務印書館　1992 年 9 月

《戰國紀事》鄭均撰　台北：文史哲出版社　　　　　　1993 年 7 月

《中國思想史論集》徐復觀撰　台北：台灣學生書局　　1993 年 9 月

《先秦政治思想史》梁啟超撰　台北：東大圖書公司　　1993 年 10 月

《中國古代法制史話》　李用兵撰　台北：台灣商務印書館

　　　　　　　　　　　　　　　　　　　　　　　　1994 年 5 月

《中國歷史上重要革新與變法》　徐凱撰　台北：台灣商務印書館

　　　　　　　　　　　　　　　　　　　　　　　　1994 年 5 月

《獨裁政治學》孫哲撰　台北：揚智文化事業公司　　　1995 年 3 月

《中國古代社會文化論稿》　斯維至撰　台北：允晨文化事業公司

　　　　　　　　　　　　　　　　　　　　　　　　1997 年 4 月

《戰國史》楊寬撰　台北：台灣商務印書館　　　　　　1997 年 10 月

《荀子答客問》王廷洽撰　上海：人民出版社　　　　　1997 年 12 月

《縱橫家書—戰國策與中國文化》張彥修撰 河南：河南大學出版社
　　　　　　　　　　　　　　　　　　　　　　　　　1998 年 8 月
《先秦諸子學說在秦地之發展》余宗發撰　台北：文津出版社
　　　　　　　　　　　　　　　　　　　　　　　　　1998 年 9 月
《商子答客問》湯勤福撰　上海：人民出版社　　　　1999 年 1 月
《法家哲學》姚蒸民撰　台北：東大圖書公司　　　　1999 年 2 月
《中國歷代思想家（三）》王壽南主編　台北：台灣商務印書館
　　　　　　　　　　　　　　　　　　　　　　　　　1999 年 2 月
《老子校正》陳錫勇撰　台北：里仁書局　　　　　　1999 年 3 月
《荀子》趙士林撰　台北：東大圖書公司　　　　　　1999 年 6 月
《中國思想傳統的現代詮釋》余時英撰　台北：聯經出版事業公司
　　　　　　　　　　　　　　　　　　　　　　　　　1999 年 9 月
《中國法制史》郭建　姚榮濤　王志強撰　上海：人民出版社　2000
　　年 12 月
《中國學術思想史》鄺士元撰　台北：里仁出版社　　2001 年 5 月
《左傳校考》王叔岷撰　台北：中央研究院中國文史哲研究所籌備處
　　　　　　　　　　　　　　　　　　　　　　　　　2001 年 8 月
《先秦秦漢史論》孟祥才撰　山東：山東大學出版社　2001 年 9 月
《戰國史料編年輯證》楊寬撰　上海：人民出版社　　2001 年 11 月
《先秦勢治思想探微》羅獨修撰　台北：中國文化大學出版部
　　　　　　　　　　　　　　　　　　　　　　　　　2002 年 1 月
《中國政治思想史分論（一）》盧瑞鍾撰　台北：商鼎文化出版社
　　　　　　　　　　　　　　　　　　　　　　　　　2002 年 6 月
《老子評傳》陳鼓應　白　奚合撰　台北：文史哲出版社　2002 年 7 月
《新編中國哲學史》勞思光撰　台北：三民書局　　　2002 年 10 月

《中國哲學史》王邦雄　岑溢成　楊祖漢　高柏園撰　台北：空中大學
　　　　　　2003 年 3 月

《先秦諸子與民間文化》羅永麟撰　黑龍江：人民出版社　2003 年 4 月

《中國古代思想史論》李澤厚撰　天津：社會科學出版社　2003 年 5 月

《道的錯置—中國政治思想的根本困結》　林安梧撰　台北：台灣學生
　　出版社　　　　　2003 年 8 月

《傅佩榮解讀老子》傅佩榮撰　台北：立緒文化事業公司　2003 年 9 月

《中國古代官德研究》　楊建祥撰　上海：上海古籍出版社
　　　　　　2004 年 8 月

（國外著作）

《思想方法論》杜威撰　劉伯明譯：台北：華岡出版社　1973 年 5 月

《馬基維利語錄》（日本）鹽野七生撰　台北：三民書局　1998 年 9 月

《君主論》（義大利）NiccloMachiavelli 撰　陝西：人民出版社 1999
　　年 10 月

《正義論》（美）John Rawls 撰　台北：桂冠圖書公司　2003 年 11 月

二、單篇論文

〈「法」在韓非思想中的意義〉王曉波撰　《幼獅月刊》　第 37 卷第 1 期
　　　　　　1973 年 1 月

〈先秦至三國時期的漢中文化—兼論諸葛亮對漢中文化的貢獻〉
　　黃留珠撰　西安：西北大學出版社　《陳直先生紀念文集》
　　　　　　1992 年 6 月

〈韓非哲學的主要內容〉高柏園撰　《淡江學報》　第 33 期
　　　　　　1994 年 3 月

〈論韓非思想的理論來源〉劉劍康撰　長沙水電師院《社會科學學報》
　　第 3 期　　　　　　　　　　　　　　　1994 年 3 月

〈論韓非所處的時代及自利人性論〉韓孟英撰　《河北大學學報》第
　　4 期　　　　　　　　　　　　　　　　 1994 年 4 月

〈中山先生思想與韓非思想之比較研究〉文承科撰　《警專學報》第
　　7 期　　　　　　　　　　　　　　　　 1994 年 6 月

〈荀子性惡說的「性」與「偽」〉陳錫勇撰《中國文化大學中文學報》
　　第 3 期　　　　　　　　　　　　　　　1995 年 7 月

〈顧廣圻、黃丕烈與乾道本《韓非子》初探〉　陳勁榛撰　《中國文化
　　大學中文學報》第 3 期　　　　　　　　1995 年 7 月

〈韓非子論「法」與「術」─〈定法篇〉之思想解析〉蔡仁厚撰《東
　　海哲學研究集刊》第 3 輯　　　　　　　1996 年 10 月

〈《史記・韓非傳》所引〈韓子〉篇名之異文、異解及其相關問題〉
　　陳勁榛撰《中國文化大學中文學報》　第 4 期　　　1998 年 3 月

〈《韓非子》治家論初探─兼與孔孟有關思想比較〉　呂耀懷撰《哲學
　　與文化》第 25 卷第 6 期　　　　　　　1998 年 6 月

〈論孔孟之「忠君」思想〉　藍麗春撰　《孔孟月刊》　第 36 卷第 11
　　期　　　　　　　　　　　　　　　　　1998 年 7 月

〈韓非子的進言術〉　尹振環撰　《孔孟月刊》　第 36 卷第 11 期　1998
　　年 7 月

〈韓非思想平議〉　俞志慧撰　《孔孟月刊》　第 37 卷第 3 期
　　　　　　　　　　　　　　　　　　　　1998 年 11 月

〈從「自為心」論韓非政治思想中的「法」「術」「勢」〉　林俊宏撰
　　《孔孟月刊》　第 37 卷第 10 期　　　　1999 年 7 月

〈論勞思光先生對韓非哲學之詮釋〉　高柏園撰　《淡江人會社會學刊》

第 4 期　　　　　　　　　　　　　　　　　1999 年 11 月

〈〈解老〉〈喻老〉——韓非子對《老子》哲學的詮釋和改造〉王曉
　波撰　《台灣大學文學院文史哲學報》　第 51 期抽印本

　　　　　　　　　　　　　　　　　　　　1999 年 12 月

〈論韓非之非儒觀點及其反省〉余姒倩撰　《中央大學中國文學研究所
　集刊》第 6 期　　　　　　　　　　　　　2000 年 6 月

〈從法律的功能論韓非的法治教育〉林儒撰　《哲學與文化》　第 28
　卷第 2 期　　　　　　　　　　　　　　　2001 年 2 月

〈韓非學說「法術勢」均衡運作的困難—以漢代「尚書尊隆」「酷吏專
　橫」為例的考察〉黃紹梅撰　《國立僑生大學先修班學報》第 9 期

　　　　　　　　　　　　　　　　　　　　2001 年 7 月

〈元田永孚的「君德輔導」與論語解釋—關於「經筵論語進講錄」的
　考察〉陶德民　撰　《中央大學人文學院人文學報》　第 24 期

　　　　　　　　　　　　　　　　　　　　2001 年 12 月

〈淺析《管子》與《韓非子》法治思想的差異〉　郭樂琦撰　　山東：文
　藝出版社編《齊國治國思想論集》　　　　2002 年 8 月

〈揭開韓非的際遇思想：兼與馬基維利比較〉　詹康撰　《政治與社會
　哲學評論》　第 2 期　　　　　　　　　　2002 年 9 月

〈漢武悖論現象透視〉　黃留珠撰　西安：三秦出版社　《秦漢歷史文
　化論稿》　　　　　　　　　　　　　　　2003 年 5 月

〈韓非政治理論中為臣之道探析〉　林佩儒撰　《馬偕學報》第 3 期

　　　　　　　　　　　　　　　　　　　　2003 年 5 月

〈從《韓非子》看法家論「明君」〉　徐漢昌撰　《文與哲》第 3 期

　　　　　　　　　　　　　　　　　　　　2003 年 10 月

〈《管子》四篇與《韓非子》的道法論及對比研究〉　曾春海撰　《輔

仁學誌》 第 31 期　　　　　　　　　　　2004 年 7 月

〈韓非子經濟思想和治理經濟的政治手段〉 蔡澤華撰 《哲學與文化》
第 31 卷第 8 期　　　　　　　　　　　　2004 年 8 月

〈「歸本於黃老」與「以無為本」——韓非及王弼對老子哲學詮釋的
比較研究〉 王曉波撰 台灣大學哲學系《哲學論評》第 29 期
2005 年 3 月

三、學位論文

《韓非政治思想研究》 荆知仁撰 台北：政治大學政治研究所博士論文
1959 年

《韓詩外傳校釋》 瞿紹汀撰 台北：中國文化學院中國文學研究所碩
士論文　　　　　　　　　　　　　　　　1977 年

《孟子與韓非子政治哲學之比較研究》 高柏園撰 台北：文化大學哲
學研究所碩士論文　　　　　　　　　　　1981 年

《縱橫家與中國文化》 傅劍平撰 江蘇：杭州大學中文研究所博士論
文　　　　　　　　　　　　　　　　　　1989 年

《戰國至漢初黃老學說的政治思想》 郭應哲撰 台北：台灣大學政治
研究所博士論文　　　　　　　　　　　　1996 年

《先秦法家「道法」思想的哲學研究》 王照坤撰 台北：台灣大學哲
學研究碩士論文　　　　　　　　　　　　1998 年

《荀子的君道思想—兼論稷下黃老的道法思想》 張世明撰 台北：政
治大學政治學研究所碩士論文　　　　　　1999 年

《韓非之學歸本於黃老析探》 陳伯适撰 台北：政治大學中國文學研
究所碩士論文　　　　　　　　　　　　　2000 年

《韓非法思想研究》 范揚善撰　桃園：中央大學哲學研究所碩士論文
　　　　　　　　　　　　　　　　　　　　　　　　2001 年
《荀、韓君道與臣道思想之比較研究》 劉育秀撰　高雄：中山大學中
　　國文學研究所碩士論文　　　　　　　　　　　　2004 年

專制君王的德行論

國家圖書館出版品預行編目

專制君王的德行論：<<韓非子>>君德思想研究 /
　　黃信彰著. -- 一版.
臺北市：秀威資訊科技, 2006 [民 95]
　　面 ；　　公分. -- 參考書目：面
　　ISBN 978-986-7080-34-9(平裝)
　1. (周)韓非 - 學術思想 - 哲學
　2. (周)韓非 - 學術思想 - 政治

121.67　　　　　　　　　　　　95006134

 語言文學類　AG0037

專制君王的德行論

作　　者 / 黃信彰
發 行 人 / 宋政坤
執行編輯 / 林秉慧
圖文排版 / 郭雅雯
封面設計 / 莊芯媚
數位轉譯 / 徐真玉　沈裕閔
圖書銷售 / 林怡君
網路服務 / 徐國晉
出版印製 / 秀威資訊科技股份有限公司
　　　　　台北市內湖區瑞光路 583 巷 25 號 1 樓
　　　　　電話：02-2657-9211　　　傳真：02-2657-9106
　　　　　E-mail：service@showwe.com.tw
經 銷 商 / 紅螞蟻圖書有限公司
　　　　　台北市內湖區舊宗路二段 121 巷 28、32 號 4 樓
　　　　　電話：02-2795-3656　　　傳真：02-2795-4100
　　　　　http://www.e-redant.com

2006 年 7 月 BOD 再刷
定價：480 元

讀 者 回 函 卡

感謝您購買本書，為提升服務品質，煩請填寫以下問卷，收到您的寶貴意見後，我們會仔細收藏記錄並回贈紀念品，謝謝！

1. 您購買的書名：_____

2. 您從何得知本書的消息？

　　□網路書店　　□部落格　　□資料庫搜尋　　□書訊　　□電子報　　□書店

　　□平面媒體　　□ 朋友推薦　　□網站推薦　□其他_____

3. 您對本書的評價：(請填代號　1.非常滿意 2.滿意 3.尚可 4.再改進)

　　封面設計____　　版面編排____　　內容____　　文/譯筆____　　價格____

4. 讀完書後您覺得：

　　□很有收獲　　□有收獲　　□收獲不多　　□沒收獲

5. 您會推薦本書給朋友嗎？

　　□會　　□不會，為什麼？_____

6. 其他寶貴的意見：_____

_____

_____

_____

讀者基本資料

姓名：_____　年齡：_____　性別：□女 □男

聯絡電話：_____　E-mail：_____

地址：_____

學歷：□高中(含)以下　　□高中　　□專科學校　　□大學

　　　□研究所(含)以上 □其他_____

職業：□製造業 □金融業 □資訊業 □軍警 □傳播業 □自由業

　　　□服務業 □公務員 □教職　　□學生 □其他_____

To：114

　台北市內湖區瑞光路 583 巷 25 號 1 樓

　秀威資訊科技股份有限公司　　　收

寄件人姓名：

寄件人地址：□□□

(請沿線對摺寄回,謝謝!)

秀威與 BOD

BOD（Books On Demand）是數位出版的大趨勢,秀威資訊率先運用 POD 數位印刷設備來生產書籍,並提供作者全程數位出版服務,致使書籍產銷零庫存,知識傳承不絕版,目前已開闢以下書系:

一、BOD 學術著作—專業論述的閱讀延伸
二、BOD 個人著作—分享生命的心路歷程
三、BOD 旅遊著作—個人深度旅遊文學創作
四、BOD 大陸學者—大陸專業學者學術出版
五、POD 獨家經銷—數位產製的代發行書籍

BOD 秀威網路書店：www.showwe.com.tw
政府出版品網路書店：www.govbooks.com.tw

永不絕版的故事・自己寫・永不休止的音符・自己唱